高等职业教育（本科）路桥类专业系列教材

道路工程制图与识图

主　编　赵云华　裴建新
副主编　郭超祥　刘　璇
参　编　于馥丽　圣小艳　李永琴　邱建冬
主　审　马国峰

机械工业出版社

本书为校企合作编写的以任务为引领的项目式教材，主要有以下内容：绘制道路工程中的几何图形，绘制桥墩一般构造图，绘制桥台模型的投影图，分析形体上基本元素的投影，绘制与识读工程中基本体的投影，绘制工程中截切体的投影，绘制工程中相贯体的投影，绘制与识读道路工程中组合体投影，绘制与识读桥涵构件的构造图，识读公路路线工程图，识读城市道路工程图，识读桥梁工程图，识读涵洞工程图，识读隧道工程图。

本书可作为高职本科、高职高专道路与桥梁类专业（道桥、隧道、市政、轨道及工程管理类专业）的教材，也可供相关技术人员参考使用。

为方便教学，本书还配有电子课件及相关资源，使用本书作为教材的教师可登录机械工业出版社教育服务网 www.cmpedu.com 进行注册下载。机工社职教建筑群（教师交流QQ群）：221010660。咨询电话：010-88379934。

图书在版编目（CIP）数据

道路工程制图与识图/赵云华，裴建新主编.—北京：机械工业出版社，2024.3

高等职业教育（本科）路桥类专业系列教材

ISBN 978-7-111-74773-4

Ⅰ.①道… Ⅱ.①赵…②裴… Ⅲ.①道路工程-工程制图-教材 Ⅳ.①U412.5

中国国家版本馆CIP数据核字（2024）第057924号

机械工业出版社（北京市百万庄大街22号　邮政编码100037）
策划编辑：沈百琦　　　　　　责任编辑：沈百琦　高凤春
责任校对：孙明慧　刘雅娜　　封面设计：马精明
责任印制：常天培
固安县铭成印刷有限公司印刷
2024年7月第1版第1次印刷
184mm×260mm·18印张·441千字
标准书号：ISBN 978-7-111-74773-4
定价：55.00元

电话服务　　　　　　　　　网络服务
客服电话：010-88361066　　机　工　官　网：www.cmpbook.com
　　　　　010-88379833　　机　工　官　博：weibo.com/cmp1952
　　　　　010-68326294　　金　书　网：www.golden-book.com
封底无防伪标均为盗版　机工教育服务网：www.cmpedu.com

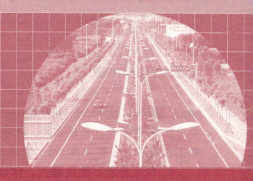

前言

为了适应我国高级技能人才紧缺的国情,结合职业教育发展的趋势,教育部提出了"职业本科"这一新的教育体系。一批院校陆续转设为职业本科院校。为顺应形势发展,填补高职本科道路工程制图类教材的空白,我们组织编写了本书。

编者与行业、企业专家共同探讨,进一步明确职业本科教育的人才培养目标与产业发展的需求的因果关系。以教育部《"十四五"职业教育规划教材建设实施方案》及《高等职业学校道路桥梁工程技术专业教学标准》为依据,选择充分且必要的投影知识及道路工程中的真实图例,联系道路工程实际,共同开发了理论学习与实践训练并重,与工程实际零距离对接的项目课程,充分体现"以学生为中心,工学结合、德技并修"的职教理念。

1. 采用任务驱动的项目模式,改革教学方式,引导同学们主动学习

本书以道路工程构件图作为载体,以绘制与识读道路工程构件图为任务,设计学习型项目,使同学们在任务驱动下通过自主学习及动手操作掌握必要的投影知识及绘图方法;以真实的道路、桥梁、涵洞、隧道工程图为载体,以识读道路、桥梁、涵洞、隧道工程图为任务,以问题为导向,设计工作型项目,使同学们在带着任务与问题的读图过程中形成识读道路工程图的能力。

本书设计 14 个项目,每个项目设置了明确的项目目标,包括知识目标、能力目标、素质目标。每个项目设置若干个任务,并按照"任务提出→相关知识(个别任务无)→任务实施→任务拓展(个别任务增设)"进行设置。在绘图项目的任务实施中按照"案例示范→任务完成"进行设置,同学们可以通过参考"案例示范"部分,自主完成绘图任务。在学习型项目中设置了复习思考题。通过完成这些复习思考题,可使同学们更好地掌握该项目知识要点。在工作型项目中,同学们可以根据"任务提出"中提出的问题,带着问题识读工程图,并回答提出的问题以不断提升识图技能。

2. 设计开放性、综合性的任务,培养同学们发散性思维和创新精神

针对高职本科的岗位能力要求,在绘制与识读桥涵构件的构造图项目(项目九)中,设计了一些开放性、综合性的任务。引导同学们利用前面所学知识拟定多个表达方案。培养同学们发散性思维和创新精神,既要严谨合理,又能活学活用;既鼓励同学们独立思考,又善于团队合作;既能遵守国家标准,又能大胆创新。

3. 应用现代信息技术的最新成果,丰富、优化、更新教材数字化资源,进行立体化教材的开发

本书针对工程图部分配有:形象逼真的彩色立体图 53 个,可以任意转动和放大的三维仿真模型 88 个,集动画演示、微课讲解为一体的视频 129 个。还有一些在机械工业出版社网站查阅和下载的资源(网址:www.cmpedu.com):如教学方案、教学课件、试题库、试卷库、思考题答案及识图任务答案等。同时,同步在超星平台建设了线上课程(课程网址:

http://mooc1.chaoxing.com/course-ans/courseportal/233204736.html）。体现了党的二十大报告中"网络强国、交通强国、数字中国的理念"。我们还配套出版了与本书结构一致的《道路工程制图与识图习题集》，并对识读道路工程图部分的习题配以微课视频加以讲解。

4. 育人元素系统化融入，体现党的二十大报告中"育人的根本是立德""培养大国工匠、高技能人才"

全书的所有教学项目的培养目标中，都明确有知识目标、能力目标、素质目标，把育人放在重要地位。在书中每一个项目的素质拓展部分，设置了"港珠澳大桥——桥梁界的'珠穆朗玛峰'"等内容，在识读工程图的项目中，设置了一些了解我国交通建设的成果的任务。通过这些内容的学习及任务的完成，明确行业从业人员职业道德和职业素养要求，了解新时代中国特色社会主义建设的伟大成就，增强道路自信和文化自信，弘扬建设者的科学家精神、大国工匠精神、爱国主义精神，培养一流的高技能人才。

本书由山西工程科技职业大学赵云华、裴建新任主编，由山西工程科技职业大学郭超祥、刘璇任副主编，参与编写的还有山西工程科技职业大学于馥丽、圣小艳、李永琴与山西省交通规划勘测设计院邱建冬，全书由山西工程科技职业大学马国峰负责审核。具体分工如下：刘璇负责编写项目一、四、五、八、十二，于馥丽负责编写项目二、三，圣小艳负责编写项目六、七，郭超祥负责编写项目九，邱建冬负责编写项目十，裴建新负责编写项目十一，李永琴负责编写项目十三，赵云华负责编写项目十四。

道桥、隧道等专业选择除项目十一以外的项目学习，建议108课时完成；市政专业选择除项目十和项目十四以外的项目学习，建议96课时完成，其他专业可以根据需要自行调整。各学校也可以根据实际情况适当调整。

由于编者水平有限，书中缺点、错误在所难免。恳请使用本书的师生及有关人士能及时指正。主编邮箱 jtxykyc@163.com。

编 者

本书配套资源列表

一、素质拓展视频列表

序号	名称	序号	名称	序号	名称
1	"蓝图"——建筑施工前绘制的设计图	6	五峰山长江大桥——世界上首座高速铁路悬索桥	11	故宫博物院排水系统——600多年前的智慧
2	北盘江第一桥——世界最高桥	7	德余高速乌江特大桥——世界最大跨度上承式钢管混凝土拱桥	12	港珠澳大桥——桥梁界的"珠穆朗玛峰"
3	杨泗港长江大桥——一跨过江	8	腊八斤特大桥——雄伟而精巧	13	大柱山隧道——中国隧道施工地质博物馆
4	沪苏通长江公铁大桥——世界上最长的公铁两用斜拉桥	9	干海子特大桥——螺旋形特大桥		
5	秦岭终南山公路隧道——高度智能化的隧道	10	雅西高速公路——最美高速天路		

二、微课视频列表

序号	名称	序号	名称	序号	名称
1	画桥台盖梁钢筋半平面图	17	几何图形的线段性质与绘图步骤	33	求水平线的三面投影
2	丁字尺与三角板的使用	18	椭圆的画法	34	求直线上的点的投影
3	作15°倍角线	19	绘制A3图框	35	作直线AB垂直于正平线CD
4	过已知点作已知直线的平行线	20	抄绘桥墩构造图	36	补全三角形的三面投影
5	过已知点作已知直线的垂直线	21	投影现象	37	补全侧垂面的三面投影
6	任意等分线段	22	投影的形成	38	完成五边形的投影
7	等分平行线间距	23	投影的种类	39	作平面上的正平线
8	连接圆弧与已知直线相切	24	显实性投影	40	求八字翼墙表面上点的投影
9	连接圆弧与已知圆弧外切	25	积聚性投影	41	棱柱的特征
10	连接圆弧与已知圆弧内切	26	类似性投影	42	棱柱投影分析
11	圆弧连接两已知直线段	27	三面投影图的形成	43	画桥墩盖梁的三面投影图
12	圆弧连接已知线段和圆弧	28	三面投影的关系	44	五棱柱表面上的点和直线
13	圆弧外切连接两已知圆弧	29	绘制形体的三面投影图	45	棱锥的投影
14	圆弧内切连接两已知圆弧	30	点的投影及投影规律	46	棱锥投影的特性
15	圆弧分别内外切连接两已知圆弧	31	已知点的两面投影求作第三面投影	47	画棱锥体的三面投影图
16	分析几何图形的尺寸	32	求三棱锥表面棱线的投影	48	作棱锥体表面上的点的投影

（续）

二、微课视频列表

序号	名称	序号	名称	序号	名称
49	画六棱台的三面投影图	76	叠加体读图方法	103	识读桥型布置图
50	桥墩墩身的三面投影	77	识读涵洞端墙的投影图	104	钢筋混凝土知识
51	回转体	78	补画雨篷的第三面投影	105	钢筋构造图的图示内容
52	圆柱体的投影	79	线面分析法读图	106	钢筋构造图的图示特点
53	圆柱面上取点	80	补画八字翼墙的第三面投影	107	识读钢筋构造图的方法
54	圆锥体的投影	81	识读石拱涵端墙的投影图	108	识读钢筋混凝土空心板一般构造图
55	圆锥体表面上的点	82	剖面图的标注	109	识读钢筋混凝土中板钢筋构造图
56	圆球体的投影	83	剖面图的形成	110	识读一孔桥面铺装钢筋构造图
57	圆球面上取点	84	涵洞盖板构造图	111	识读一孔桥面连续钢筋构造图
58	桥台肋板的投影	85	阶梯剖面图	112	识读桥墩一般构造图
59	绘制桥台翼墙的投影	86	旋转剖面图	113	识读桥墩盖梁钢筋构造图
60	三棱锥的截交线	87	道路路线工程图的图示内容与图示特点	114	识读桥墩立柱和桩基钢筋构造图
61	回转体截交线的画法	88	识读公路线平面图（地形部分）	115	识读桥台盖梁钢筋构造图
62	常见回转体的截交线	89	识读公路路线平面图（路线部分）	116	涵洞的分类与组成
63	圆柱截切体的画法	90	识读公路路线纵断面图（图样部分）	117	涵洞工程图的图示内容与特点
64	补全带切口的圆柱体的投影图	91	识读公路路线纵断面图（资料表部分一）	118	识读涵洞工程图的方法
65	两平面立体相交的相贯线	92	识读公路路线纵断面图（资料表部分二）	119	识读钢筋混凝土圆管涵一般构造图
66	屋面与烟囱相贯体的投影分析	93	识读路基横断面	120	识读钢筋混凝土盖板涵一般构造图
67	绘制房屋模型的投影图	94	了解城市道路横断面的类型	121	隧道洞门图的图示内容与图示特点
68	求平面体与回转体相贯线的方法	95	识读城市道路横断面图	122	了解隧道洞门结构
69	圆柱体与四棱柱相贯	96	识读城市道路排水施工平面图	123	识读隧道洞门图的方法
70	绘制两曲面立体的相贯线的方法	97	识读城市道路排水管线纵断面图	124	识读隧道洞门图
71	绘制桥墩（叠加体）投影图	98	桥梁的组成	125	了解隧道衬砌的结构
72	绘制栏杆柱（切体）的投影图	99	识读桥位平面图	126	识读隧道衬砌断面设计图
73	柱状体投影分析	100	识读桥位地质断面图	127	识读钢拱架支撑构造图
74	拉伸法读图	101	桥型布置图的图示特点	128	识读隧道二次衬砌横断面图
75	补画T梁的正面投影	102	桥型布置图的图示内容	129	识读防排水设计图

三、彩图列表

序号	名称	序号	名称	序号	名称
1	小桥立体示意图	4	路面结构分层剖面图	7	泄水管安装图
2	桥梁构件	5	检查井立体示意图	8	道路三面投影的形成
3	桥梁上的构件	6	钢桥杆件中断断面图	9	某横断面施工图

（续）

三、彩图列表

序号	名称	序号	名称	序号	名称
10	雨水排水示意图	25	墩台结构	40	石拱涵一般构造图
11	某道路排水施工平面图	26	几种常见的桥墩	41	钢筋混凝土箱涵一般构造图
12	某道路排水管线立体示意图	27	几种常见的桥台	42	斜箱涵钢筋立体示意图
13	桥梁示意简图(1)	28	桥墩一般构造图	43	隧道洞门外观图
14	桥梁示意简图(2)	29	桥墩盖梁钢筋构造图	44	洞前横断面立体示意图
15	某空心板简支梁桥的立体图(1)	30	完整桥墩钢筋立体示意图	45	纵断面立体示意图
16	某空心板简支梁桥的立体图(2)	31	桥墩立柱和桩基钢筋构造图	46	洞门后横断面立体示意图
17	桥梁构件的立体示意图	32	桥台一般构造图	47	洞门墙横断面立体示意图
18	钢筋混凝土空心板中的钢筋	33	背墙牛腿钢筋立体示意图	48	某隧道Ⅴ级围岩浅埋段衬砌断面设计图
19	桥台盖梁钢筋构造图	34	耳、背墙钢筋立体示意图	49	超前小导管支护
20	钢筋混凝土空心板一般构造图	35	完整桥台钢筋立体示意图	50	洞口超前长管棚支护
21	钢筋混凝土中板钢筋构造图	36	桥台盖梁钢筋构造图	51	钢拱架支撑立体示意图
22	钢筋混凝土边板钢筋构造图	37	钢筋混凝土圆管涵的立体图	52	二次衬砌钢筋构造立体示意图
23	一孔桥面铺装钢筋构造图	38	钢筋混凝土圆管涵一般构造图	53	一般围岩段隧道防排水立体示意图
24	一孔桥面连续钢筋构造图	39	钢筋混凝土盖板涵一般构造图		

四、仿真模型列表

序号	名称	序号	名称	序号	名称
1	铅垂线的投影特性	17	正三棱锥的投影	33	圆柱体与圆锥体相贯(3)
2	正垂线的投影特性	18	四棱台的投影	34	切割型组合体
3	侧垂线的投影特性	19	棱台体的投影(1)	35	综合型组合体
4	正平线的投影特性	20	棱台体的投影(2)	36	桥台翼墙投影图识读
5	水平线的投影特性	21	桥台翼墙的投影	37	补画T梁的正面投影
6	侧平线的投影特性	22	截交线上的特殊点	38	拉伸法读图
7	水平面的投影特性	23	圆柱截切体的投影	39	识读涵洞端墙的投影图
8	正平面的投影特性	24	圆管截切体的投影	40	识读八字翼墙的投影图
9	侧平面的投影特性	25	带切口的圆柱体的投影	41	识读隧道洞门墙的三面投影图
10	正垂面的投影特性	26	平面与圆球体相交	42	石拱涵端墙的三面投影图
11	铅垂面的投影特性	27	两正交圆柱的相贯线	43	桥台的立体图及基本视图
12	侧垂面的投影特性	28	三通管的投影	44	泄水管的立体图及视图
13	棱柱体的投影(1)	29	辅助平面法(1)	45	剖面图的形成
14	棱柱体的投影(2)	30	辅助平面法(2)	46	泄水管盖的立体图
15	五棱柱表面上的点和直线	31	圆柱体与圆锥体相贯(1)	47	阶梯剖面图
16	六棱柱表面上的点的投影	32	圆柱体与圆锥体相贯(2)	48	检查井旋转剖面图

（续）

四、仿真模型列表					
序号	名称	序号	名称	序号	名称
49	检查井构造图	63	钢筋混凝土空心板一般构造图	77	石拱涵一般构造图
50	钢桥杆件中断断面图	64	钢筋混凝土中板钢筋构造图	78	石拱涵纵断面
51	T梁的立体图	65	钢筋混凝土边板钢筋构造图	79	钢筋混凝土箱涵一般构造图
52	泄水管	66	一孔桥面铺装钢筋构造图	80	涵身钢筋构造图
53	重力式桥台	67	一孔桥面连续钢筋构造图	81	隧道洞门外观
54	桥台锥形护坡	68	桥墩一般构造图	82	洞门前横断面立体示意图
55	桥梁栏杆的构造图	69	桥墩盖梁钢筋构造图	83	纵断面立体示意图
56	雨水口示意图	70	桥墩立柱和桩基钢筋构造图	84	洞门后横断面立体示意图
57	检查井立体示意图	71	桥台一般构造图	85	洞门墙横断面立体示意图
58	桥梁示意简图	72	桥台盖梁钢筋构造图	86	隧道V级围岩浅埋段钢拱架支撑构造图
59	某空心板简支梁桥的立体图	73	钢筋混凝土圆管涵的立体图	87	二次衬砌钢筋构造图
60	桥梁构件的立体示意图	74	钢筋混凝土圆管涵一般构造图	88	一般围岩段隧道防排水立体示意图
61	钢筋混凝土空心板中的钢筋	75	钢筋混凝土圆管涵纵断面		
62	桥台盖梁钢筋构造	76	钢筋混凝土盖板涵一般构造图		

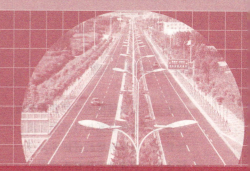

目 录

前言
本书配套资源列表

项目一 绘制道路工程中的几何图形 …… 1
  任务一 绘制桥台盖梁钢筋半平面图 …… 2
  任务二 绘制吊钩的立面图 …… 5
  任务三 绘制涵洞端墙的立面图 …… 9
  复习思考题 …… 11

项目二 绘制桥墩一般构造图 …… 12
  任务一 熟悉《道路工程制图标准》 …… 13
  任务二 标注桥墩构造图的尺寸及文字 …… 18
  复习思考题 …… 25

项目三 绘制桥台模型的投影图 …… 26
  任务一 绘制桥台模型的单面投影图 …… 27
  任务二 绘制桥台模型的三面投影图 …… 32
  复习思考题 …… 36

项目四 分析形体上基本元素的投影 …… 37
  任务一 分析桥台上点的投影 …… 38
  任务二 绘制棱锥上一般位置直线的投影 …… 42
  任务三 分析桥台上投影面垂直线的投影 …… 44
  任务四 分析八字翼墙上投影面平行线的投影 …… 47
  任务五 绘制直线上的点的投影 …… 51
  *任务六 分析八字翼墙上两直线的相对位置 …… 53
  任务七 分析桥台上投影面平行面的投影 …… 57
  任务八 分析八字翼墙上投影面垂直面及一般位置平面的投影 …… 60
  *任务九 绘制八字翼墙表面上点和直线的投影 …… 64
  复习思考题 …… 66

项目五 绘制与识读工程中基本体的投影 …… 68
  任务一 绘制与识读桥墩盖梁的投影 …… 69
  任务二 绘制与识读桩尖的投影 …… 74
  任务三 绘制与识读桥墩墩身的投影 …… 78
  任务四 绘制圆柱体及其表面上的点的投影 …… 80
  任务五 绘制圆锥体及其表面上的点的投影 …… 83
  任务六 绘制圆球体及其表面上的点的投影 …… 86
  复习思考题 …… 89

项目六 绘制工程中截切体的投影 …… 90
  任务一 绘制桥台肋板及桥台翼墙的投影 …… 91
  任务二 绘制倾斜圆管的投影 …… 94
  复习思考题 …… 101

项目七 绘制工程中相贯体的投影 …… 102
  任务一 绘制房屋模型的投影 …… 103
  任务二 绘制桥墩桩基础的投影 …… 105
  任务三 绘制三通管接头的投影 …… 108
  复习思考题 …… 113

项目八 绘制与识读道路工程中组合体投影 …… 114
  任务一 绘制道路工程中组合体的投影 …… 115
  任务二 识读道路工程中常见组合体的投影 …… 122
  任务三 标注涵洞端墙的尺寸 …… 131
  复习思考题 …… 136

项目九 绘制与识读桥涵构件的构造图 …… 137

任务一	绘制桥梁构件的各种视图…………	138
任务二	绘制桥涵构件的剖面图……………	142
任务三	绘制桥梁构件的断面图……………	150
任务四	识读桥梁构件构造图………………	153
复习思考题………………………………		159

项目十　识读公路路线工程图………… 160

任务一	识读公路路线平面图………………	161
任务二	识读公路路线纵断面图……………	168
任务三	识读公路路基横断面图……………	173

项目十一　识读城市道路工程图……… 177

任务一	识读城市道路横断面图……………	178
任务二	识读城市道路平面图………………	183
任务三	识读城市道路纵断面图……………	187
任务四	识读城市道路排水系统施工图……	189

项目十二　识读桥梁工程图……………… 198

任务一	识读桥梁总体布置图………………	199
任务二	识读构件钢筋构造图………………	206
任务三	识读桥跨结构图……………………	212
任务四	识读墩台结构图……………………	223

项目十三　识读涵洞工程图……………… 238

任务一	识读钢筋混凝土圆管涵一般构造图………………………………	239
任务二	识读钢筋混凝土盖板涵工程图……	245
任务三	识读石拱涵一般构造图……………	248
任务四	识读钢筋混凝土箱涵工程图………	251

项目十四　识读隧道工程图……………… 256

任务一	识读隧道洞门图……………………	257
任务二	识读隧道衬砌断面图………………	263

参考文献………………………………………… 275

项目一

绘制道路工程中的几何图形

项目目标

知识目标	1. 掌握绘图工具的使用方法 2. 掌握道路工程中常见的几何图形的作图方法
能力目标	能使用绘图工具熟练绘制道路工程中常见的几何图形
素质目标	1. 养成严谨、规范的良好习惯 2. 发扬精益求精的工匠精神

项目描述

道路工程中的图样是由直线、圆弧及其他曲线构成的几何图形,如图 1-1 所示的立交平面图。为了准确、迅速地绘制图样,并提高绘图质量,必须掌握各种绘图工具的使用方法,掌握常见的几何图形的作图方法。

本项目以道路工程中的几何图形为载体,以绘制几何图形为任务,掌握绘图工具的使用方法及道路工程中常见的几何图形的作图方法。

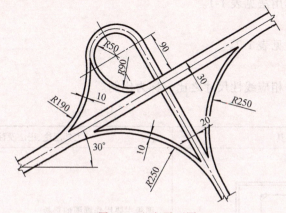

图 1-1 立交平面图

任务一　绘制桥台盖梁钢筋半平面图

任务提出

抄绘图 1-2 所示桥台盖梁钢筋半平面图。

1）掌握丁字尺、三角板等绘图工具的使用方法。

2）掌握利用绘图工具绘制水平线、垂直线、各种位置平行线、相互垂直的线，掌握等分线段、等分两平行线间距的方法。

画桥台盖梁钢筋半平面图（微课）

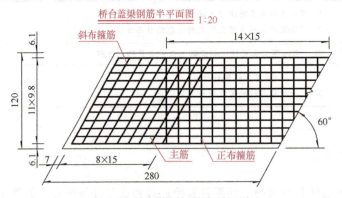

图 1-2　桥台盖梁钢筋半平面图

相关知识

（一）了解绘图工具

所用绘图工具及其用法见表 1-1。

（二）绘制各种直线

各种直线段的画法见表 1-2。

（三）了解比例的含义

图样中图形与实物相应线性尺寸之比，称为比例。

丁字尺与三角板的使用（微课）

表 1-1　所用绘图工具及其用法

绘图工具	工具用途、用法及注意事项
图板	图板主要用作画图的垫板 图板的大小有 0 号、1 号、2 号、3 号等各种不同规格

项目一 绘制道路工程中的几何图形

（续）

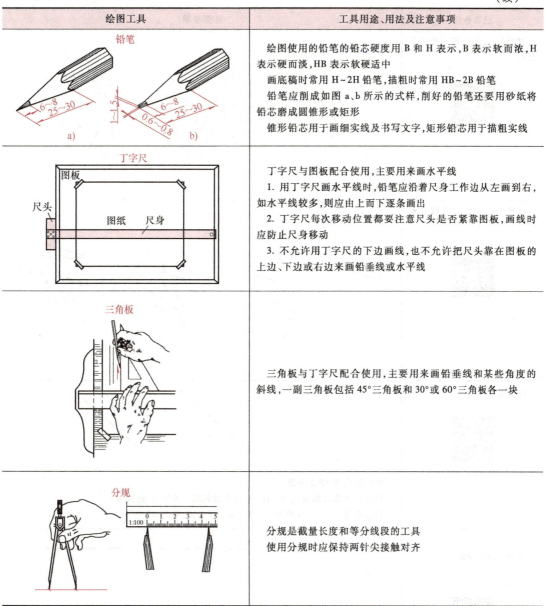

绘图工具	工具用途、用法及注意事项
铅笔	绘图使用的铅笔的铅芯硬度用 B 和 H 表示，B 表示软而浓，H 表示硬而淡，HB 表示软硬适中 画底稿时常用 H~2H 铅笔，描粗时常用 HB~2B 铅笔 铅笔应削成如图 a、b 所示的式样，削好的铅笔还要用砂纸将铅芯磨成圆锥形或矩形 锥形铅芯用于画细实线及书写文字，矩形铅芯用于描粗实线
丁字尺	丁字尺与图板配合使用，主要用来画水平线 1. 用丁字尺画水平线时，铅笔应沿着尺身工作边从左画到右，如水平线较多，则应由上而下逐条画出 2. 丁字尺每次移动位置都要注意尺头是否紧靠图板，画线时应防止尺身移动 3. 不允许用丁字尺的下边画线，也不允许把尺头靠在图板的上边、下边或右边来画铅垂线或水平线
三角板	三角板与丁字尺配合使用，主要用来画铅垂线和某些角度的斜线，一副三角板包括 45°三角板和 30°或 60°三角板各一块
分规	分规是截量长度和等分线段的工具 使用分规时应保持两针尖接触对齐

表 1-2 各种直线段的画法

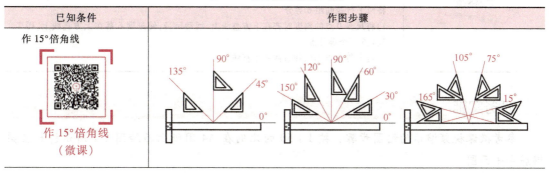

已知条件	作图步骤
作 15°倍角线 作 15°倍角线 （微课）	

（续）

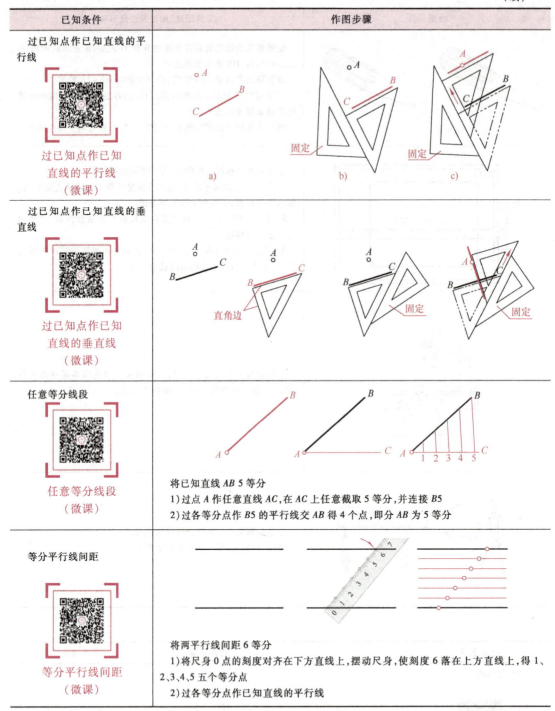

任务实施

参考微课视频演示的绘图步骤，按 1∶50 的比例在 A4 图纸上抄绘图 1-2 所示桥台盖梁钢筋半平面图。

任务二 绘制吊钩的立面图

任务提出

绘制图 1-4 所示吊钩的立面图。
1) 理解圆弧连接的原理。
2) 掌握各种圆弧连接的画法。
3) 理解定形尺寸、定位尺寸及尺寸基准的含义。
4) 能根据几何图形中各线段的性质，确定几何图形的绘图顺序。

相关知识

吊钩立面图是由直线和曲线相切（圆弧连接）形成的图形，绘制吊钩立面图，需要掌握各种圆弧连接的画法及平面图形的绘图步骤。

（一）圆弧连接的原理（表 1-3）

表 1-3 圆弧连接的原理

连接形式	连接圆弧轨迹	连接点（切点）
连接圆弧与已知直线相切 连接圆弧与已知直线相切 （微课）	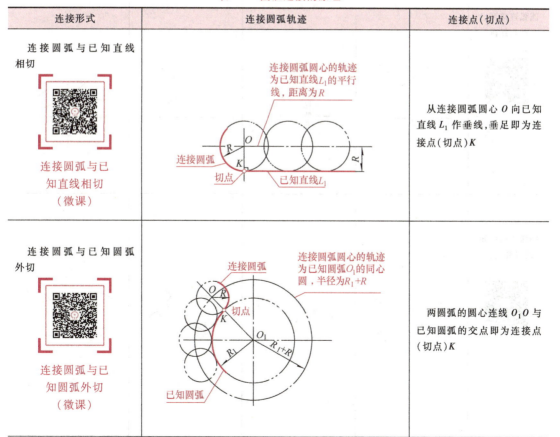	从连接圆弧圆心 O 向已知直线 L_1 作垂线，垂足即为连接点（切点）K
连接圆弧与已知圆弧外切 连接圆弧与已知圆弧外切 （微课）		两圆弧的圆心连线 O_1O 与已知圆弧的交点即为连接点（切点）K

（续）

连接形式	连接圆弧轨迹	连接点（切点）
连接圆弧与已知圆弧内切 连接圆弧与已知圆弧内切（微课）	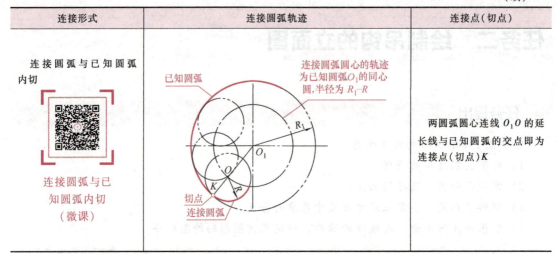 连接圆弧圆心的轨迹为已知圆弧O_1的同心圆，半径为R_1-R	两圆弧圆心连线O_1O的延长线与已知圆弧的交点即为连接点（切点）K

（二）各种圆弧连接的作图方法与步骤（表1-4）

表1-4 各种圆弧连接的作图方法与步骤

连接形式	已知条件	作图方法与步骤		
		1. 求连接弧圆心O	2. 求连接点（切点）A、B	3. 画连接圆弧并描粗
圆弧连接两已知直线段 （微课）				
圆弧连接已知线段和圆弧 （微课）				

（续）

连接形式	已知条件	作图方法与步骤		
		1. 求连接弧圆心 O	2. 求连接点（切点）A、B	3. 画连接圆弧并描粗
圆弧外切连接两已知圆弧 圆弧外切连接两已知圆弧（微课）				
圆弧内切连接两已知圆弧 圆弧内切连接两已知圆弧（微课）				
圆弧分别内外切连接两已知圆弧 圆弧分别内外切连接两已知圆弧（微课）				

（三）分析几何图形的尺寸

尺寸按其作用，可分为定形尺寸和定位尺寸两类。

（1）定形尺寸 确定图形中各部分形状和大小的尺寸称为定形尺寸，如直线段的长度，圆、圆弧的直径或半径，角度大小等。图1-3中的尺寸 $R555$、$R660$、$R150$、$R1370$ 等均为定形尺寸。

（2）定位尺寸 确定图形中线段或线框间相对位置的尺寸称为定位尺寸。图1-3中，确定圆弧 $R660$ 的圆心位置的尺寸25，确定长度为132的直线段位置的尺寸966都是定位尺寸。

(3) 基准 标注定位尺寸的起点（点或线）称为尺寸基准。

一个平面图形至少要有两个方向上的主要尺寸基准。通常以对称图形的对称中心线、较大圆的中心线以及较长的直线等作为主要尺寸基准。如图 1-3 中，以 R555 为半径的圆弧的两条中心线作为水平方向和垂直方向的主要尺寸基准。在平面图形中，除水平、垂直方向的两个主要尺寸基准外，一般还会有一个或几个辅助基准。如图 1-3 所示，拱顶这一点，是高度方向的一个辅助基准，作为定位尺寸 966 的尺寸起点。

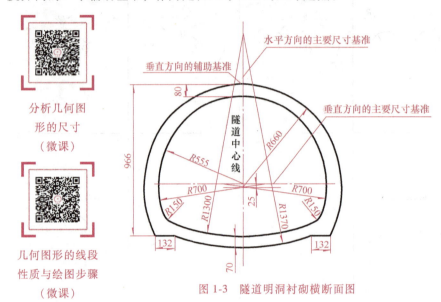

图 1-3 隧道明洞衬砌横断面图

（四）分析平面图形的线段性质及绘图步骤

如图 1-3 所示，隧道明洞衬砌横断面图主要由圆弧连接构成，需要根据尺寸标注判断图形中各线段的性质并确定作图的顺序与步骤。平面图形中的线段按其尺寸是否齐全，通常可分为三类：已知线段、中间线段、连接线段。

(1) 已知线段 有齐全的定形尺寸和定位尺寸，能根据已知尺寸直接画出的线段，如半径为 R555、R660 的圆弧。

(2) 中间线段 只有定形尺寸和一个定位尺寸，另一个定位尺寸必须根据该线段与相邻已知线段的几何关系才能确定的线段。

只知道圆心的一个方向的定位尺寸以及半径（或直径）的圆弧（或圆），已知直线上一点的位置或直线的方向且与定圆（或圆弧）相切的直线段，皆为中间线段。

如半径为 R700 的圆弧，其圆心垂直方向的位置已知（在 R555 圆弧的水平中心线上），圆心水平方向的位置须根据该圆弧与相邻的 R555 的圆弧相切的几何关系才能确定；长度为 132 的直线段的垂直方向的位置已知（定位尺寸为 966），水平方向的位置需要通过与 R660 的圆弧相交才能确定；R1370 的圆弧其圆心水平方向的位置已知（在 R555 圆弧的垂直中心线上），垂直方向的位置须根据该圆弧过两段长度为 132 的直线段的外侧端点的几何关系才能确定。

(3) 连接线段 只有定形尺寸，没有定位尺寸，其位置必须根据该线段与两端相邻已知线段的几何关系才能确定的线段。

例如，只知道半径（或直径）不知道圆心位置的圆弧（或圆）；只知道两端与定圆（圆弧）相切的直线段，皆为连接线段。

例如，半径为 $R150$ 的圆弧，没有定位尺寸，必须通过与两端相邻圆弧的连接关系才能确定其圆心位置。

通过几何图形的尺寸分析和线段分析可确定绘图顺序：首先绘制作图的基准线，其次绘制已知线段，再次绘制中间线段，最后绘制连接线段。

任务实施

1）请同学们将图 1-3 的绘图顺序填写在括号内。

$R150$ 的圆弧（   ）、长度 132 的直线段（   ）、$R555$ 的圆弧（   ）、$R660$ 的圆弧（   ）、$R1370$ 的圆弧（   ）、$R1300$ 的圆弧（   ）、$R700$ 的圆弧、用点画线表示的作图基准线（   ）。

2）绘制吊钩的立面图（图 1-4）。

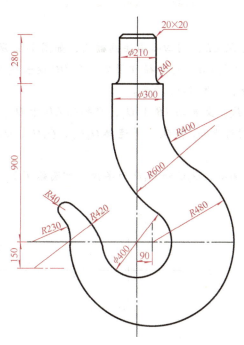

图 1-4　吊钩的立面图

任务三　绘制涵洞端墙的立面图

任务提出

抄绘图 1-5 所示涵洞端墙的立面图，掌握椭圆的画法。

椭圆的画法
（微课）

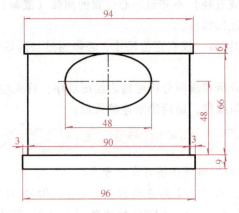

图 1-5 涵洞端墙的立面图

任务实施

1. 案例示范

已知椭圆长轴 AB 和短轴 CD，用四心圆法画椭圆，如图 1-6a 所示。

1) 以 O 为圆心，OA（或 OB）为半径作圆弧，交 DC 延长线于 E；又以 C 为圆心，CE 为半径作圆弧，交 AC 于 F，如图 1-6b 所示。

2) 作 AF 的垂直平分线，交长轴 AB 于 O_1，交短轴 CD 于 O_4，如图 1-6c 所示。

3) 定出 O_1 和 O_4 的对称点 O_2 和 O_3，并连接 O_1O_4、O_1O_3、O_3O_2 和 O_2O_4，并延长，如图 1-6d 所示。

4) 分别以 O_3、O_4 为圆心，O_4C 和 O_3D 为半径，作圆弧 T_1T_2 和 T_3T_4，如图 1-6e 所示。

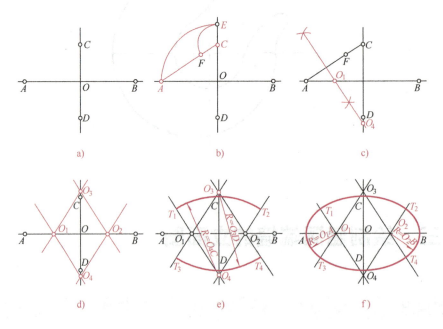

图 1-6 椭圆作图步骤

5）分别以 O_1、O_2 为圆心，O_1A 和 O_2B 为半径，作圆弧 T_3T_1 和 T_2T_4，即得所求的近似椭圆，如图 1-6f 所示。

2. 任务完成

按 1∶5 的比例抄绘图 1-5 所示涵洞端墙的立面图。

素质拓展

"蓝图"——建筑施工前绘制的设计图

我们经常听到宏伟蓝图这个词，其实蓝图的本意是指建筑施工之前绘制的设计图。在没有复印机的年代，工程上使用的图纸都是蓝色的，图样最初是被绘制在一种半透明的硫酸纸上，硫酸纸上绘制好的图作为底图，将硫酸纸与经过化学处理的晒图纸重叠放置，置于阳光下曝晒，晒图纸上的化学物质在阳光照射下会发生化学反应，有图案的地方就把阳光挡住，被光线照射到的地方和没照射到的地方呈现不同深浅的蓝色，这样就可以重复地晒出许多蓝色的图纸，所以称为蓝图。

"蓝图"——建筑施工前绘制的设计图

即便是现在，当建筑用图的图纸尺寸大，所需份数比较多时，如果直接打印或复印，需要大型的机器，成本比较高，但晒图的成本则会低很多。CAD 画出的图样，可以直接打印在硫酸纸上，现代的晒图机可以直接完成批量出图。晒出来的图纸质量好，不褪色，方便保存。所以晒图这种方法一直延续至今。

任何建筑规划、园林规划、城市规划、产品规划等在施工实施前，都需要设计图，后来人们就把对未来美好的计划、希望和前景等引申称为蓝图。个人的人生规划叫人生蓝图，城市的计划叫城市蓝图等。

复习思考题

1. 什么是定形尺寸？什么是定位尺寸？
2. 什么是已知线段、中间线段、连接线段？
3. 什么是尺寸基准？
4. 分析图 1-1 所示立交平面图的尺寸标注和线段性质，将正确的答案填在括号内。

1）$R90$ 是（　　　）。

A. 定形尺寸　　　　B. 定位尺寸

2）$R50$ 的圆弧为（　　　）。

A. 中间线段　　　　B. 连接线段　　　　C. 已知线段

3）$R90$ 的圆弧为（　　　）。

A. 中间线段　　　　B. 连接线段　　　　C. 已知线段

项目二

绘制桥墩一般构造图

📐 项目目标

知识目标	理解并熟记《道路工程制图标准》(GB 50162—1992)(以下简称《国标》)关于图纸幅面、线型、比例、文字、尺寸标注的有关规定
能力目标	1. 能严格按照《国标》规定绘制图纸的图框、角标、标题栏 2. 能选用合适的比例,使用规定的线型绘制平面图形 3. 能完整、正确、合理、美观地标注平面图形的尺寸并注写文字
素质目标	1. 养成自觉遵守《国标》的习惯 2. 养成认真负责的工作态度、一丝不苟的工作作风、爱岗敬业的优良品质

📐 项目描述

道路工程图是道路工程施工过程中重要的技术文件,是施工的依据。图2-1所示为一座钢筋混凝土梁桥的立体示意图,图2-2所示为该桥的桥型布置图(施工图)。施工图上有各种各样的线条、尺寸数字、图框、标题栏等,内容较多,图形复杂。为便于生产和技术交流,对于每种线条所代表的含义、尺寸数字的单位等,需要有统一的规定;为了图形美观、图面清晰,便于使用和保存,对于图纸的大小,图框、标题栏等的尺寸,字体的种类等需要有统一的规定。贯彻执行《国标》是每一位工程技术人员的责任和义务。

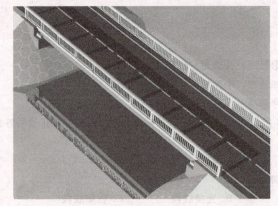

图2-1 钢筋混凝土梁桥立体示意图

本项目以桥墩构造图为载体,以在A3图纸内绘制桥墩构造图为任务,熟练掌握《国标》对图幅大小、图线的线型、尺寸标注、比例、字体等的规定,养成自觉遵守《国标》的习惯。

项目二　绘制桥墩一般构造图

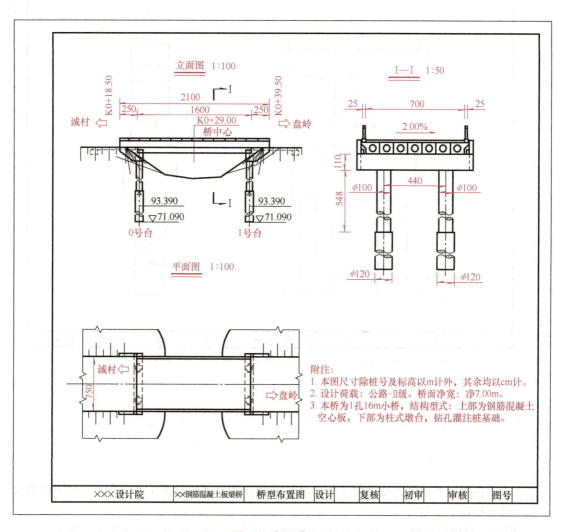

图 2-2　桥型布置图

任务一　熟悉《道路工程制图标准》

> 任务提出

抄绘图 2-3 所示桥墩一般构造图。
1）遵照《国标》规定，确定图框、图标的格式，比例、线型及线宽绘图。
2）掌握《国标》关于图幅、图框、图标、比例、线型及线宽的规定。

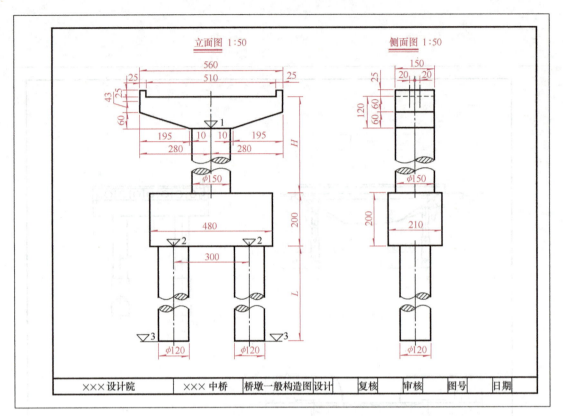

图 2-3 桥墩一般构造图

相关知识

一、《国标》关于图幅的规定

图幅是指图纸的幅面大小。为了便于装订、保存和合理使用图纸,《国标》对图幅的大小和长宽比例做了规定。

《国标》对图幅的规定,见表 2-1。表中尺寸单位为 mm,幅面格式如图 2-4 所示。

表 2-1 图幅及尺寸代号

尺寸代号	图幅代号				
	A0	A1	A2	A3	A4
$b \times l$	841×1189	594×841	420×594	297×420	210×297
a	35	35	35	30	25
c	10	10	10	10	10

图幅的长边是短边的 $\sqrt{2}$ 倍,即 $l=\sqrt{2}b$,且 A0 幅面的面积为 $1m^2$。A1 幅面是沿 A0 幅面长边的对裁,A2 幅面是沿 A1 幅面长边的对裁,其他幅面类推。

根据需要,图幅的长边可以加长,但短边不得加宽,长边加长的尺寸应符合有关规定。长边加长时图幅 A0、A2、A4 应为 150mm 的整倍数,图幅 A1、A3 应为 210mm 的整倍数。

二、《国标》关于图标、角标的规定

图框内右下角应绘制图标（标题栏），《国标》规定的图标格式有三种，如图 2-5a、b、c 所示。图标外框线线宽宜为 0.7mm，图标内分格线线宽宜为 0.25mm。

在道路工程中，一般采用 A3 或 A3 加长的图幅，并横向装订成册。一般采用图 2-5a 所示的图标，画在图纸右下角，如图 2-2 及图 2-3 所示。

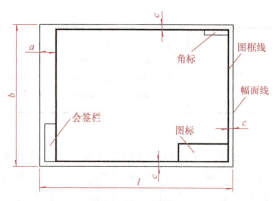

图 2-4　幅面格式

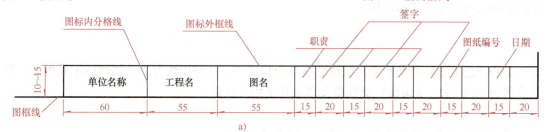

a)

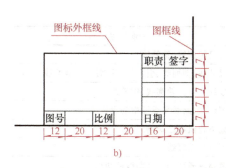

b)

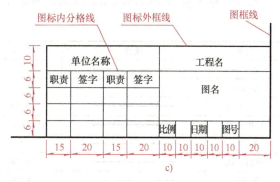

c)

图 2-5　图标格式

当图纸要绘制角标时，应布置在图框内右上角，如图 2-6 所示。角标线线宽宜为 0.25mm。

三、《国标》关于比例的规定

1. 比例

图样中图形的线性尺寸与实物相应线性尺寸之比，称为比例。绘图比例的选择，应遵循图面布置合理、均匀、美观的原则，按图形大小及图面复杂程度确定，一般优先选用表 2-2 中所列的常用比例。

图 2-6　角标

表 2-2　绘图所用的比例

常用比例					
1:1	1:2	1:5	1:10	1:20	1:50
1:100	1:200	1:500	1:1000	1:2000	1:5000
1:10000	1:20000	1:50000	1:100000	1:200000	1:500000

(续)

可用比例	1∶3 1∶15 1∶25 1∶30 1∶40 1∶60 1∶150 1∶250 1∶300 1∶400 1∶600 1∶1500 1∶2500 1∶3000 1∶4000 1∶6000 1∶15000 1∶30000

2. 比例标注

比例应采用阿拉伯数字表示，宜标注在视图图名的右侧或下方，字体高度可比图名字体高度小一号或二号，如图 2-7a、b 所示。当同一张图纸中的比例完全相同时，可在图标中注明，也可以在图纸中适当位置采用标尺标注。

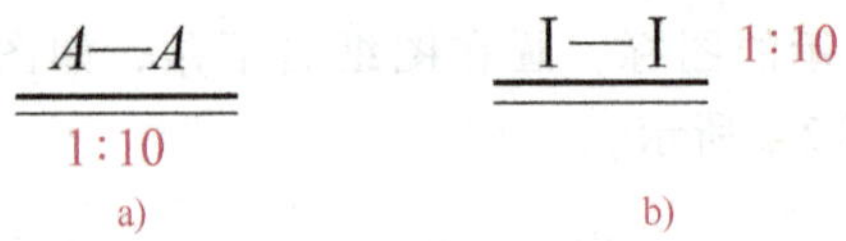

$$\frac{A-A}{1:10} \qquad \underline{I-I} \; 1:10$$

　　　　　a)　　　　　　b)

图 2-7 比例的标注

四、《国标》关于线型的规定

工程图是由不同线型、不同粗细的线条所构成的，这些图线可表达图样的不同内容，以及分清图中的主次，《国标》对线型及线宽作了相应规定。

1. 线型

道路工程中常用图线的线型、线宽、用途见表 2-3。

表 2-3 道路工程中常用图线的线型、线宽、用途

名称	线型	线宽	一般用途
粗实线	———	b	可见轮廓线、钢筋线
细实线	———	$0.25b$	尺寸线、剖面线、引出线、图例线、原地面线
中粗实线	———	$0.5b$	较细的可见轮廓线、钢筋线
加粗实线	———	$(1.4\sim2.0)b$	图框线、路线平面图中的设计线
粗虚线	- - - -	b	地下管道或建筑物
中粗虚线	- - - -	$0.5b$	不可见轮廓线
细虚线	- - - -	$0.25b$	道路纵断面图中竖曲线的切线
细点画线	—·—·—	$0.25b$	中心线、对称线、轴线
中粗点画线	—·—·—	$0.5b$	用地界线
细双点画线	—··—··—	$0.25b$	假想轮廓线、规划道路中线、地下水位线
粗双点画线	—··—··—	b	规划红线
波浪线	∽∽∽	$0.25b$	断开界线
折断线	—⌇—	$0.25b$	断开界线

2. 线宽及其组合

图线的宽度应从 0.13mm、0.18mm、0.25mm、0.35mm、0.5mm、0.7mm、1.0mm、1.4mm、2.0mm 中选取。每个图样一般使用三种线宽，且互成一定的比例，即粗线（线宽为 b）、中粗线、细线的比例规定为 $b:0.5b:0.25b$。绘图时，应根据图样的复杂程度及比例大小，选用表 2-4 所列的线宽组合。

在同一张图纸内相同比例的各图形，应采用相同的线宽组合。

图框线和标题栏的线宽见表 2-5。

表 2-4　线宽组合

线宽类别	线宽系列/mm				
b	1.4	1.0	0.7	0.5	0.35
$0.50b$	0.7	0.5	0.35	0.25	0.25
$0.25b$	0.35	0.25	0.18 (0.2)	0.13 (0.15)	0.13 (0.15)

表 2-5　图框线和标题栏的线宽　　　　　　　　（单位：mm）

图幅	图框线	标题栏外框线	标题栏分格线
A0、A1	1.4	0.7	0.25
A2、A3、A4	1.0	0.7	0.25

任务实施

1. 在 A3 图纸上绘制图框、图标

1）在道路工程中，一般采用 A3 或 A3 加长的图幅，并横向装订成册。一般采用图 2-5a 所示的标题栏，画在图纸右下角。图框、图标的详细尺寸如图 2-8 所示。

2）《国标》规定，图 2-5a 所示图标的最左侧"单位名称"的分格长度为 60mm，为了美观可以将该分格长度加大到 95mm 延伸至图框线，如图 2-8 所示。

3）标题栏外框线采用 0.7mm 的加粗实线，标题栏分格线采用 0.25mm 的细实线，A3 图框线可采用 1.0mm 的加粗实线。

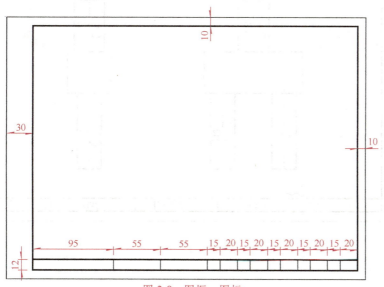

绘制 A3 图框
（微课）

图 2-8　图框、图标

2. 确定桥墩构造图的比例

根据桥墩和 A3 图纸的尺寸，并留有足够的标注尺寸的空间来确定绘图比例，该图可以选用 1∶50 的比例。比例的标注一般采用图 2-7b 所示的标注方法（即注在视图图名的右侧，字体高度比图名字体高度小一号或二号）。

3. 确定桥墩构造图上的线型、线宽

根据《国标》规定，桥墩构造图中的线型如图 2-9 所示。桥墩构造图相对比较简单，可采用线宽 $b=0.5$mm 的线宽组合，即粗线用 0.5mm、中粗线用 0.25mm，细线用 0.13mm。

4. 抄绘桥墩构造图

用规定线型绘制桥墩构造图（图2-9）（用2H的铅笔轻轻打底稿，用HB的铅笔加粗、描深）。

抄绘桥墩
构造图
（微课）

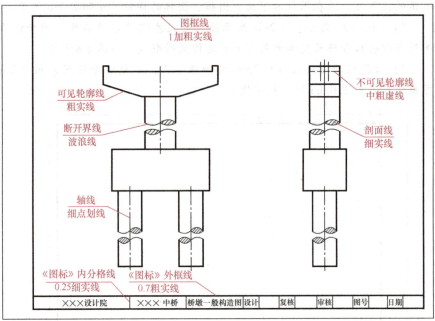

图 2-9 桥墩构造图中的各种线型

任务二　标注桥墩构造图的尺寸及文字

▶▶ 任务提出

标注图2-9所示桥墩构造图的尺寸，并填写图中文字。

1) 尺寸标注要准确、完整、清晰、合理。

2）文字注写要字体端正、笔画清晰、排列整齐，标点符号要清楚正确。

3）掌握《国标》关于注写文字的规定。

4）掌握《国标》关于尺寸标注的规定。

相关知识

一、注写文字

（一）《国标》关于汉字的规定

1. 字体

《国标》规定图中汉字应采用长仿宋体，并采用国家正式公布的简化字。

2. 字高、字宽

字体的高度即为字号。汉字的宽度与高度的比例为2∶3。长仿宋体汉字的高度、宽度尺寸见表2-6。

表2-6　长仿宋体汉字的高度、宽度尺寸　　　　　　　　　　（单位：mm）

字高（字号）	20	14	10	7	5	3.5	2.5
字宽	14	10	7	5	3.5	2.5	1.8

3. 书写

汉字书写要求采用从左向右、横向书写的格式。书写长仿宋体汉字的要领是：横平竖直、起落分明、排列匀称、填满方格，如图2-10所示。

图2-10　汉字示例

（二）《国标》关于图中数字和字母的规定

图纸中的阿拉伯数字、外文字母、汉语拼音字母笔画宽度宜为字高的1/10。大写字母的宽度宜为字高的2/3，小写字母的高度应以b、f、h、p、g为准，字宽宜为字高的1/2。a、m、n、o、e的字宽宜为上述小写字母高度的2/3。

数字与字母的字体可采用直体或斜体，但同一册图纸中应一致。直体笔画的横与竖应成90°；斜体字头向右倾斜，与水平线应成75°。字母不得写成手写体。数字与字母要与汉字同行书写，其字高应比汉字的高小一号。数字和字母示例如图2-11所示。

二、标注尺寸

（一）分析尺寸标注中的基本规定

1）图样上所有尺寸数字是物体的实际大小数值，与图的比例无关。

2）在道路工程图中的单位，线路的里程桩号以千米（km）或公里计；标高、坡长和曲线要素均以米（m）计；一般砖、石、混凝土等工程结构物及钢筋和钢材的长度以厘米

图 2-11 数字和字母示例

(cm) 计；钢筋和钢材断面尺寸以毫米 (mm) 计。图上尺寸数字之后不必注写单位，但要在注释中加以说明。

（二）分析尺寸的组成

图样上标注的尺寸，由尺寸线、尺寸界线、尺寸起止符和尺寸数字四部分组成，如图 2-12 所示。

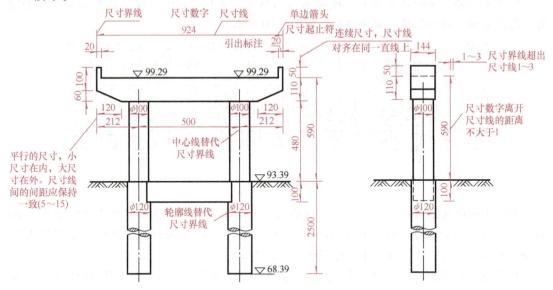

图 2-12 桥墩构造图尺寸标注

1. 尺寸线

尺寸线用细实线绘制，应与被标注长度平行，且不应超出尺寸界线。任何其他图线都不能作为尺寸线。

相互平行的尺寸线应从被标注的轮廓线由近向远排列，并且小尺寸在内，大尺寸在外。所有平行尺寸线间的间距一般在 5～15mm 之间。同一张图纸上这种间距应当保持一致；连续尺寸，尺寸线要对齐在一条直线上，如图 2-12 所示。

2. 尺寸界线

尺寸界线用细实线绘制，由一对垂直于被标注长度的平行线组成，其间距等于被标注线段的长度，尺寸界线一端应靠近所注图形轮廓线，另一端应超出尺寸线1~3mm，如图2-12所示。

图形轮廓线、中心线也可作为尺寸界线，如图2-12所示φ100的标注是以轮廓线为尺寸界线，两立柱之间的中心间距500是以中心线为尺寸界线。

3. 尺寸起止符

尺寸线与尺寸界线的交点为尺寸的起止点，在起止点上应画尺寸起止符。

尺寸起止符宜采用单边箭头表示，箭头在尺寸界线的右边时，应标注在尺寸线之上；反之，应标注在尺寸线之下。单边箭头的画法如图2-13所示。

b为图中粗实线宽度

图2-13 单边箭头的画法

尺寸起止符也可采用顺时针方向转45°的中粗斜短线表示，长度为2~3mm。

4. 尺寸数字

尺寸数字一般标注在尺寸线上方中部，尺寸数字离开尺寸线的距离应不大于1mm。

尺寸数字注写方向如图2-14所示，即水平尺寸字头朝上，垂直尺寸字头朝左，倾斜尺寸的尺寸数字都应保持字头仍有朝上趋势，并尽量避免在图示30°方位内标注尺寸。同一张图纸上，尺寸数字的大小应相同。

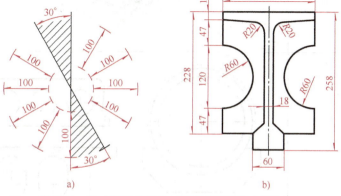

图2-14 尺寸数字的标注（T梁横断面尺寸标注）

（三）标注各类尺寸

各类尺寸的标注方法见表2-7。

表2-7 各类尺寸的标注方法

标注内容	图例	说明
小尺寸及连续排列的等长尺寸的标注		没有足够位置标注时，箭头可画在尺寸线外侧成反向箭头，最外边的尺寸数字可注写在尺寸界线外侧箭头的上方 中间连续排列的小尺寸，可在尺寸界线同一水平的位置，用黑圆点代替中间部分的箭头，尺寸数字可错开注写，也可引出注写 连续排列的等长尺寸可采用"间距数×间距尺寸"的形式标注

（续）

标注内容	图例	说明
引出线的标注	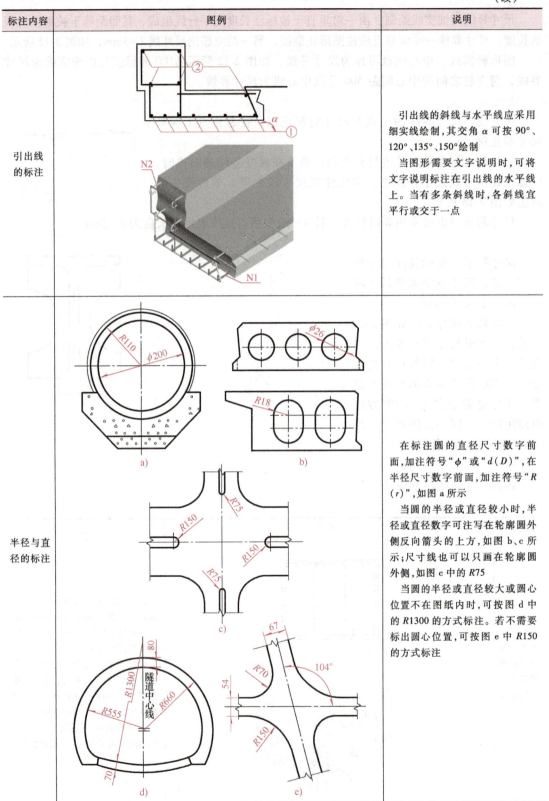	引出线的斜线与水平线应采用细实线绘制，其交角 α 可按 90°、120°、135°、150°绘制 当图形需要文字说明时，可将文字说明标注在引出线的水平线上。当有多条斜线时，各斜线宜平行或交于一点
半径与直径的标注		在标注圆的直径尺寸数字前面，加注符号"ϕ"或"$d(D)$"，在半径尺寸数字前面，加注符号"$R(r)$"，如图 a 所示 当圆的半径或直径较小时，半径或直径数字可注写在轮廓圆外侧反向箭头的上方，如图 b、c 所示；尺寸线也可以只画在轮廓圆外侧，如图 c 中的 $R75$ 当圆的半径或直径较大或圆心位置不在图纸内时，可按图 d 中的 $R1300$ 的方式标注。若不需要标出圆心位置，可按图 e 中 $R150$ 的方式标注

项目二 绘制桥墩一般构造图

（续）

标注内容	图例	说明
弧长与弦长的标注	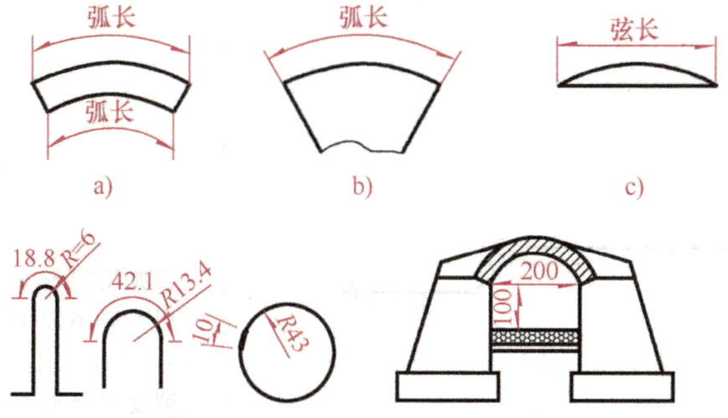	圆弧尺寸按图 a 所示标注,尺寸线也可沿径向引出,按图 b 所示 弦长的尺寸界线应垂直于该圆弧的弦,如图 c 所示 图 d 所示为桥梁中各种钢筋的圆弧长度的标注图例,图 e 所示为石拱涵拱圈部分弦长的标注示例
球的标注	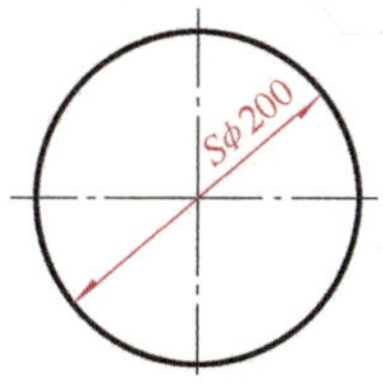	标注球体的尺寸时,应在直径和半径符号前加 S,如"Sϕ""SR"
角度的标注	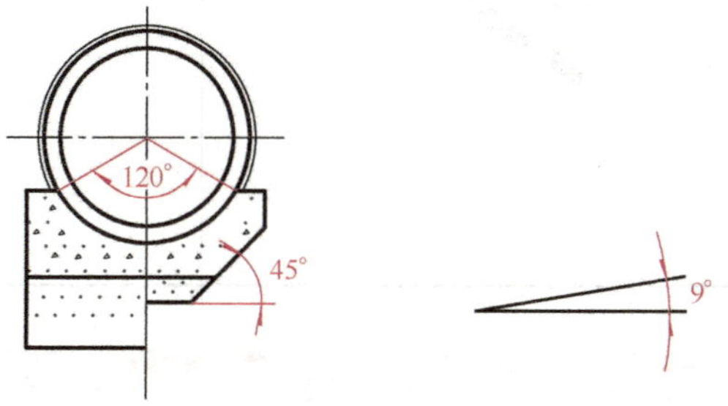	角度的尺寸线应以圆弧来表示,角的两边为尺寸界线。角度数值宜写在尺寸线上方中部,如图 a 所示 当角度太小时,可将箭头标注在角的两条边的外侧,角度数字应按如图 b 所示标注
标高的标注	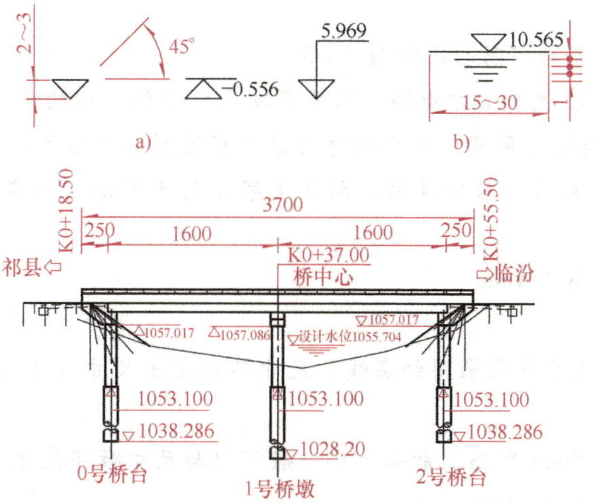	标高符号应采用细实线绘制的等腰直角三角形表示 顶角应指在需要标注的被注点上,向上、向下均可。标高符号高度 2~3mm,标高数字宜标注在三角形的右边 负标高应冠以"-"号,正标高（包括零标高）数字前可不冠以"+"号。当图形复杂时,也可采用引出线形式标注,如图 a 所示 水位线标注如图 b 所示 图 c 所示为标高及水位线的标注实例

(续)

标注内容	图例	说明
坡度的标注	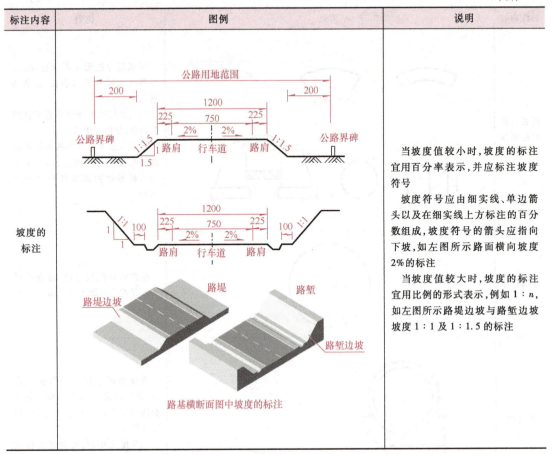 路基横断面图中坡度的标注	当坡度值较小时，坡度的标注宜用百分率表示，并应标注坡度符号 坡度符号应由细实线、单边箭头以及在细实线上方标注的百分数组成，坡度符号的箭头应指向下坡，如左图所示路面横向坡度2%的标注 当坡度值较大时，坡度的标注宜用比例的形式表示，例如1∶n，如左图所示路堤边坡与路堑边坡坡度1∶1及1∶1.5的标注

任务实施

1. 按《国标》规定，填写桥墩构造图（图2-9）中的文字

任务要求：

1）汉字采用长仿宋体，字宽与字高的比例为2∶3。

2）视图名称字高5mm，写在视图上方中部，图名下方画出上粗下细的平行线，平行线之间的间距为1.5mm，平行线与图名同宽，比例数字标注在视图图名的右侧，字高3.5mm。

3）图标内文字字高5mm，表格内居中注写，附注文字字高3.5mm，写在图纸右下角，图标上方。

4）图上的其他说明文字字高3.5mm。

2. 按照《国标》关于尺寸标注的规定，在桥墩构造图上标注尺寸

任务要求：图中尺寸线、尺寸界线采用细实线，尺寸界线超出尺寸线1.2mm左右，尺寸起止符采用单边箭头。

1）尺寸数字高度可采用2.5mm字高，箭头大小一般可以与尺寸数字高度一致。

2）平行尺寸线之间的间距采用8mm。

3）标高符号高度采用2.5mm，标高数值采用2.5mm字高。

素质拓展

北盘江第一桥——世界最高桥

北盘江第一桥位于云南省和贵州省交界的北盘江上。它北起贵州省六盘水市水城县都格镇，跨越北盘江后，南至云南省曲靖市宣威市普立乡腊龙村。

北盘江第一桥是一座钢桁架梁斜拉桥，整座大桥使用了上万个钢构件，总重量近3万t，通过两边桥塔上的112对224根斜拉索牵引。大桥总长1341.4m，主跨720m。北盘江第一桥的桥面距江面垂直高度达565.4m。北盘江第一桥的桥塔顶部到江面垂直距离为740m，此高度相当于200多层楼房高。2018年，北盘江第一桥荣获第35届世界桥梁大会"诺贝尔奖"的"古斯塔夫斯金奖"。同年，北盘江第一桥经过吉尼斯世界纪录有限公司认证，荣获了"世界最高桥"的称号，并载入世界纪录大全史册。北盘江第一桥作为杭瑞高速公路的控制性工程，结束了贵州水城与云南宣威不通高速的历史，将有效改善云南、贵州等地与外界的交通状况，促进地方经济社会发展。

北盘江第一桥——世界最高桥

复习思考题

1. 图幅长度、宽度比例为（　　）即 $l=$（　　）b。
2. A3（　　×　　），A3图幅图框与纸边的距离 $a=$（　　）mm、$c=$（　　）mm。
3. 标题栏外框线、标题栏分格线、角标的线宽分别为（　　）mm、（　　）mm、（　　）mm。
4. 图样中的粗线（线宽为 b）、中粗线、细线其比例规定为（　　）。可见轮廓线、不可见轮廓线、对称中心线、尺寸线及尺寸界线采用的线型分别为（　　）、（　　）、（　　）、（　　）、（　　），断开界线采用的线型为（　　）或（　　）。
5. 比例的含义是什么？一般标注在什么位置？
6. 《国标》规定图中汉字应采用哪种字体？字体的高宽比为多少？字号与字体高度有什么关系？
7. 道路工程图中，线路的里程桩号以（　　）为单位，标高、坡长和曲线要素均以（　　）为单位；一般砖、石、混凝土等工程结构物以（　　）为单位；钢筋和钢材长度以（　　）为单位；钢筋和钢材断面尺寸以（　　）为单位。
8. 尺寸的四要素是（　　　　　　　　）。单边箭头在尺寸界线的右边时，应标注在尺寸线之（　　），反之，应标注在尺寸线之（　　）。

项目三

绘制桥台模型的投影图

📌 项目目标

知识目标	掌握三面投影的原理
能力目标	1. 能由空间形体的立体示意图绘制其三面投影图 2. 能由投影图想象出空间形体,即由形体的两面投影绘制第三面投影
素质目标	养成理论联系实际,随时随地观察工程建筑物的习惯

📌 项目描述

道路工程施工中需要用工程图来指导施工、验收,所以如何用图纸上的平面图形来表达三维的空间形体,是道路工程制图与识图课程所要解决的主要问题。而问题的解决需要通过掌握投影的方法来实现。

本项目以道路工程中的简单形体(图3-1中的桥台)为载体,以分析、绘制简单形体(拱桥桥台)的投影图为任务,分析投影原理,掌握投影图的作图方法。

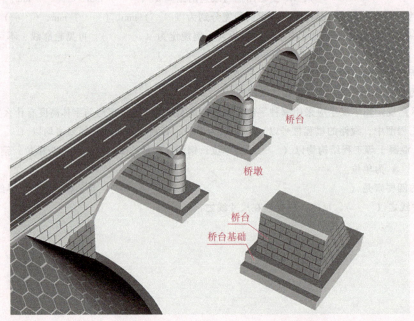

图3-1 拱桥及其桥台

任务一　绘制桥台模型的单面投影图

任务提出

绘制拱桥桥台模型的单面正投影。
1) 了解投影的形成原理。
2) 了解各类投影的特点。
3) 掌握正投影的基本性质。

相关知识

一、投影现象

当阳光照射在桥梁上时，在地面或桥面上会出现栏杆的影子，这一现象称为投影现象，如图 3-2 所示。

投影现象
（微课）

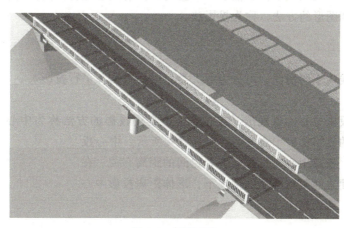

图 3-2　投影现象

投影的形成
（微课）

二、投影形成原理

桥台模型在正上方的灯光照射下，会产生影子，随着光源、模型和投影面之间位置的变化，影子的大小、形状会发生相应变化，如图 3-3a、b、c 所示，这是光线从一点射出的情形。如果假想把光源移到无穷远处，即假设光线变为互相平行并垂直于地面时，影子的大小形状就和形体底面一样了，如图 3-3d 所示。

把阳光、灯泡等光源抽象为投影中心 S，把地面、墙壁抽象为投影面 P，把看不见的光线称为投射线，这三者构成投影面体系。

把形体置入投影面体系当中，在投影面上就得到了影子（即形体的外部轮廓），如图 3-3e 所示。画出形体内外轮廓及内外表面交线，且沿投影方向，凡可见的轮廓线画成实线，不可见的轮廓线画虚线。这样，形体的影子就抽象成为投影图，简称投影，如图 3-3f 所示。

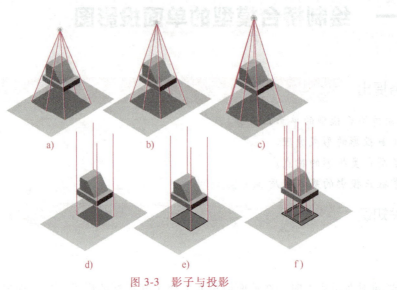

图 3-3　影子与投影

投影法是将这一现象加以科学抽象而产生的。投射线通过物体向选定的投影面投射，并在该投影面上得到图形的方法，称为投影法。

三、投影的种类

投影按投射线的不同情况，可分为两大类：中心投影和平行投影。

（一）中心投影

投射线都从投影中心一点发出，在投影面上得到投影的方法称为中心投影法，所得到的投影称为中心投影，如图 3-4 所示。中心投影的大小与形体、投影中心、投影面三者之间的距离有关。在投影中心与投影面之间距离不变的情况下，形体距离投影中心越近，投影越大，反之越小。

投影的种类（微课）

（二）平行投影

投射线互相平行的投影法称为平行投影法，所得到的投影称为平行投影。平行投影的大小与形体距离投影面的距离无关。

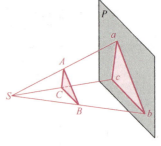

图 3-4　中心投影

根据投射线与投影面是否垂直，平行投影又可以分为斜投影和正投影。

1. 斜投影

平行投射线与投影面倾斜的投影法称为斜投影法，所得到的投影称为斜投影，如图 3-5a 所示。

2. 正投影

平行投射线垂直于投影面的投影法称为正投影法，所得到的投影称为正投影，如图 3-5b 所示。

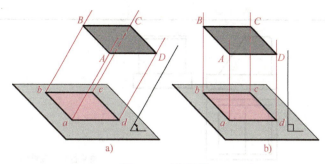

图 3-5 平行投影
a) 斜投影 b) 正投影

正投影图的优点是作图较简便、度量性好，大多数的工程图都是采用正投影法来绘制。所以正投影法是本课程研究的主要对象，今后凡未作特别说明，都属于正投影。

（三）工程中常用的投影

图示工程结构物时，由于表达目的和被表达对象特征的不同，需要采用不同的图示方法。工程中常用的几种投影见表 3-1，其详细的作图原理和方法，将在后面相关项目中介绍。

表 3-1 工程中常用的几种投影

中心投影法	透视投影法	透视图		直观性好、度量性差、作图复杂
平行投影法	正投影法	标高投影图		地形图
		正等测投影图		直观性较好、度量性较差、作图较复杂

（续）

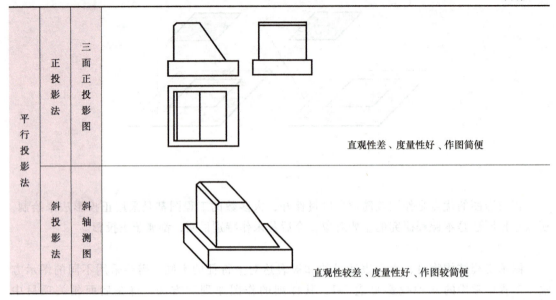

平行投影法	正投影法	三面正投影图	直观性差、度量性好、作图简便
	斜投影法	斜轴测图	直观性较差、度量性好、作图较简便

四、正投影的基本性质

（一）显实性

平行于投影面的直线或平面图形，其投影反映实长或实形，如图 3-6 所示，$ab = AB$，投影线框 $abcdefgh ≌$ 平面图形 $ABCDEFGH$。

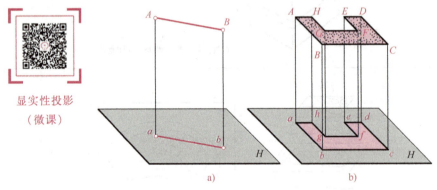

显实性投影
（微课）

图 3-6　显实性投影
a）直线平行于投影面　b）平面平行于投影面

（二）积聚性

垂直于投影面的直线、平面、曲面，其投影分别积聚为点、直线、曲线，如图 3-7 所示。

（三）类似性

倾斜于投影面的直线，投影仍为直线，其正投影短于实长；倾斜于投影面的平面，投影为该平面图形的类似形，其正投影小于实形，但投影的形状与原来形状相类似，即边数相同，凸凹状态相同，平行关系、曲直关系保持不变，如图 3-8 所示。

项目三　绘制桥台模型的投影图

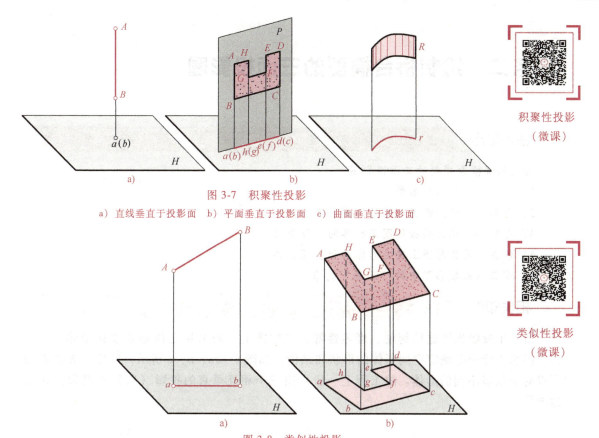

图 3-7　积聚性投影

a）直线垂直于投影面　b）平面垂直于投影面　c）曲面垂直于投影面

图 3-8　类似性投影

a）直线倾斜于投影面　b）平面倾斜于投影面

任务实施

绘制图 3-9 所示桥台模型的 B 向（或 A 向）正投影图，画图比例为 1∶50，假想由平行于 B 向的投射线向 V 面投影，作 V 面上桥台的投影图，或由平行于 A 向的投射线向 W 面投影，作 W 面上桥台的投影图。

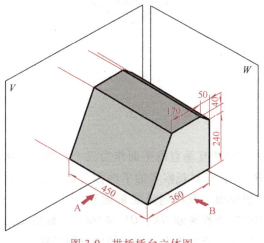

图 3-9　拱桥桥台立体图

任务二　绘制桥台模型的三面投影图

任务提出

绘制拱桥桥台模型的三面投影图。
1) 熟记三面投影的名称。
2) 理解并熟记三面投影图的位置关系。
3) 理解并熟记三面投影图与形体的方位关系。
4) 能在三面投影图上确定形体的长、宽、高。
5) 掌握三面投影图中的"三等"关系。

相关知识

由于正投影作图比较简便、度量性好，工程图上一般采用正投影来表达形体，但单面正投影不能充分确定空间形体的形状和结构，如图 3-10a、b、c 所示，同样的 H 面投影可以对应很多不同的形体。故工程上一般采用三个相互垂直的投影（三面正投影）来表达形体。

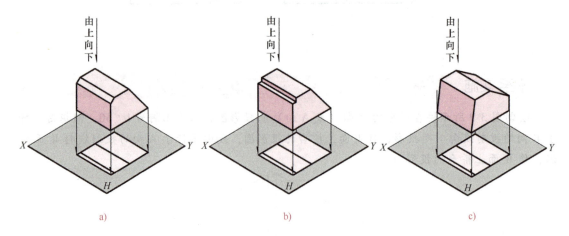

图 3-10　一个投影不能确定空间的形状

一、建立三面投影体系

如图 3-11 所示，设置三个相互垂直的平面作为三个投影面，水平放置的平面称为水平投影面（简称水平面或 H 面）；正对观察者的平面称为正立投影面（简称正面或 V 面）；观察者右侧的平面称为侧立投影面（简称侧面或 W 面）。

三投影面两两相交构成三条投影轴 OX、OY 和 OZ，三轴的交点 O 称为原点。

在三面投影体系中，能比较充分地表示出形体的空间形状。

二、三面投影图的形成

现将形体置于三面投影体系中,并置于观察者和投影面之间,如图 3-12 所示。形体靠近观察者的一面称为前面,反之称为后面。同理定出形体其余的左、右、上、下四个面。用三组分别垂直于三个投影面的投射线对形体进行投影,就得到该形体在三个投影面上的投影。

由上向下投影,在 H 面上得到的投影图,称为水平投影图(简称 H 面投影或水平投影);由前向后投影,在 V 面上得到的投影图,称为正立面投影图(简称 V 面投影或正面投影);由左向右投影,在 W 面上得到的投影图,称为(左)侧立面投影图(简称 W 面投影或侧面投影)。

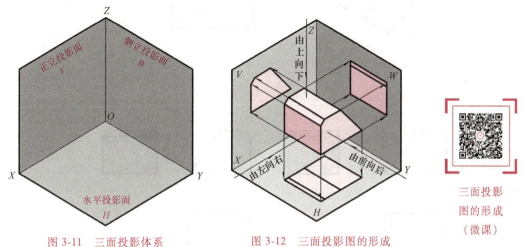

图 3-11　三面投影体系　　　图 3-12　三面投影图的形成

三面投影图的形成（微课）

三、投影面的展开

为了使三面投影图能画在同一张图纸上,就必须把三个垂直相交的投影面展开摊平在同一个平面上。其方法如图 3-13a 所示,V 面不动,H 面绕 OX 轴向下旋转 $90°$,W 面绕 OZ 轴向右旋转 $90°$,使它们转至与 V 面在同一个平面上,如图 3-13b 所示。

投影面展开摊平后 Y 轴分为两处,用 Y_H(在 H 面上)和 Y_W(在 W 面上)表示。

为简化作图,在三面投影图中不画投影面的边框线,投影图之间的距离可根据需要而定,三条轴线也可省去,如图 3-14a 所示。

四、三面投影图的投影关系

三面投影图是从形体的三个方向投影得到的,三个投影图之间是密切相关的。

(一) 三面投影图的位置关系

以正立面投影图(正面投影)为准,水平投影图(水平投影)在正面投影的正下方,侧立面投影图(侧面投影)在正面投影的正右方,如图 3-14a 所示。

三面投影的关系（微课）

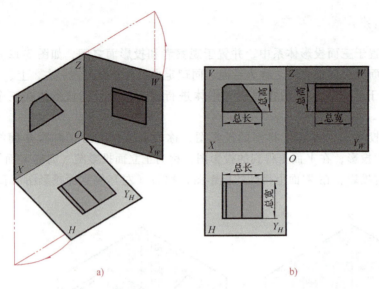

图 3-13　投影面的展开摊平

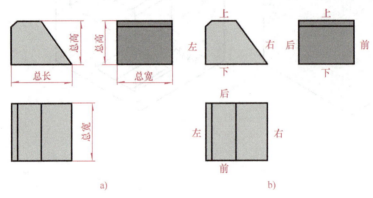

图 3-14　三面投影图

（二）三面投影图与形体的方位关系

所谓方位关系，是指观察者从正面（正立面投影方向）观察物体，物体的上下、左右、前后六个方位在三面投影中的对应关系，如图 3-14b 所示。

H 面投影反映形体左右、前后位置；V 面投影反映形体左右、上下位置；W 面投影反映形体上下、前后位置。

水平投影和侧面投影靠近正面投影的一侧（里边）为物体的后面，远离正面投影的一侧（外边）为物体的前面，如图 3-14b 所示。

（三）三面投影图之间的"三等"关系

每个形体都有长度、宽度、高度，形体左右之间沿 OX 轴方向的距离称为长度；上下之间沿 OZ 轴的距离称为高度；前后之间沿 OY 轴的距离称为宽度，如图 3-14a 所示。

H 面投影反映形体的长度和宽度；V 面投影反映形体的长度和高度；W 面投影反映形体的高度和宽度。

每两个相邻投影图中同一方向的尺寸相等，即：V、H 两面投影图中的相应投影长度相等，即长对正；V、W 两面投影图中的相应投影高度相等，即高平齐；H、W 两面投影图中的相应投影宽度相等，即宽相等。

任务实施

1. 案例示范

下面以图 3-15 所示的桥台为例，分析形体投影图的作图方法。

分析：根据物体的模型画其三面投影图时，可假想地将模型正放在三面投影体系当中，如图 3-15a 所示，并向三个投影面投影，再将三个投影面展开，就形成三面投影图。

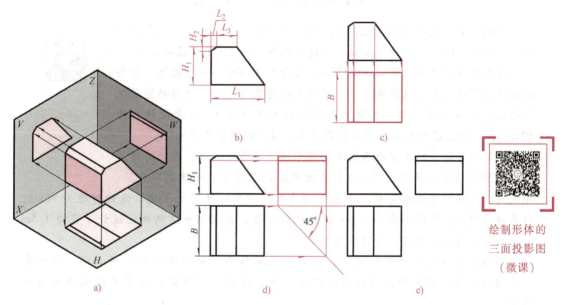

图 3-15 桥台的三面投影图

绘制物体的投影图时，应将物体上的棱线和轮廓线都画出来，并按投影方向，可见的线用粗实线表示，不可见的线用虚线表示，当粗实线和虚线重合时，只画粗实线。要沿 OX 轴方向量取长度（左右距离）；沿 OZ 轴量取高度（上下距离）；沿 OY 轴量取宽度（前后距离）。在画投影图的过程中应注意保持长对正、高平齐、宽相等的"三等"关系。

作图步骤：

1）根据物体各部分的长度和高度先画出其正面投影，如图 3-15b 所示。

2）由长对正的特性和形体宽度在正面投影的正下方作水平投影，如图 3-15c 所示。

3）由高平齐、宽相等的特性在正面投影的正右方作侧面投影（在正面投影的右下方画一条与水平方向成 45°的直线作为辅助线，通过该辅助线来保证宽相等），如图 3-15d 所示。

检查描深，完成作图，如图 3-15e 所示。

2. 任务完成

绘制图 3-16 所示桥台的三面投影图。

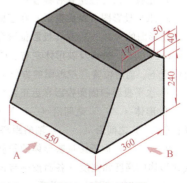

图 3-16 桥台立体图

画图要求：

1）选择 1∶50 的比例画在 A4 图纸上，图中所标尺寸单位为厘米（cm）。
2）图形线条要符合《国标》的要求，粗实线线宽为 0.5mm、虚线为 0.25mm。
3）可选择以 A 向或 B 向作为正面投影的方向作图。

素质拓展

杨泗港长江大桥——一跨过江

杨泗港长江大桥如金色巨龙卧伏于长江之上，沟通汉阳、武昌两岸。大桥于 2014 年 12 月 3 日动工兴建，2019 年 10 月 8 日通车运营。

杨泗港长江大桥全长 4134.377m，主跨长 1700m，一跨过江，是当时世界上跨度最大的双层悬索桥，世界上通行能力最大、使用功能最完备的大跨径双层悬索桥。大桥主缆设计张力 6.5 万 t，吊索设计拉力 500t，在当时主缆钢丝强度等级世界最高，设计荷载世界最大。

杨泗港长江大桥上层桥面为双向六车道的城市快速路，设计时速为 80km，两侧各有一条宽为 2m 的人行观光道，并设置 8 处休息观光区，市民可以在此欣赏长江美景。下层桥面为双向四车道城市主干道，设计时速为 60km，行车道两侧设计了两条宽为 2.5m 的非机动车道，非机动车道两侧还设计了宽为 1.5m 的人行道，行人在下层步行时不会淋雨。

杨泗港长江大桥的建成通车，丰富了武汉作为"桥梁博物馆"的内涵，进一步完善城市快速道路系统，缓解过江交通压力，推进了武汉建设国家中心城市目标的实现。

杨泗港长
江大桥——
一跨过江

复习思考题

1. 投影分为哪两类？
2. 什么是平行投影？平行投影的大小与形体和投影面之间的距离有无关系？
3. 平行投影有哪两种？斜投影的投影线（　　）于投影面。正投影的投影线（　　）于投影面。
4. 正投影的特性主要有哪些？
5. 水平投影图（H 面投影）在正面投影图（V 面投影）的（　　）方，侧面投影图（W 面投影）在正面投影图的（　　）方（投影位置配置关系）。
6. （　　）投影反映形体左右、前后位置；（　　）投影反映形体左右、上下位置；（　　）投影反映形体上下、前后位置（投影图的方位关系）。
7. 水平投影和侧面投影靠近正面投影的一侧为物体的（　　）面（投影图的方位关系）。
8. 形体（　　）之间沿（　　）轴方向的距离称为长度；（　　）之间沿（　　）轴的距离称为高度；（　　）之间沿（　　）轴的距离称为宽度（形体的长、宽、高）。
9. （　　）面投影反映形体的长度和宽度；（　　）面投影反映形体的长度和高度；（　　）面投影反映形体的高度和宽度（各面投影与长、宽、高的关系）。
10. 描述投影图的三等关系（理解并熟记）。

项目四

分析形体上基本元素的投影

> 项目目标

知识目标	1. 掌握点的投影规律 2. 掌握各种位置直线的投影特性 3. 掌握各种位置平面的投影特性
能力目标	1. 根据形体的立体图及形体的三面投影图，能在其三面投影图中指认形体上的点、棱线、表面的投影 2. 能根据形体上点、棱线、表面的两面投影判断该点、棱线或表面的空间位置，并画出第三面投影
素质目标	1. 养成善于将理论知识与具体的工程实际相联系的习惯 2. 养成由整体到局部，再由局部到整体的思维习惯

> 项目描述

各种形体都是由点、线、面组成，如图 4-1 所示拱桥桥台由各个表面组成，各表面相交于多条棱线，各棱线相交于多个顶点，所以分析点、直线、平面的投影，对识读后续复杂形体的投影有着重要的意义。

本项目以道路工程中的形体为载体，以在形体的投影图上分析形体上的点、线、面的投影为任务，掌握点、线、面的投影特性，将点、线、面的投影与形体的投影有机地结合起来，养成由整体到局部，再由局部到整体的思维习惯。

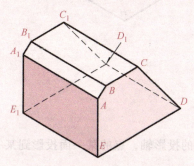

图 4-1 拱桥桥台上的点、线、面

任务一 分析桥台上点的投影

任务提出

分析桥台上点的三面投影，掌握点的投影规律。
1）在桥台的三面投影图上，确定点的三面投影。
2）根据桥台上点的两面投影，确定其第三面投影，并判断其在桥台上的位置。

相关知识

一、点的三面投影

在如图 4-2a 所示的 V、H、W 三面投影体系中，由桥台上的 A 点分别向三个投影面 V、H、W 面引垂线，垂足 a、a'、a'' 即为 A 点的三面投影。按项目三所述的方法旋转、展开并去掉边框后，即得到图 4-2b 所示点 A 的三面投影图。

规定空间点用大写字母标记，如 A、B、C 等；H 面投影用相应的小写字母标记，如 a、b、c 等；V 面投影用相应的小写字母加一撇标记，如 a'、b'、c' 等；W 面投影用相应的小写字母加两撇标记，如 a''、b''、c'' 等。

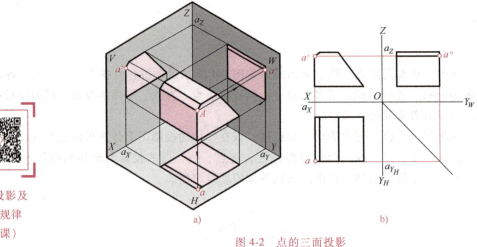

点的投影及
投影规律
（微课）

图 4-2 点的三面投影
a）立体图 b）投影图

二、点的投影规律

点的投影连线垂直于相应的投影轴，点的某一面投影到某一投影轴的距离反映该空间点到某一投影面的距离。

点的正面投影到 OX 轴的距离及点的侧面投影到 OY 轴的距离反映该点到 H 面的距离。

点的正面投影到 OZ 轴的距离及点的水平投影到 OY 轴的距离反映该点到 W 面的距离。

点的水平投影到 OX 轴的距离及点的侧面投影到 OZ 轴的距离反映该点到 V 面的距离。

综上所述，点的三面投影规律如下：

1）点的正面投影 a' 与水平投影 a 的连线垂直于 OX 轴。

2）点的正面投影 a' 与侧面投影 a'' 的连线垂直于 OZ 轴。

3）点的水平投影 a 到 OX 轴的距离等于侧面投影 a'' 到 OZ 轴的距离。

根据上述投影特性可知：由点的两面投影就可以确定点的空间位置，故只要已知点的任意两面投影，就可以运用投影规律求出该点的第三面投影。

[例 4-1] 已知 C 点的水平投影 c 和正面投影 c'，求作侧面投影 c''，如图 4-3a 所示。

作图步骤：

1）由 c' 点作 OZ 轴的垂线 $c'c_Z$ 并延长，如图 4-3a 所示。

2）由 c 点作 OY_H 轴的垂线 cc_{Y_H} 并延长，与过原点 O 的 45°辅助线相交，然后向上作 OY_W 轴的垂线与 $c'c_Z$ 的延长线相交，即得 C 点的侧面投影 c''，如图 4-3b 所示。

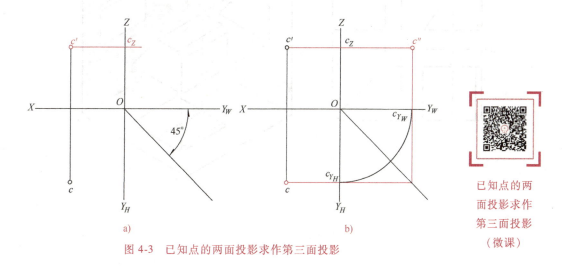

图 4-3 已知点的两面投影求作第三面投影

已知点的两面投影求作第三面投影（微课）

三、点的三面投影与直角坐标的关系

若把三面投影体系当作直角坐标系，则投影面 V、H、W 相当于坐标面，投影轴 OX、OY、OZ 相当于坐标轴 X、Y、Z，则点到三个投影面的距离，就是点的坐标。如图 4-2 所示，A 点到 W 面的距离为 X 坐标；A 点到 V 面的距离为 Y 坐标；A 点到 H 面的距离为 Z 坐标。用三个坐标确定 A 点，则有

$$X_A = Aa'' = a'a_Z = aa_Y$$

$$Y_A = Aa' = aa_X = a''a_Z$$

$$Z_A = Aa = a'a_X = a''a_Y$$

点的每个投影反映两个坐标，因此，一点的三面投影与点的坐标的关系如下：

1) A 点的 H 面投影 a 可反映该点的 X 和 Y 坐标。
2) A 点的 V 面投影 a' 可反映该点的 X 和 Z 坐标。
3) A 点的 W 面投影 a'' 可反映该点的 Y 和 Z 坐标。

若用坐标表示空间 A 点，可写成 (X_A, Y_A, Z_A)。

由此可知，A 点的任意两个投影反映了点的三个坐标值，有了 A 点的一组坐标 (X_A, Y_A, Z_A)，就能唯一确定该点的三面投影 a、a'、a''。

四、两点的相对位置

空间两点的相对位置是以其中某一点为基准，判别另一点在该点的前后、左右和上下的位置，可以沿投影轴方向来判断。X 轴指向左侧，Y 轴指向前方，Z 轴指向上方。如图 4-4 所示，E 点在 C_1 点的左、前、下方。

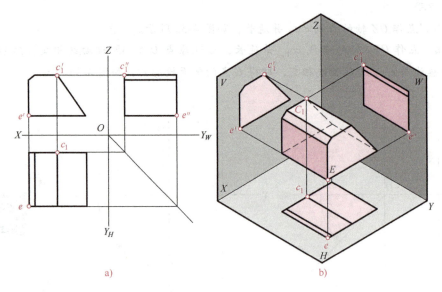

图 4-4 两点的相对位置
a) 投影图 b) 立体图

五、重影点及其可见性

空间属于某一条投射线上的两点，在该投射线所垂直的投影面的投影重合为一点。空间的这两点称为该投影面上的重影点。

如图 4-5a 所示，A、B 两点位于垂直于 H 面的同一投射线上，A 点、B 点为 H 面的重影点。A 点在 B 点的正上方，其水平投影重合为一点 $a(b)$。为区别起见，凡不可见点的投影其字母写在后面，并加上括号表示。

又如，B、C 两点位于垂直于 V 面的同一投射线上，B 点、C 点为 V 面的重影点。B 点在 C 点的正前方，其正面投影重合为一点 $b'(c')$，b' 点可见，c' 点不可见；B、D 两点位于垂直于 W 面的同一投射线上，B 点、D 点为 W 面的重影点。B 点在 D 点的正左侧，其侧面投影重合为一点 $b''(d'')$，b'' 点可见，d'' 点不可见。

项目四　分析形体上基本元素的投影　41

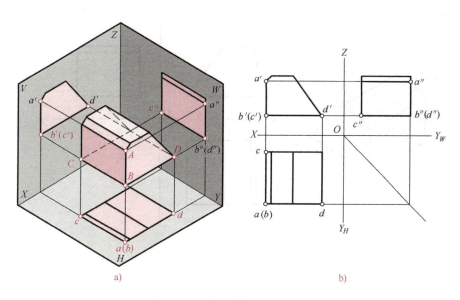

图 4-5　重影点及其可见性的判别

任务实施

1. 在桥台的三面投影图上，确定点的三面投影

图 4-6a 所示为拱桥桥台的立体示意图，图 4-6b 为其三面投影图，请同学们参照桥台立体图，在桥台的三面投影图中找出点 A、A_1、B、C 的三面投影。

分析：可根据点在桥台上的位置，先确定其 V 面投影，根据"长对正""高平齐"的特性及其前后位置，可以确定其 H 面、W 面投影。

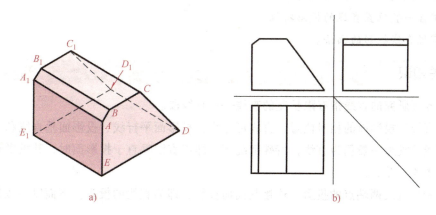

图 4-6　分析桥台上点的投影

2. 由桥台上点的两面投影求第三面投影，并判断它们的相对位置

如图 4-7 所示，已知桥台上 D、E 两点的两面投影，请同学们在投影图上标出 D、E 两点的第三面投影。在立体示意图上标出 D、E 的位置，并判断 D、E 两点的相对位置，即 D 点在 E 点的（　　）、（　　）、（　　）。

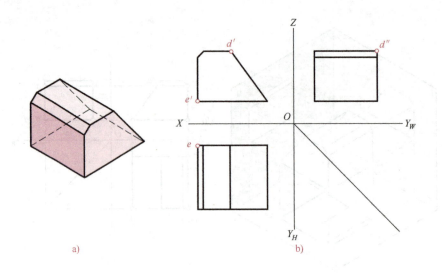

a) b)

图 4-7 空间两点的相对位置

任务二 绘制棱锥上一般位置直线的投影

任务提出

绘制三棱锥表面棱线的投影。
1) 掌握一般位置直线的投影特性。
2) 掌握直线投影的画法。

相关知识

本任务所研究的直线指有限长度的直线——直线段。

根据直线与投影面的相对位置，直线可分为：投影面平行线、投影面垂直线和一般位置直线。直线的投影一般仍为直线，特殊情况下，即当直线垂直于投影面时，其投影积聚为一个点，如图 4-8 所示。

只要画出直线两端点的投影，连接其同面投影，即为直线的投影。下面以一般位置直线为例进行介绍。

对三个投影面均不平行又不垂直的直线称为一般位置直线（简称一般线）。

如图 4-9a 所示，四棱锥的棱线 AB 为一般位置直线，直线和它在某一投影面上的投影所形成的锐角，称为直线对该投影面的倾角，对 H 面的倾角用 α 表示；对 V 面、W 面的倾角分别用 β、γ 表示。

一般位置直线的投影特性（投影三斜线）：

项目四 分析形体上基本元素的投影

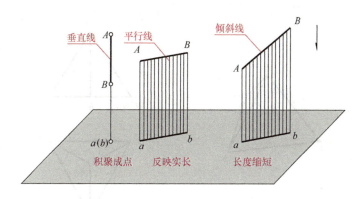

图 4-8 直线对投影面的三种位置

1）由图 4-9a 可知，$ab=AB\cos\alpha$，$a'b'=AB\cos\beta$，$a''b''=AB\cos\gamma$，而 α、β、γ 均不为零，即 $\cos\alpha$、$\cos\beta$、$\cos\gamma$ 均小于 1，故一般位置直线的三个投影均小于实长。

2）直线的三个投影都倾斜于各投影轴，且各投影与相应的投影轴所成的夹角都不反映直线对投影面的真实倾角。

读图要点：一条直线只要有两个投影倾斜于投影轴，一定是一般位置直线，第三个投影也一定是斜直线（投影三斜线）。

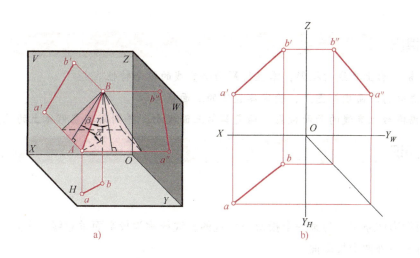

图 4-9 一般位置直线的投影

任务实施

求图 4-10 所示三棱锥表面 6 条棱线的 W 面投影，并指出其中的一般位置直线。

分析：三棱锥表面由 4 个顶点、6 条棱线组成，画出各棱线两个端点的三面投影，将两个端点的同面投影相连即得直线的投影。所以只要由 4 个顶点的 V 面、H 面投影，求出它们的侧面投影，然后两两相连即得 6 条棱线的 W 面投影。（请同学们独立完成）

求三棱锥表面棱线的投影（微课）

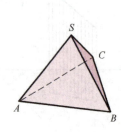
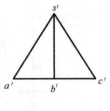
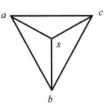

图 4-10　求三棱锥表面棱线的投影

任务三　分析桥台上投影面垂直线的投影

任务提出

分析拱桥桥台上直线的投影，掌握投影面垂直线的投影特性。
1）在桥台的三面投影图上，确定各直线的三面投影。
2）根据桥台上直线的两面投影，确定其第三面投影，并判断其在形体上的位置。

相关知识

一、投影面垂直线

在三面投影体系中，与某一个投影面垂直的直线统称为投影面垂直线，垂直于一个投影面，必平行于另外两个投影面。

投影面垂直线有三种情况：

垂直于 H 面的直线称为铅垂线，如图 4-11 所示桥台上的直线 AB。

垂直于 V 面的直线称为正垂线，如图 4-11 所示桥台上的直线 DE。

垂直于 W 面的直线称为侧垂线，如图 4-11 所示桥台上的直线 CD。

二、投影面垂直线的投影特性

1. 投影面垂直线的投影特性（一点两垂线，两垂线反映实长）

投影面垂直线在所垂直的投影面上的投影积聚成一点；其他两投影与相应的投影轴垂直，并都反映实长。投影面垂直线的投影特性见表 4-1。

项目四　分析形体上基本元素的投影

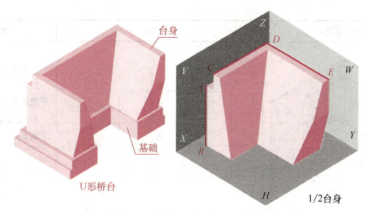

图 4-11　桥台上投影面垂直线

表 4-1　投影面垂直线的投影特性

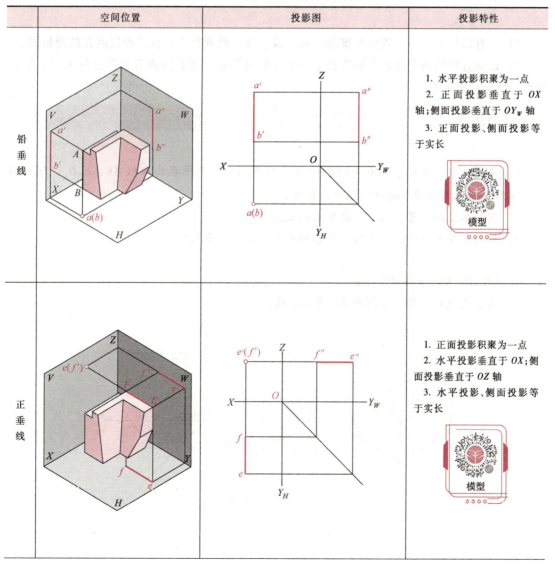

(续)

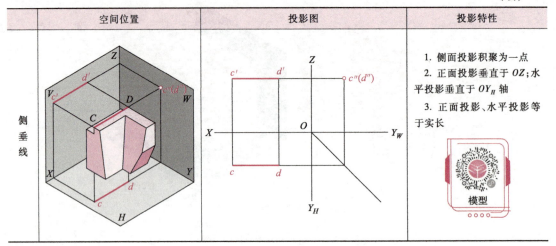

2. 读图要点（一点两直线，为垂直线，点在哪个投影面，垂直于哪个面）

1) 一直线只要有一个投影积聚为一点，该直线必然垂直于积聚性投影所在的投影面。

2) 已知直线的两个投影分别垂直于两个不同投影轴，则直线垂直于第三投影面，第三面投影一定积聚成点。

任务实施

（一）在桥台上确定直线的投影

1) 参照桥台立体图，在图 4-12 所示桥台的三面投影图中找出棱线 AE、E_1D_1、DD_1 的三面投影（用粗实线描出并标注相应的符号）。

2) 判断其空间位置，指出反映实长的投影。

3) 桥台上分别有几条正垂线、几条铅垂线、几条侧垂线？

1. 案例示范

以直线 BC 为例分析作图步骤：

1) 由垂直线的定义，可判断 BC 为侧垂线。

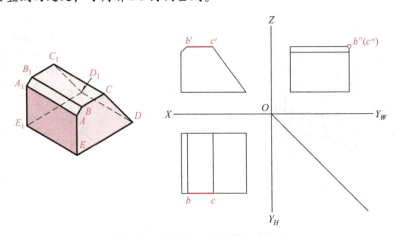

图 4-12　在桥台上确定直线的投影

2）确定三面投影。先确定其 V 面投影 $b'c'$，根据直线在桥台前侧及侧垂线的投影特性，可以确定其 W 面投影 $b''(c'')$；根据"长对正""宽相等"的特性，可以确定其水平投影 bc。

3）判断反映实长的投影。根据侧垂线的投影特性可知，侧垂线的 V 面、H 面投影 $b'c'$、bc 反映实长。

2. 任务完成（请同学们独立完成）

（二）由桥台上直线的两面投影绘制其第三面投影，并判断直线的空间位置

如图 4-13 所示，已知棱线 ED、BB_1、A_1E_1 的两面投影，请在桥台投影图上用粗实线绘出它们的第三面投影。并在立体图上用粗实线标出这些棱线，并判断这些棱线的空间位置。

1. 分析

由直线上两端点的两面投影，求得其第三面投影，连接两点的同面投影即得直线的投影。

根据各种位置直线的投影特性判断其空间位置。

2. 任务完成（请同学们独立完成）

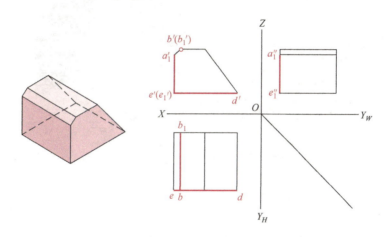

图 4-13 由直线的两面投影绘制第三面投影

任务四　分析八字翼墙上投影面平行线的投影

▶ 任务提出

分析涵洞洞口八字翼墙上直线的投影，掌握投影面平行线的投影特性。

1）在八字翼墙的三面投影图上确定各直线的三面投影。

2）根据八字翼墙上直线的两面投影，绘制其第三面投影，并判断直线在八字翼墙上的位置。

相关知识

一、投影面平行线

在三面投影体系中，平行于一个投影面而倾斜于另外两个投影面的直线称为投影面平行线。

投影面平行线有三种情况：

1）平行于 V 面，倾斜于 H 面、W 面的直线称为正平线，如图 4-14 所示八字翼墙上的直线 AB。

2）平行于 H 面，倾斜于 V 面、W 面的直线称为水平线，如图 4-14 所示八字翼墙上的直线 DE。

3）平行于 W 面，倾斜于 H 面、V 面的直线称为侧平线，如图 4-14 所示八字翼墙上的直线 BC。

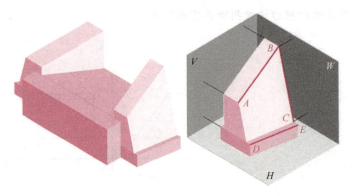

图 4-14 涵洞洞口八字翼墙上投影面的平行线

二、投影面平行线的投影特性（表 4-2）

表 4-2 投影面平行线的投影特性

空间位置	投影图	投影特性
正平线		1. 水平投影平行 OX 轴，侧面投影平行于 OZ 轴 2. 正面投影等于实长 3. 正面投影与 OX、OZ 轴倾斜，且与 OX、OZ 轴的夹角，反映直线与 H 面、W 面的倾角 α、γ

（续）

空间位置	投影图	投影特性
水平线		1. 正面投影平行于 OX 轴，侧面投影平行于 OY_W 轴。 2. 水平投影等于实长。 3. 水平投影与 OX、OY_H 轴倾斜，且与 OX、OY_H 轴的夹角，反映直线与 V 面、W 面的倾角 β、γ
侧平线		1. 正面投影平行于 OZ 轴，水平投影平行于 OY_H 轴。 2. 侧面投影等于实长。 3. 侧面投影与 OY_W、OZ 轴倾斜，且与 OY_W、OZ 轴的夹角，反映直线与 H 面、V 面的倾角 α、β

1. 投影面平行线的投影特性（一斜两平行，斜线反映实长）

投影面平行线在所平行的投影面上的投影反映实长，且该投影与相应投影轴所成的夹角，反映直线对其他两投影面的倾角；其他两面投影平行于相应的投影轴，且均小于实长。

2. 读图要点（一斜两平行，为投影面平行线，哪个投影倾斜，平行于哪个投影面，倾斜投影反映实长）

1）直线的一个投影平行于投影轴，另一个投影与投影轴倾斜时，可判定直线平行于倾斜投影所在的投影面，该投影反映实长。

2）已知直线的两个投影分别平行于两个不同投影轴，则直线平行于第三个投影面，第三面投影反映实长。

[例 4-2] 已知水平线 AB 的长度为 50mm、$\beta=60°$ 和 A 点的两面投影 a、a'，试求 AB 的三面投影，如图 4-15 所示。

作图步骤：

1）过 a 点作直线与 OX 轴夹角成 $60°$，并量取 $ab=50$mm，求得 b 点，如图 4-15b 所示。

2）过 a' 点作直线平行于 OX 轴，与过 b 点所作 OX 轴的垂线相交于 b' 点。

3）根据 ab 和 $a'b'$ 作出 $a''b''$。

根据已知条件，B 点可以在 A 点的前、后、左、右四种位置，即本题有四种答案。

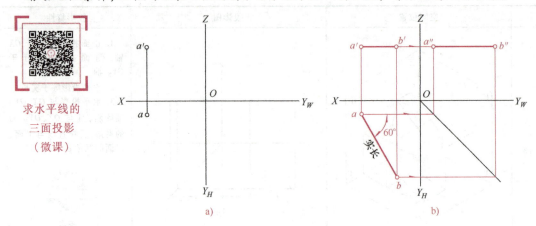

求水平线的三面投影（微课）

图 4-15　求水平线的三面投影
a）已知条件　b）求解结果

任务实施

（一）确定八字翼墙上棱线的投影

1）参照图 4-16 所示八字翼墙立体图，在八字翼墙的三面投影图中找出棱线 AE、CG、DH、EH 的三面投影（用粗实线描出并标注相应的符号）。

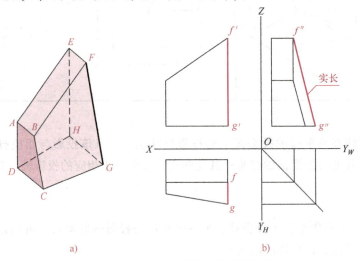

图 4-16　确定八字翼墙上棱线的投影
a）立体图　b）投影图

2）判断其空间位置。

3）指出反映实长的投影。

1. 案例示范

以棱线 FG 为例分析作图步骤：

1）如棱线 FG，由立体图可知，其在八字翼墙的右前侧，先确定其 V 面投影 f'g'，根据"高平齐"的特性及 FG 在右前侧的条件，可以确定其 W 面投影 f''g''；根据"长对正""宽相等"的特性,可以作出其 H 面投影 fg。

2)由棱线 FG 的 V 面投影平行于 OZ 轴,H 面投影平行于 OY_H 轴,可确定棱线 FG 为侧平线,其 W 面投影 $f''g''$ 反映实长。

2. 任务完成(请同学们独立完成)

(二)由八字翼墙上直线的两面投影绘制其第三面投影,并判断直线的空间位置

如图 4-17 所示,已知棱线 AB、棱线 AC、棱线 EF 的两面投影,请在八字翼墙投影图上用粗实线描出它们的 H 面投影。在立体图上用粗实线标出各棱线,并判断各棱线的空间位置。

1. 分析

1)由直线上两端点的 V 面、W 面投影,求得其 H 面投影,连接两点投影即得直线的投影。

2)根据各种位置直线的投影特性判断其空间位置。

2. 任务完成(请同学们独立完成)

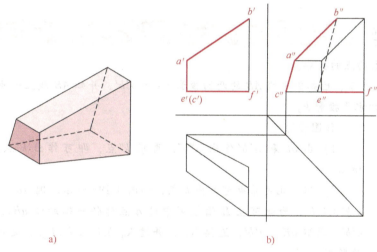

a)   b)

图 4-17 由八字翼墙上直线的两面投影绘制第三面投影
a)立体图 b)投影图

任务五 绘制直线上的点的投影

任务提出

求直线上的点的投影,掌握点在直线上的投影特性。

相关知识

点在直线上,则点的投影一定在直线的投影上。如图 4-18 所示,M 点在直线 AB 上,并把 AB 分成 AM、MB 两段。因为投影线 $Mm//Aa//Bb$,所以 $AM:MB=am:mb$。同理可知,

$AM:MB=a'm':m'b'=a''m'':m''b''$。由此可得直线上点的定比分割特性，即点分割线段成定比，其投影也把线段投影分成相同的比例。

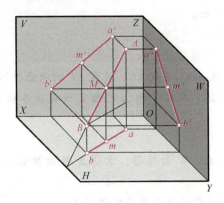

图 4-18 直线上的点

任务实施

绘制直线上的点的投影。

如图 4-19a 所示，已知侧平线 AB 的两面投影 ab 和 a'b'，并知 AB 线上一点 K 的 V 面投影 k'，求 K 点的水平投影 k。

求直线上的点的投影（微课）

作图步骤：

1) 由 ab 和 a'b' 作出 a''b''，再求 k'' 点，即可作出 k 点，如图 4-19b 所示。

2) 用定比关系也可求出 k 点，如图 4-19c 所示。因 $AK:KB=ak:kb=a'k':k'b'$，为此可在 H 面投影中过 a 点作任一辅助线 aB_0，并使它等于 a'b'，再取 $aK_0=a'k'$，连接 B_0b，并过 K_0 点作 $K_0k /\!/ B_0b$，交 ab 于 k 点，即为所求。

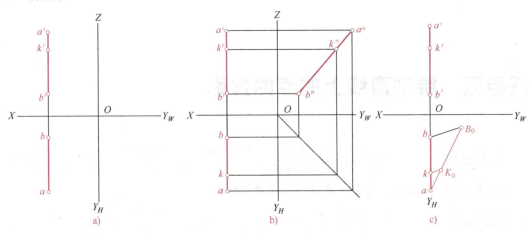

图 4-19 求直线上的点的投影
a) 已知条件 b) 解法（一） c) 解法（二）

*任务六　分析八字翼墙上两直线的相对位置

任务提出

判断八字翼墙上两直线的相对位置。
1) 掌握两平行直线之间的投影关系。
2) 掌握两相交直线之间的投影关系。
3) 了解两交叉直线之间的投影关系。
4) 掌握直角投影的特性。

相关知识

空间两直线的相对位置有平行、相交、交叉三种情况，如图 4-20 所示，涵洞洞口八字翼墙上的直线 EF 与 GH 平行、AB 与 AC 相交、AC 与 BM 交叉。下面分别研究它们的投影特性。

一、两平行直线

两直线互相平行时，该两直线的同面投影也必然平行，如图 4-21a 所示。

若 GH∥EF，则 gh∥ef，g'h'∥e'f'，g"h"∥e"f"；GH：EF=gh：ef=g'h'：e'f'=g"h"：e"f"，如图 4-21b 所示。图中两直线的正面投影重合成一条直线，是平行的特殊情况。

若空间两直线互相平行，则其同面投影互相平

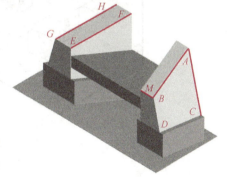

图 4-20　八字翼墙上两直线的相对位置

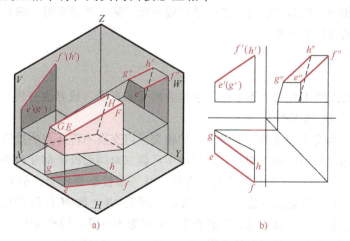

图 4-21　两平行直线的投影
a) 立体图　b) 投影图

行且比值相等，反之，若两直线的同面投影互相平行且比值相等，则此空间两直线一定互相平行。

判定两直线是否平行，在一般情况下，只要直线的任意两同面投影互相平行，就可判定两直线是平行的。但对于与投影面平行的直线来说，有时不能确定。需要求出它们平行的投影面上的投影或通过判断比值是否相等才能最后确定。

二、两相交直线

两相交直线，其同面投影必相交，且交点符合点的投影规律（即投影交点的连线垂直于相应的投影轴）。

如图 4-22 所示，AB 和 AC 相交于 A 点。A 点的正面投影 a' 与水平投影 a 的连线 $a'a$ 垂直于 OX 轴，$a'a''$ 也必然垂直于 OZ 轴。

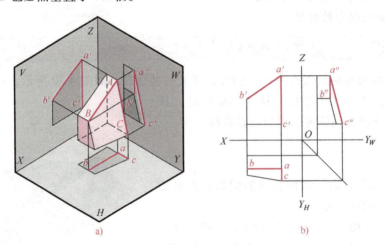

图 4-22　两相交直线的投影
a）立体图　b）投影图

在投影图中判定两直线是否相交：如果两直线处于一般位置，只需要两组同面投影即可判断两直线是否相交。但当两直线中的一条直线平行于某一投影面时，则要由该直线所平行的那个投影面上的投影来判断。

三、两交叉直线

如果空间两直线既不相交也不平行，则称为两交叉直线（或异面直线），如图 4-23 所示八字翼墙上的直线 AC 和 MB。

在投影图中，两交叉直线的同面投影可能相交，但交点不符合点的投影规律，两交叉直线可能有一对或两对同面投影互相平行，但绝不可能三对同面投影都互相平行。

如图 4-24 所示，AB 和 CD 是两条交叉直线，其三面投影都相交，但其交点不符合点的投影规律，即 ab 和 cd 的交点不是一个点的投影，而是 AB 上的 M 点和 CD 上的 N 点在 H 面上的重影点，M 点在上，m 点可见，N 点在下，n 点为不可见。同样 $a'b'$ 和 $c'd'$ 的交点是 CD 上的 E 点和 AB 上的 F 点在 V 面上的重影点，E 点在前，e' 点为可见，F 点在后，f' 点为不可见。显然，$a''b''$ 和 $c''d''$ 的交点也为重影点。

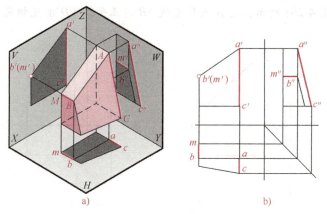

图 4-23 八字翼墙上两交叉直线的投影
a)立体图 b)投影图

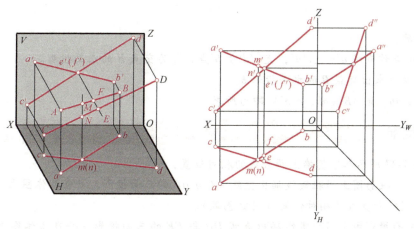

图 4-24 两交叉直线的投影

四、直角投影

两直线相交（或交叉）成直角，若其中一条直线与某一投影面平行，则此直角在该投影面上的投影反映直角，如图 4-25 所示。反之，若两相交或交叉直线的某一投影成直角，且有一条直线平行于该投影面，则这两直线在空间的交角必是直角。

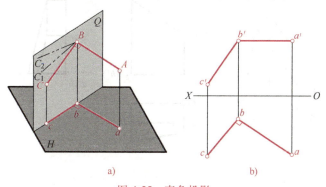

图 4-25 直角投影
a)立体图 b)投影图

[例 4-3] 如图 4-26a 所示，过 A 点作直线 AB 与正平线 CD 垂直相交。

作直线 AB 垂
直于正平线 CD
（微课）

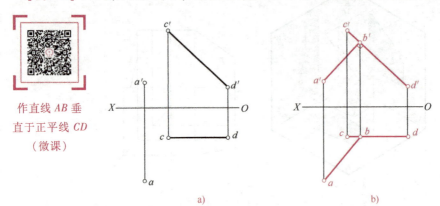

图 4-26　作直线 AB 垂直于正平线 CD

作图步骤：

1）过 a' 点作直线 $a'b'⊥c'd'$，交 $c'd'$ 于 b' 点，即为交点 B 的正面投影。

2）在 cd 上求出交点 B 的水平投影 b。

3）连接 ab，则 AB（ab、$a'b'$）即为所求。

任务实施

分析图 4-27 所示八字翼墙上两直线的相对位置：

1）在三面投影图上用粗实线描出直线 AB 与 HG 的三面投影，并在立体图上用粗实线描出两直线，判断两直线的相对位置（用红色笔）。

2）在三面投影图上用粗实线描出直线 DH 与 EF 的三面投影，并在立体图上用粗实线描出两直线，判断两直线的相对位置（用蓝色笔）。

3）在三面投影图上用粗实线描出直线 CG 与 GH 的三面投影，并在立体图上用粗实线描出两直线，判断两直线的相对位置（用黑色笔）。

4）判断 ∠BCG、∠DHG 是否是直角。

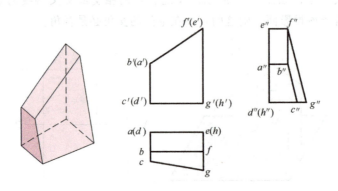

图 4-27　判断两直线的相对位置

任务七　分析桥台上投影面平行面的投影

任务提出

在桥台的三面投影图上确定平面的投影。
1) 掌握平面的表示方法。
2) 掌握投影面平行面的投影特性。

相关知识

一、平面的表示方法

由几何公理可知，不在同一直线上的三点可以确定一个平面。因此在投影图上能用下列任意一组几何元素的投影表示平面：
1) 不在同一直线上的三点，如图 4-28a 所示。
2) 一条直线和线外一点，如图 4-28b 所示。
3) 两相交直线，如图 4-28c 所示。
4) 两平行直线，如图 4-28d 所示。
5) 任意平面图形，即平面的有限部分，如三角形、圆形及其他封闭的平面图形，如图 4-28e 所示。

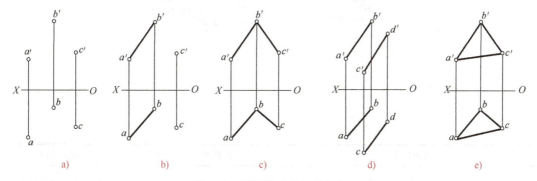

图 4-28　平面的五种表示方法

以上五种表示平面的方法，虽表达的形式不同，却都表示一个平面，并能互相转换。

工程结构物的表面与投影面的相对位置，归纳起来有投影面垂直面、投影面平行面、一般位置平面三种，如图 4-29 所示。前两种统称为特殊位置平面。平面对 H 面、V 面、W 面的倾角（即该平面与投影面所成的二面角）分别以 α、β、γ 表示。

二、投影面平行面

在三面投影体系中，平行于某一投影面的平面，称为投影面平行面，简称平行面。平行

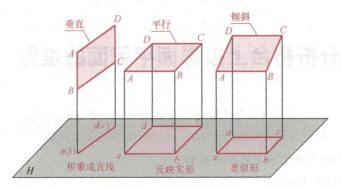

图 4-29 平面图形的投影

于某一投影面的平面必然垂直于其他两投影面。

投影面平行面有三种情况:

1) 平行于 H 面的平面称为水平面,如图 4-30 所示桥台上的 P 平面。
2) 平行于 V 面的平面称为正平面,如图 4-30 所示桥台上的 Q 平面。
3) 平行于 W 面的平面称为侧平面,如图 4-30 所示桥台上的 R 平面。

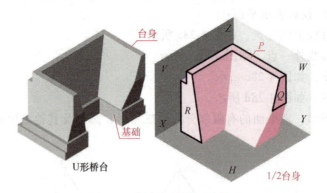

图 4-30 桥台上投影面平行面

三、投影面平行面的投影特性(表 4-3)

表 4-3 投影面平行面的投影特性

空间位置	投影图	投影特性
水平面		1. H 面投影反映实形 2. V 面投影积聚为平行于 OX 轴的直线 3. W 面投影积聚为平行于 OY_W 轴的直线

(续)

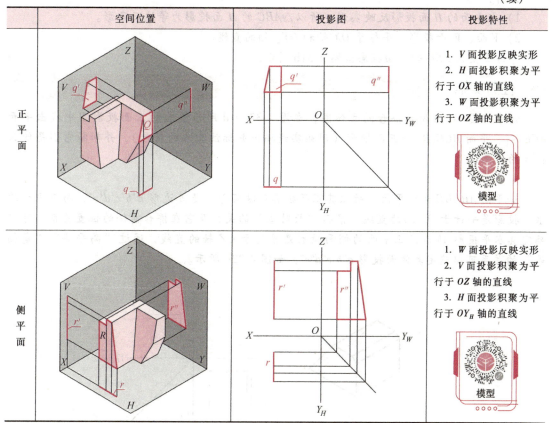

1. 投影面平行面的投影特性（一框两平行线）

平行面在所平行的投影面上的投影反映实形，其他两面投影都积聚成与相应投影轴平行的直线。

2. 读图要点（一框两平行线，是平行面，框在哪个面，就平行于哪个面）

一平面只要有一个投影积聚为一条平行于投影轴的直线，该平面就平行于非积聚投影所在的投影面。非积聚投影反映该平面的实形。

[**例 4-4**] 如图 4-31a 所示，已知等边三角形 ABC 为水平面，并知其 AB 边，作出此三角形的三面投影。

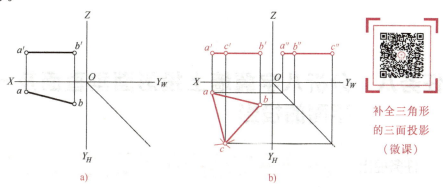

补全三角形的三面投影（微课）

a)   b)

图 4-31 补全三角形的三面投影

分析：

1）水平面的 H 面投影反映实形，所以 $\triangle ABC$ 的 H 面投影为等边三角形。

2）V 面、W 面投影为平行于 OX 轴和 OY_W 轴的直线。

等边三角形 ABC 的三面投影如图 4-31b 所示。

> **任务实施**

请参照图 4-32a 所示桥台的立体图，在图 4-32c、d 所示桥台的三面投影图中找出平面 AEE_1A_1、平面 BCC_1B_1 的三面投影（用粗实线描出并标注相应的符号），并判断它们是什么位置的平面。

1. 案例示范

如平面 $ABCDE$ 为正平面，所以其正面投影反映实形，是五边形 $a'b'c'd'e'$，而正平面的水平投影是平行于 OX 轴的直线，根据"长对正"的关系及它在桥台前侧的位置关系，可以确定其水平投影 $abcde$，正平面的侧面投影是平行于 OZ 轴的直线，通过"高平齐""宽相等"的关系可以确定其侧面投影 $a''b''c''d''e''$，如图 4-32b 所示。

2. 任务完成（请同学们独立完成）

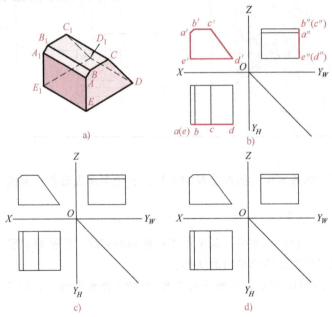

图 4-32 桥台上的平行面

> **任务八 分析八字翼墙上投影面垂直面及一般位置平面的投影**

> **任务提出**

根据八字翼墙上平面的两面投影，确定其第三面投影，并判断其空间的位置。

1）掌握投影面垂直面的投影特性。
2）掌握一般位置平面的投影特性。

相关知识

一、投影面垂直面

在三面投影体系中，垂直于一个投影面，倾斜于其他投影面的平面称为投影面垂直面，简称垂直面。

投影面垂直面有三种情况：

1）垂直于 V 面，倾斜于 H、W 面的平面称为正垂面，如图 4-33 八字翼墙上的平面 P。
2）垂直于 H 面，倾斜于 V、W 面的平面称为铅垂面，如图 4-33 八字翼墙上的平面 Q。
3）垂直于 W 面，倾斜于 H、V 面的平面称为侧垂面，如图 4-33 八字翼墙上的平面 R。

图 4-33　八字翼墙的垂直面

二、投影面垂直面的投影特性（表 4-4）

表 4-4　投影面垂直面的投影特性

空间位置	投影图	投影特性
正垂面 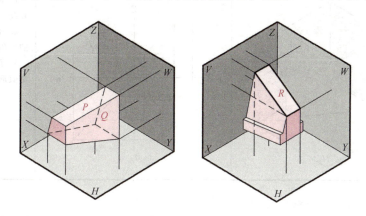		1. V 面投影积聚为斜直线 2. V 面投影与投影轴的夹角反映 $α$、$γ$ 的实角 3. H 面、W 面投影为类似形，并小于实形 模型

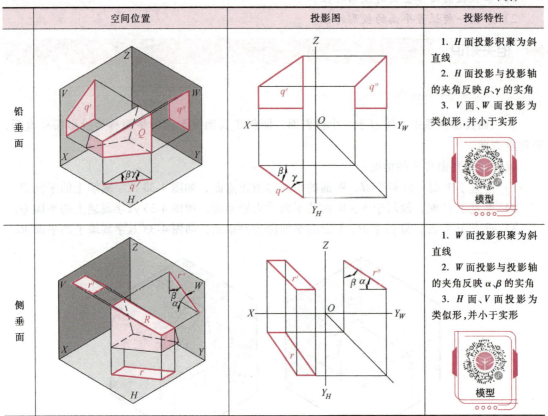

1. 投影面垂直面的投影特性（两框一斜线）

平面在所垂直的投影面上的投影积聚成一条斜直线，它与相应投影轴的夹角，即为该平面对其他两个投影面的倾角；其他两面投影是类似图形，并小于实形。

2. 读图要点（两框一斜线，是垂直面，斜线在哪个投影面，就垂直于哪个投影面）

读图时，平面只要有一个投影积聚为一条倾斜直线，它必然垂直于积聚性投影所在的投影面。

[例 4-5] 求平面的 H 面投影，如图 4-34a 所示。

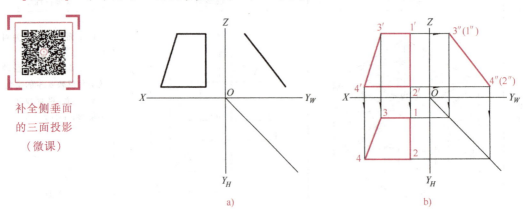

图 4-34 补全侧垂面的三面投影

分析：由图 4-34a 所示投影可知，V 面投影是多边形，W 面投影为倾斜于投影轴的一条直线，所以它是一个侧垂面，侧垂面的 H 面、V 面投影为小于实形的类似形。所以 H 面投影与 V 面投影类似，根据三等关系即可作出，作图过程如图 4-34b 所示。

三、一般位置平面

与三个投影面都倾斜的平面称为一般位置平面，简称一般面，如图 4-35 所示的三棱锥上的表面△SAB。

根据平面的投影特点可知，一般面的各个投影都没有积聚性，各投影均为小于实形的类似形（投影三线框）。

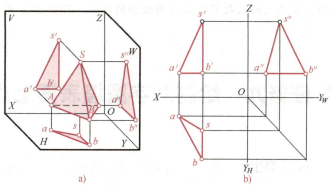

图 4-35　一般位置平面的投影

任务实施

由八字翼墙上平面的两面投影绘制其第三面投影，并判断平面的空间位置。

如图 4-36c、d、e 所示，已知八字翼墙上的平面 DCGH、平面 ADHE、平面 EFGH 的两面投影，请在八字翼墙投影图上用粗实线描出它们的第三面投影。在立体图（图 4-36a）上用粗实线标出各平面，并判断各平面的空间位置。

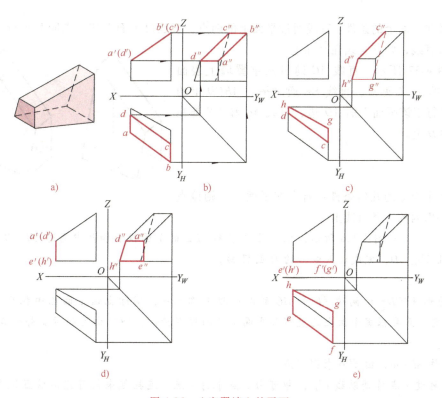

图 4-36　八字翼墙上的平面

1. 案例示范

如图 4-36b 中已知平面 $ABCD$ 的 V 面、H 面投影，其 H 面投影为平行四边形，V 面投影积聚成斜直线，可以确定该平面为正垂面，正垂面的 W 面投影为与正面投影类似的平行四边形，由点的两面投影求第三面投影的方法，可作出其 W 面投影。

2. 任务完成（请同学们独立完成）

*任务九　绘制八字翼墙表面上点和直线的投影

任务提出

作八字翼墙表面上点和直线的投影。
1）理解直线在平面上的条件，能绘制平面上直线的投影。
2）理解点在平面上的几何条件，能绘制平面上点的投影。
3）能绘制平面上投影面的平行线。

相关知识

一、平面上的直线

直线在平面上的条件：直线通过平面上的两点，或通过平面上的一点同时平行于该平面上的一条直线，则该直线在平面上。

如图 4-37 所示，直线 AC 通过八字翼墙上表面 $ABCD$ 上的 A、C 两点，直线 EF 通过平面 $ABCD$ 上的 G 点并平行于该平面上的 AD 边，直线 AC 和 EF 都在平面 $ABCD$ 上。

二、平面上的点

点在平面上的几何条件：若点在平面上，则该点必在该平面内的一条直线上。

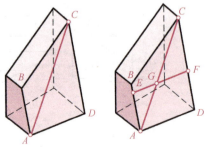

图 4-37　平面上的直线

[例 4-6]　如图 4-38a 所示，已知五边形 $ABCDE$ 的 V 面投影和其中两边 AB、BC 的 H 面投影，且 $AB//CD$，完成该五边形的 H 面投影。

1. 分析

五边形 $ABCDE$ 的两边 AB 和 BC 的两面投影都已知，实际上该平面已由相交直线 AB、BC 所决定。只要根据平面上的直线和平面上点的投影特性，即可由已知投影补全其余投影。

2. 作图步骤

1）作 $cd//ab$，由 d' 点求得 d 点。

2）再过 e' 点作辅助线 $a'f'$，即可由 e' 点求得 e 点。连接起来就可完成该五边形的 H 面投影，如图 4-38b 所示。

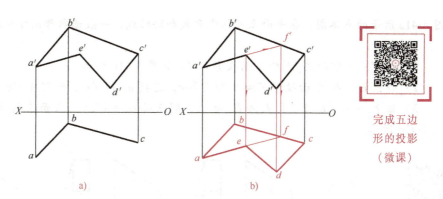

图 4-38 补全五边形 ABCDE 的 H 面投影

三、平面上的投影面平行线

平面上平行于某一投影面的直线称为平面上的投影面平行线。它分为平面上的水平线、正平线、侧平线。

如图 4-39 所示 AB、CD 为平面 P 上的水平线和正平线。

平面上的投影面平行线，既符合平面上直线的投影特性，又具有投影面平行线的一切投影特性。

同一平面上可以作出无数条投影面平行线，而且都互相平行。

[例 4-7] 如图 4-40 所示，已知 △ABC 平面的两面投影，过 C 点作平面上的水平线。

作图步骤：

1) 过 c 点作 cd∥OX 轴，交 ab 于 d 点。
2) 求出 d' 点，连接 $c'd'$，$CD(cd、c'd')$ 即为平面上的水平线。

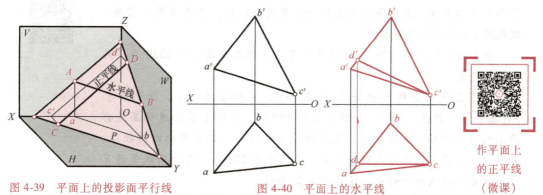

图 4-39 平面上的投影面平行线　　图 4-40 平面上的水平线

任务实施

绘制八字翼墙上点和直线的投影。

如图 4-41a、b 所示，已知八字翼墙上表面 ABCD 的三面投影以及表面上一点 K 的 V 面投影 k'，求 K 点的其他两面投影 k、k''。

1. 分析

在平面上取点，必须先在平面上作辅助线，再在辅助线上取点，此点必在该平面上，如

图 4-41a 所示的立体图。在平面上可作出无数条辅助线,一般选取作图方便的辅助线为宜。

2. 作图步骤

1) 过 k' 点作辅助线 AE 的 V 面投影 $a'e'$,如图 4-41c 所示。

2) 作出 E 点的 W 面投影 e'' 和 H 面投影 e,连接 ae 和 $a''e''$,如图 4-41c 所示。

3) 因 K 点在 AE 上,k 点必在 ae 上,k'' 点必在 $a''e''$ 上,从而求得 k 点和 k'' 点,如图 4-41d 所示。

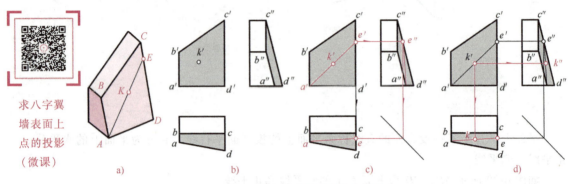

求八字翼墙表面上点的投影(微课)

图 4-41 平面上的直线和点

素质拓展

沪苏通长江公铁大桥——世界上最长的公铁两用斜拉桥

沪苏通长江公铁大桥,南起苏州市张家港市、北至南通市通州区,跨越长江江苏段,是世界上最长的公铁两用斜拉桥,也是世界上首座4线铁路、6车道公路斜拉桥。

沪苏通长江公铁大桥于 2014 年 3 月 1 日动工建设,于 2020 年 7 月 1 日建成通车。

沪苏通长江公铁大桥全长 11.072km,主桥长 5827m,北引桥长 1876m,南引桥长 3369m,斜拉桥主跨 1092m。大桥上层为通锡高速公路上的双向六车道高速公路,设计时速 100km。下层为双向四线铁路,其中两线是沪苏通铁路线的一部分,设计时速 200km,另外两线是通苏嘉甬高速铁路线的一部分,设计时速 250km。

沪苏通长江公铁大桥采用钢桁梁斜拉桥结构,是我国自主设计建造、世界上首座跨度超千米的公铁两用斜拉桥,设计建造技术实现了五个"世界首创"。

沪苏通长江公铁大桥——世界上最长的公铁两用斜拉桥

复习思考题

1. 空间点 B 的正面投影用( )表示,水平投影用( )表示,侧面投影用( )表示。
2. 点的三面投影规律是什么?

3. 判断两点的相对位置时，可以沿投影轴方向来判断，OX 轴指向（　　）方，OY 轴指向（　　）方，Z 轴指向（　　）方。

4. 什么是投影面垂直线？

5. 投影面垂直线的投影特性：

1) 铅垂线的水平投影为（　　），正面投影垂直于（　　）轴，侧面投影垂直于（　　）轴，正面投影、侧面投影等于（　　）。

2) 正垂线的正面投影为（　　），水平投影（　　）于 OX 轴，侧面投影（　　）于 OZ 轴，水平投影、侧面投影等于（　　）。

3) 侧垂线的侧面投影为（　　），正面投影垂直于（　　）轴，水平投影垂直于（　　）轴，正面投影、水平投影等于（　　）。

6. 什么是投影面平行线？

7. 投影面平行线的投影特性：

1) 正平线的水平投影平行于（　　）轴，侧面投影平行于（　　）轴，正面投影等于（　　），正面投影与 OX 轴、OZ 轴倾斜。

2) 水平线的正面投影平行于（　　）轴，侧面投影平行于（　　）轴，水平投影等于（　　），水平投影与 OX 轴、OY_H 轴倾斜。

3) 侧平线的正面投影平行于（　　）轴，水平投影平行于（　　）轴，侧面投影等于（　　），侧面投影与 OY_W 轴、OZ 轴倾斜。

8. 什么是一般位置平面？什么是投影面平行面？

9. 投影面平行面的投影特性：

1) 水平面的 H 面投影（　　），V 面投影积聚为（　　）于 OX 轴的直线，W 面投影积聚为平行于（　　）轴的直线。

2) 正平面的 V 面投影（　　），H 面投影积聚为（　　）于 OX 轴的直线，W 面投影积聚为平行于（　　）轴的直线。

3) 侧平面的 W 面投影（　　），V 面投影积聚为平行于（　　）轴的直线，H 面投影积聚为（　　）于 OY_H 轴的直线。

10. 投影面垂直面的投影特性：平面在所垂直的投影面上的投影积聚成一条与投影轴（　　）的直线，平面的其他两面投影是（　　）。

项目五

绘制与识读工程中基本体的投影

项目目标

知识目标	1. 了解棱柱体、棱锥体、棱台体的特征 2. 掌握各种基本体的投影特性
能力目标	1. 能根据各种基本体的立体图绘制其三面投影图 2. 能识读各种基本体的投影图（根据两面投影绘制其第三面投影） 3. 能绘制各种基本体表面上点的投影
素质目标	在绘图过程中养成一丝不苟的工作态度和认真负责的工作作风

项目描述

道路工程中的形体都可以看作是由一些基本的几何体组合而成的。如图 5-1 所示的桥墩由桥墩盖梁、立柱、承台、桩基础组合而成。盖梁是棱柱体，立柱是圆柱体，承台是长方体（四棱柱），桩基础的上部是四棱柱，下部桩尖部分是四棱锥。由此可见，分析道路工程构造物的投影应该先分析基本体的投影特性。

本项目以一些典型的桥梁构件为载体，以绘制这些构件的三面投影图为任务，掌握道路工程中常见基本体投影图的作图与识图方法。

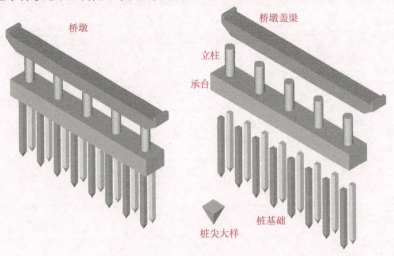

图 5-1 形体的组成

任务一　绘制与识读桥墩盖梁的投影

任务提出

1. 根据桥墩盖梁立体图,绘制其三面投影图。
1) 了解棱柱体的特点。
2) 理解棱柱体的投影特性。
3) 掌握棱柱体投影图的作图方法及步骤。
2. 由棱柱体的两面投影绘制其第三面投影,掌握识读棱柱体投影图的方法。

相关知识

一、基本体

基本体根据其表面性质的不同可分为平面立体和曲面立体。
1) 平面立体:表面都由平面围成的立体,常见的平面立体有棱柱体、棱锥体(棱台)。
2) 曲面立体:由曲面或曲面与平面所围成的形体,常见的曲面立体有圆柱体、圆锥体(圆台)及球体。

二、棱柱体

棱柱分为直棱柱(侧棱与底面垂直)和斜棱柱(侧棱与底面倾斜)。这里只介绍直棱柱。

直棱柱上有一对表面互相平行且全等的多边形(称为底面),其余各棱面均为矩形,侧棱线相互平行且垂直于这对表面。图 5-2 所示为道路工程中常见的棱柱体。

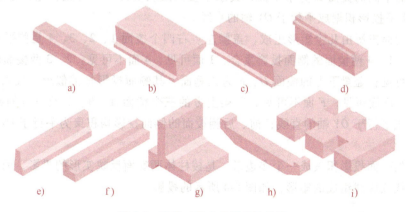

图 5-2　道路工程中常见的棱柱体
a) 涵洞边板　b) 桥梁边板　c) 桥梁中板　d) 桥台盖梁
e) 防撞墙　f) 涵台台帽　g) 挡土墙　h) 桥墩盖梁　i) 承台

三、棱柱体的投影特性

棱柱的特征（微课）

图 5-3 所示为桥墩盖梁的投影，桥墩盖梁是一个棱柱体。下面以桥墩盖梁为例，说明棱柱体的投影特性。

该桥墩盖梁（棱柱体）的前侧面、后侧面为全等的多边形，平行于 V 面；其余棱面均为矩形且都垂直于前、后侧面，其中上、下棱面中的 A 面、B 面、C 面、E 面为水平面，左、右侧棱面为侧平面，盖梁下面两侧的两个棱面 D、F 为正垂面。

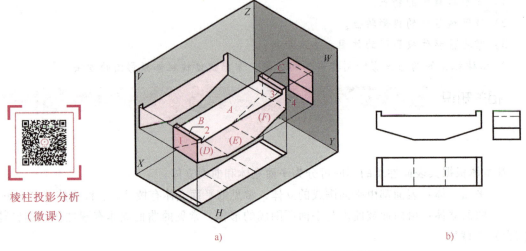

a)　　　　　　　　　　　　　　b)

图 5-3　桥墩盖梁的投影

棱柱投影分析（微课）

盖梁的正面投影是一个多边形，它是棱柱前面、后面反映实形的投影，前面和后面的投影重合，前面可见，后面不可见。多边形的各个边是棱柱各个棱面的积聚投影。

盖梁的水平投影由实线或虚线的矩形组成。盖梁上方的三个棱面 A、B、C 是水平面，其水平投影反映实形；盖梁下方的两个棱面 D、F 为正垂面，其水平投影是类似形，不可见；盖梁下面中间的棱面 E 为水平面，其水平投影反映实形，不可见；左、右四个棱面 1、2、3、4 的水平投影积聚成平行于 OY 轴的直线。

盖梁的侧面投影由几个矩形组成，盖梁左、右四个棱面 1、2、3、4 是侧平面，侧面投影反映实形，1、4 两棱面的侧面投影重合，1 面可见，4 面不可见，2、3 两棱面的侧面投影重合，都不可见；盖梁下方的棱面 D、F 为正垂面，其侧面投影是类似形，棱面 D、F 的侧面投影重合，D 面可见，F 面不可见；盖梁上方的三个棱面 A、B、C 及下方的棱面 E 的侧面投影积聚成平行于 OY 轴的直线；前、后侧棱面的侧面投影均积聚为平行于 OZ 轴的直线。

1. 棱柱体的投影特性（多边形-矩形-矩形）

棱柱体的一面投影积聚成一个多边形，是棱柱体两底面反映实形的投影，而另外两面投影都是由实线或虚线组成的矩形，如图 5-4 所示的投影。

2. 读图要点

读图时，若一面投影为多边形，而另外两面投影是由实线或虚线组成的矩形，则该形体是棱柱体，且底面平行于多边形所在投影面，多边形投影与底面全等。

项目五　绘制与识读工程中基本体的投影

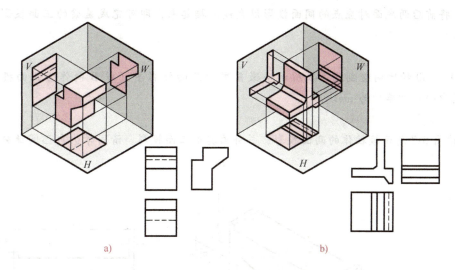

a)　　　　　　　　　　　　　　　b)

图 5-4　棱柱体的投影

若已知一面投影为多边形，另一面投影为实线或虚线组成的矩形，可以判定该形体是由多边形拉伸出来的棱柱体，第三面投影也一定是由矩形组成。

表达棱柱体时，至少需要画出反映形状特征的多边形投影和其中一面由矩形组成的投影。

3. 作图方法与步骤

画棱柱体的投影图时，先画两底面反映实形的多边形的投影（两底面的投影重合，反映棱柱体的形状特征），再画两底面的其他两面投影，最后将两底面对应点的同面投影用直线连接起来，即可完成作图。

任务实施

（一）绘制图 5-5 所示桥墩盖梁的三面投影图

1. 案例示范

分析：根据桥墩盖梁的立体图画其三面投影图时，可假想地将桥墩盖梁正放在三面投影体系当中（以 A 向作为正面投影的方向，如图 5-6a 所示），并向三个投影面投影，再将三个投影面展开，即可形成三面投影图。

作图步骤：

1) 根据桥墩盖梁前后底面的尺寸，画盖梁前后两底面的正面投影（前后两面反映实形的多边形投影），如图 5-6b 所示。

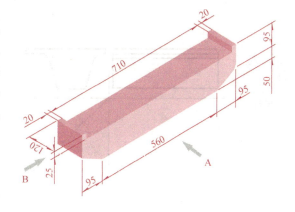

图 5-5　桥墩盖梁立体图

2) 由"长对正"和盖梁的宽度在正面投影的正下方画盖梁前后两底面的水平投影；由"高平齐"和盖梁的宽度在正面投影的正右方画盖梁前后两底面的侧面投影，如图 5-6c 所示。

3）将前后两底面对应点的同面投影用直线连接起来，即可完成盖梁的三面投影，如图 5-6d 所示。

2. 任务完成

按 1∶100 的比例绘制图 5-5 所示桥墩盖梁的三面投影图（以 B 向作为正面投影的方向），图中的尺寸单位为 cm。

（二）补画棱柱体的投影

识读图 5-7 所示棱柱体的两面投影，并补画其第三面投影。请同学们自己阅读分析并完成投影。

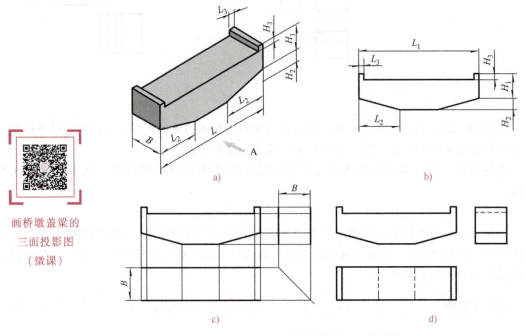

图 5-6 画桥墩盖梁的三面投影图

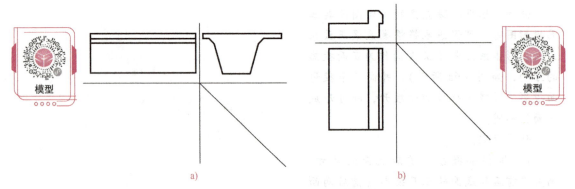

图 5-7 道路工程中常见的棱柱体的投影

▶ 任务拓展

绘制棱柱体表面上的点的投影。

1. 案例示范

如图 5-8 所示，已知五棱柱表面上 A 点、B 点、D 点的 V 面投影，C 点的 H 面投影，补全四点的其他两面投影，并作直线 BD 的投影。

分析：由 V 面投影可知 A 点在左前侧棱面上，B 点在右后侧棱面上，D 点在最右侧棱线上。因为 C 点的 H 面投影落在五边形的边框内，而且可见，故 C 点一定在五棱柱的上底面。

作图步骤：

1）由 V 面投影 a'、b' 向下作投影连线得到水平投影 a、b。

2）由 V 面投影 a'、b' 向右作投影连线，再由 H 面投影 a、b 作投影连线定出 a''（b''）点，a'' 点可见，b'' 点不可见。

3）由 D 点的 V 面投影 d' 向右作投影连线在已知棱线的 W 面投影上求得 d'' 点，d'' 点不可见，向下作投影连线得 d 点。

4）由 C 点的 H 面投影向上作投影连线得 c' 点，向 W 面作投影连线得 c'' 点。

5）如果作棱柱体表面上直线的投影，只需要将两端点的投影分别求得，相连即可。如图 5-8b 所示 BD 直线的三面投影，bd 可见，$b'd'$ 和 $b''d''$ 不可见。

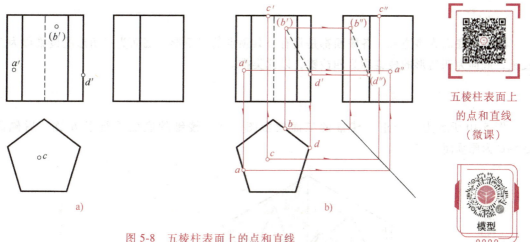

图 5-8　五棱柱表面上的点和直线
a）已知条件　b）作图结果

2. 任务完成（请同学们独立完成）

完成图 5-9 所示六棱柱表面上的点的投影，并在立体图上指出其大概位置。

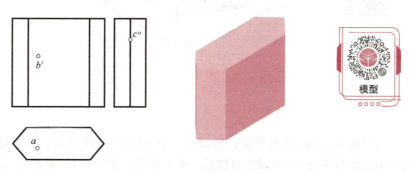

图 5-9　六棱柱表面上的点的投影

任务二　绘制与识读桩尖的投影

任务提出

1. 根据桥梁桩基础的立体图，绘制桩尖的三面投影图。
1) 理解棱锥体的特征。
2) 掌握棱锥体的投影特性。
3) 掌握棱锥体投影图的作图方法。
2. 识读棱锥体的两面投影，并补画其第三面投影，掌握棱锥体投影图的读图方法。

相关知识

一、棱锥体

棱锥的底面为多边形，各棱面都是具有公共顶点的三角形。底面为三角形的棱锥称为三棱锥，底面为四边形的棱锥称为四棱锥，以此类推。

二、棱锥体的投影

图5-10所示为一个正三棱锥的三面投影图，该三棱锥的底面平行于H面，后侧面△SAC为侧垂面。

棱锥的投影
（微课）

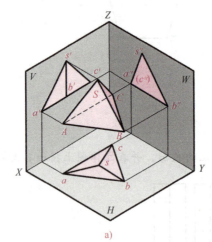

a)

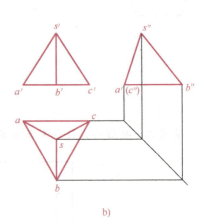

b)

图5-10　正三棱锥的投影
a) 立体图　b) 投影图

由于底面△ABC为水平面，所以它的H面投影反映实形，为不可见投影。底面△ABC的V面投影为平行于OX轴的直线段，W面投影为平行于OY轴的直线段。

由于AC为侧垂线，所以后侧面△SAC为侧垂面。△SAC的侧面投影△s″a″c″积聚成直线，它的 V 面、H 面投影均为类似形。

棱面△SAB、△SBC 均为一般位置平面，其三面投影都是类似形，在 W 面投影中，△$s''a''b''$ 与△$s''b''c''$ 重合。

三个侧面的 H 面投影均可见，底面的 H 面投影不可见，△SAB、△SBC 的 V 面投影可见，△SAC 的 V 面投影不可见，△SAB 的 W 面投影可见，△SBC 的 W 面投影不可见。

1. 棱锥体的投影特性（三角形-三角形-三角形）

棱锥体的一面投影为多边形中嵌套相应数目的具有公共顶点的三角形（几棱锥套几个三角形），该多边形反映棱锥体底面的实形（顶点与多边形各角点的连线为各侧棱的投影）；而另外两面投影都是由实线或虚线组成的有公共顶点的三角形。

图 5-11 所示为常见棱锥体的投影，请同学们自己分析。

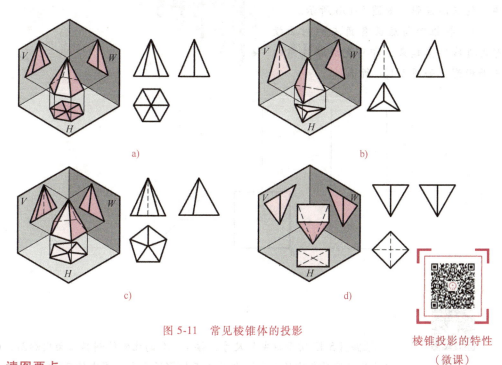

图 5-11 常见棱锥体的投影

棱锥投影的特性
（微课）

2. 读图要点

读图时，若一面投影为多边形中嵌套着相应数目的具有公共顶点的三角形，而另外两面投影是由实线或虚线组成具有公共顶点的三角形，则该形体是棱锥体，且棱锥体底面平行于多边形投影所在的投影面，棱锥体的底面与多边形投影全等。

1）若已知一面投影为 N 边形中嵌套着 N 个公共顶点的三角形，另有一面投影为实线或虚线组成的三角形，可以判定该形体是棱锥体，第三面投影也一定是由三角形组成。

2）若已知两面投影由三角形组成，可以判定该形体是棱锥体。

表达棱锥体时，至少需要画出反映形状特征的多边形嵌套三角形的投影和其中一面由三角形线框组成的投影。

3. 作图步骤

画棱锥体三面投影图时，一般应先画出底面的各面投影，然后确定锥顶 S 的三面投影，将锥顶与底面各角点的投影连接起来，即可画出棱锥体的投影图。

任务实施

（一）绘制桩尖的投影图

根据图 5-12 所示桩尖的立体示意图，绘制其投影图。

1. 案例示范

作图步骤（以 A 向作为正面投影的方向）：

1）根据四棱锥底面的尺寸画出底面的 H 面投影，再由 H 面投影，作出其 V 面、W 面投影，如图 5-13a 所示。

2）根据四棱锥的高度，绘制出锥顶 S 的三面投影，如图 5-13b 所示。

3）将锥顶与底面各角点的同面投影用直线连接起来，即可完成四棱锥的三面投影，如图 5-12c 所示。

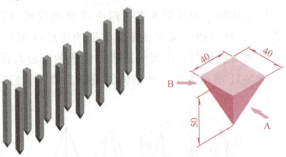

图 5-12 桥梁桩尖的立体图

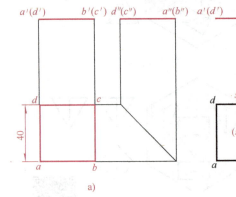
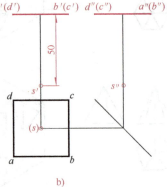
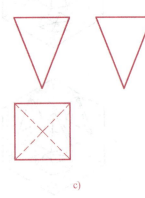

图 5-13 画桩尖（四棱锥）的三面投影图

2. 任务完成（请同学们独立完成）

根据图 5-12 所示桩尖的尺寸，按 1∶10 的比例绘制其三面投影图，以 B 向（四棱锥底面对角线的方向）作为正面投影的方向，图中的尺寸单位为 cm。

（二）补画棱锥体的第三面投影

识读图 5-14 所示棱锥体的两面投影，并补画其第三面投影。

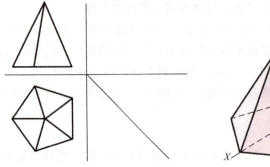

图 5-14 补画棱锥体的第三面投影

任务拓展

作棱锥体表面上点的投影。

1. 案例示范

如图 5-15 所示,已知三棱锥棱面上直线 AB 的 H 面投影 ab,作出其相应的 V 面、W 面投影。

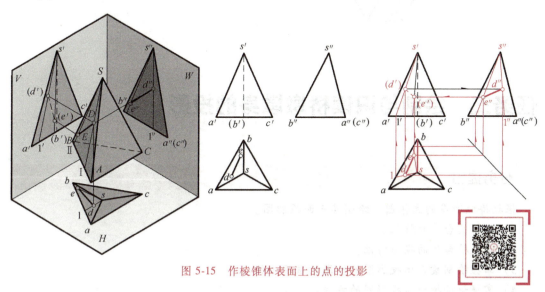

图 5-15 作棱锥体表面上的点的投影

棱锥上大部分棱面为一般位置平面,其投影没有积聚性,所以在棱锥体表面上取点或取直线要借助于辅助线。

可以通过棱面上的点作棱面上的辅助线,D 点、E 点在左后棱面 SAB 上,可在棱面 SAB 上,通过 D 点、E 点和锥顶 S 作辅助直线 SⅠ、SⅡ 与棱面 SAB 的底边相交。点在辅助直线上,点的投影也一定在直线的投影上。先画出辅助线的三面投影,再在辅助线上求出点的投影。

作棱锥体表面上的点的投影（微课）

作图步骤:

1) 过 d 点作辅助线 s1,s1 过 s 点,并与底边交于 1 点。

2) 过 1 点向 V 面作投影连线,与 a'b' 相交,求得 1' 点,过 1 点向 W 面作投影连线,与 a″b″ 相交,求得 1″ 点。

3) 用直线连接 s' 点和 1' 点,s″ 点和 1″ 点,得直线 SⅠ 的 V 面、W 面投影 s'1'、s″1″。

由 d 点向 V 面作投影连线与 s'1' 相交,求得 d' 点,由 d' 点向 W 面作投影连线与 s″1″ 相交,求得 d″ 点。

4) 用同样的方法求得 E 点的三面投影。

5) 连接 D 点、E 点的同面投影,得到直线的三面投影,由于 DE 在左后侧棱面上,故 d″e″ 可见,d'e' 不可见,连成虚线。

2. 任务完成（请同学们独立完成）

如图 5-16 所示,完成六棱锥表面上点的投影,并在立体图上指出 A、B、C 三点的大概位置。

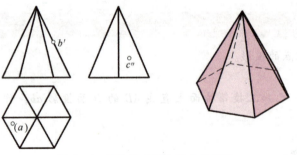

图 5-16　六棱锥表面上的点的投影

任务三　绘制与识读桥墩墩身的投影

任务提出

根据桥墩墩身的立体图,绘制其三面投影图。
1) 了解棱台体的特征。
2) 掌握棱台体的投影特性。
3) 掌握绘制棱台体投影图的作图方法及步骤。
4) 掌握识读棱台体投影图的方法。

相关知识

一、棱台体

棱锥体的顶部被平行于底面的平面切割后形成棱台体,棱台体的两个底面为平行且相似的多边形,各侧面均为梯形。

二、棱台体的投影

图 5-17 所示为四棱台的投影情况。

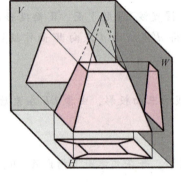
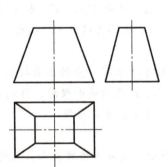

图 5-17　四棱台的投影

1. 棱台体的投影特性（梯形-梯形-梯形）：

棱台体的一面投影为里、外两个相似多边形（分别反映两底面的实形），两多边形之间嵌套有相应数目的梯形（各梯形为各棱面的投影，两多边形对应顶点之间的连线为侧棱的投影），而另外两面投影都是由实线或虚线组成的梯形。

图 5-18 所示棱台体的投影，请同学们自己分析。

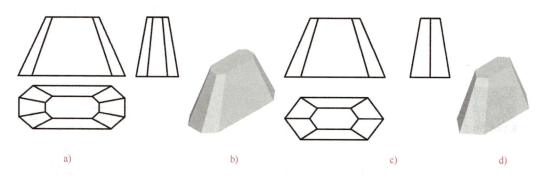

图 5-18 棱台体的投影

2. 读图要点

读图时，若一面投影为里、外两个相似多边形，两多边形之间嵌套有相应数目的梯形，而另外两面投影都是由实线或虚线组成的梯形线框，则该形体是棱台体，且该棱台体两底面平行于里、外两个相似多边形所在的投影面。

3. 作图方法与步骤

画棱台体三面投影图时，先画两底面反映实形的多边形投影，再画两底面的其他两面投影，最后将两底面对应点的同面投影用直线连接起来，即可完成作图。

任务实施

绘制桥墩墩身的三面投影图。

1. 案例示范

下面以图 5-19a 所示的六棱台为例分析棱台体投影图的作图方法与步骤。

1）根据底面的长度、宽度尺寸画出底面反映实形的六边形的水平投影。

2）由底面的水平投影绘制底面的正面投影和侧面投影（注意长对正、高平齐、宽相等），并由六边形的各顶点的水平投影作出对应点的正面投影和侧面投影，如图 5-19b 所示。

3）根据顶面的长度、宽度尺寸画出顶面反映实形的六边形的水平投影。

4）由顶面的水平投影及六棱台的高度绘制顶面的正面投影和侧面投影，并由六边形的各顶点的水平投影作出对应点的正面投影和侧面投影，如图 5-19c 所示。

5）将顶面和底面对应点的同面投影用直线连接起来，即可完成作图，如图 5-19d 所示。

2. 任务完成

根据图 5-20 所示桥墩墩身的立体图及尺寸，选择合适的比例绘制其三面投影图，图中的尺寸单位为 cm。可以选择不同的方向作为正面投影方向。

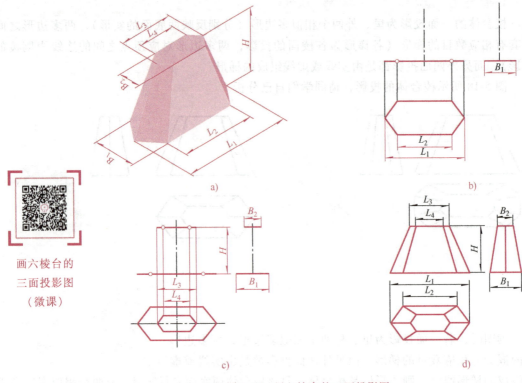

画六棱台的
三面投影图
（微课）

图 5-19　画六棱台的三面投影图

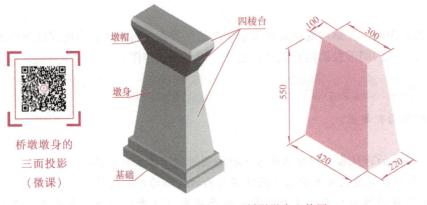

桥墩墩身的
三面投影
（微课）

图 5-20　桥墩墩身立体图

任务四　绘制圆柱体及其表面上的点的投影

任务提出

绘制圆柱体及其表面上的点的投影，掌握圆柱体表面上取点的方法。

相关知识

一、回转体与圆柱体

曲面立体是由曲面或曲面与平面所围成，工程上常用的曲面立体是回转体，如圆柱体、圆锥体、圆球体等。

回转体的回转面是以一条直线或曲线为母线绕一条直线旋转而成的曲面，该直线称为轴线，母线在回转面上的任意位置称为素线，母线上每一点绕轴线旋转的运动轨迹是一个圆，称为纬圆。

回转体
（微课）

圆柱体是由圆柱面和上下底面所组成。圆柱面可看成是由直线（母线）绕与它平行的直线（轴线）旋转一周而形成的，圆柱面上任意位置的一条平行于轴线的直线称为圆柱面的素线。

二、圆柱体的投影

下面以轴线垂直于 H 面的圆柱体为例，讨论圆柱体的投影，如图 5-21 所示。

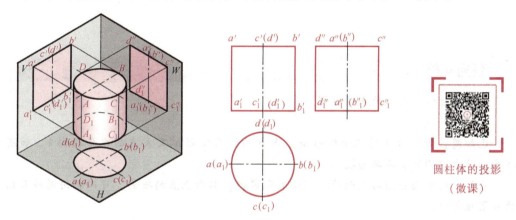

图 5-21 圆柱体的投影

该圆柱体的 H 面投影为一个圆，反映圆柱体上、下底面的实形，上底面可见，下底面不可见；圆周是圆柱面的积聚投影，圆柱面上任意点和线的水平投影都积聚在这个圆上。

圆柱体的 V 面投影是一个矩形，该矩形代表前半个圆柱面和后半个圆柱面的重合投影，前半部分可见，后半部分不可见。矩形的上、下边是圆柱体上、下底面的积聚投影。矩形的左、右两条边 $a'a_1'$、$b'b_1'$ 是圆柱体最左、最右素线（AA_1、BB_1）的投影，AA_1、BB_1 是圆柱体 V 面投影可见与不可见的分界线，是 V 面投影的转向轮廓线，它们的 W 面投影与轴线的投影重合，投影图中不画其投影。

圆柱体的 W 面投影也是一个矩形，该矩形代表左半个圆柱面和右半个圆柱面的重合投影，左半部分可见，右半部分不可见。矩形的上、下边是圆柱体上、下底面的积聚投影。矩形的左、右两条边 $d''d_1''$、$c''c_1''$ 是圆柱体最后、最前素线（DD_1、CC_1）的投影，CC_1、DD_1 是圆柱体 W 面投影可见与不可见的分界线，是 W 面投影的转向轮廓线，它们的 V 面投影与轴线重合，投影图中不画其投影。

1. 圆柱体的投影特性

圆柱体一面投影是圆，其他两面投影是相等的矩形。图 5-22 所示为不同位置圆柱体的投影情况，请同学自己分析。

2. 作图步骤

一般先画圆，再根据圆柱体的高和投影规律画出其他两面投影。

注意画回转体投影图时，必须先画出圆的对称中心线以确定圆心位置；其他两面投影也必须画出轴线的投影。

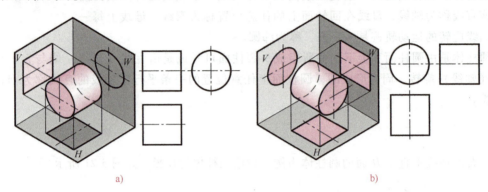

图 5-22 不同位置圆柱体的投影

任务实施

绘制圆柱体表面上的点的投影。

1. 案例示范

已知圆柱面上 M 点的正面投影 m'、N 点的侧面投影 n'' 及 K 点的水平投影 k，如图 5-23 所示，作出它们的其他两面投影。

分析：由于圆柱面与底面的投影都有积聚性，其面上点的投影，可以利用圆柱表面投影的积聚性作图。

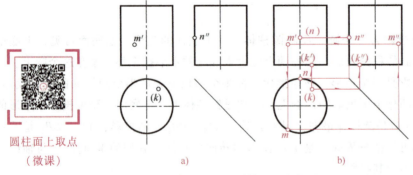

圆柱面上取点
（微课）

图 5-23 圆柱面上取点（一）

1) 由于 m' 点可见，可知 M 点在前半个圆柱面上，利用圆柱面的水平投影的积聚性，可直接找到 m 点，由 m' 点、m 点可求得 m'' 点，由于 M 点在左半个圆柱面上，所以 m'' 为可见。

2) 由于 n'' 点落在最后素线上（侧面投影的轮廓线上），是特殊点，由 n'' 点向左作投影连线可得 n′ 点，由 n″ 点、n′ 点可求得 n 点，N 点在后半个圆柱面上，所以 n′ 点不可见。

作图步骤如图 5-23b 所示。

特殊地，如果某点落在上、下底面上，可由其 H 面投影可见性先判别落在上底面或下底面上，直接连线得 V 面投影，再由两面投影求得侧面投影。

2. 任务完成

如图 5-24 所示，已知圆柱面上 A 点的正面投影 a′、B 点的侧面投影 b″ 和 C 点的水平投影 c，作出它们的其他两面投影，并在立体图上指出 A、B、C 三点的大概位置。

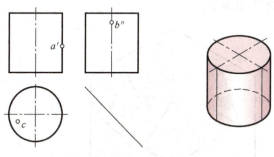

图 5-24　圆柱面上取点（二）

任务五　绘制圆锥体及其表面上的点的投影

▶ **任务提出**

绘制圆锥体及其表面上的点的投影，掌握圆锥体表面上取点的方法。

▶ **相关知识**

一、圆锥体

圆锥体是由圆锥面和底面所组成。圆锥面是一条直线（母线）绕与其相交于一点的直线（轴线）旋转一周而形成的曲面。母线在锥面的任意位置称为素线。

二、圆锥体的三面投影

下面以轴线垂直于水平投影面的圆锥体为例，讨论圆锥体的投影，如图 5-25 所示。

该圆锥体的 H 面投影是一个圆，是圆锥体底面和圆锥面的重合投影，该圆反映底面的实形，圆锥面的投影可见，底面的投影不可见。

圆锥体的 V 面投影是等腰三角形，该等腰三角形代表前半个圆锥面和后半个圆锥面的重合投影，前半部分可见，后半部分不可见，等腰三角形的底边是底面的积聚投影，两腰 s′a′、s′b′ 是圆锥最左素线 SA 和最右素线 SB 的 V 面投影。最左素线 SA 和最右素线 SB 是 V 面投影可见与不可见的分界线，是 V 面投影的转向轮廓线，它们的 W 面投影为平行于 OZ 轴的直线，与轴线的投影重合，不需要画出。它们的 H 面投影为平行于 OX 轴的直线，重合在 H 面投影的中心线上，不需要画出。

圆锥体的 W 面投影也是等腰三角形，该等腰三角形代表左半个圆锥面和右半个圆锥面的重合投影，左半部分可见，右半部分不可见，等腰三角形的底边是圆锥底面的积聚投影，两腰 $s''c''$、$s''d''$ 是圆锥最前素线 SC 和最后素线 SD 的投影。最前素线 SC 和最后素线 SD 是 W 面投影可见与不可见的分界线，是 W 面投影的转向轮廓线，它们的 V 面投影为平行于 OZ 轴的直线，与轴线的投影重合，不需要画出。它们的 H 面投影为平行于 OY 轴的直线，重合在 H 面投影的中心线上，不需要画出。

圆锥体的投影
（微课）

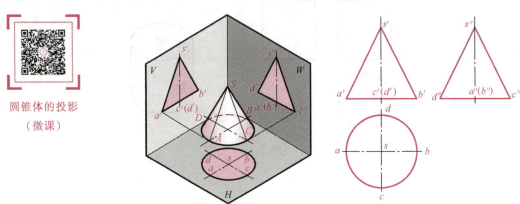

图 5-25　圆锥体的投影

1. 圆锥体的投影特性

圆锥体的一面投影是圆，其他两面投影是全等的等腰三角形。

图 5-26 所示为不同位置圆锥体的投影情况，请同学们自己分析。

2. 作图步骤

一般先画圆，再根据圆锥体的高和投影规律画出其他两面投影。

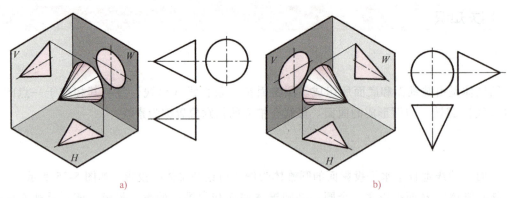

a)　　　　　　　　　　　　　　b)

图 5-26　不同位置圆锥体的投影

*三、圆台的三面投影

圆锥体被平行于底面的平面截去其锥顶，所剩的部分称为圆锥台，简称圆台。

圆台的投影特性：一面投影为两同心圆（分别反映两底面的实形，两圆之间的部分表示圆台面的投影），而另外两面投影都是相等的梯形。

图 5-27 所示为不同位置圆台的投影情况，请同学们自己分析。

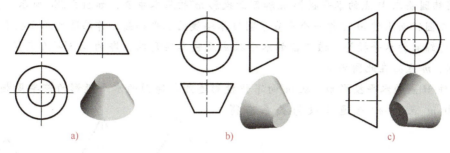

图 5-27　不同位置圆台的投影

任务实施

绘制圆锥体表面上的点的投影。

（一）案例示范

如图 5-28a 所示，已知圆锥面上 M 点的 V 面投影 m' 和 N 点的 H 面投影 n，试作出 M 点、N 点的其余两面投影。

分析：由于圆锥面的投影无积聚性，表面上定点需要借助于曲面上的辅助线。利用圆锥面上过该点且连接锥顶的直素线作为辅助线的作图方法称为素线法。利用过该点作平行于圆锥体底面的纬圆作为辅助线进行作图的方法称为纬圆法。

1. 素线法求 M 点的投影

利用素线法求 M 点的水平投影 m 和侧面投影 m'' 的基本步骤，如图 5-28b 所示。

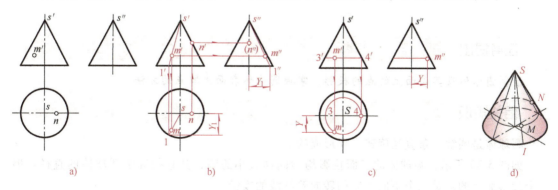

图 5-28　圆锥体表面上的点（一）
a) 已知条件　b) 素线法　c) 纬圆法　d) 立体图

1) 过 m' 点和 s' 点作素线 $S\mathrm{I}$ 的正面投影 $s'1'$。

2) 因为 m' 点可见，素线 $S\mathrm{I}$ 位于前半个圆锥面上，所以从 $1'$ 向下作投影连线与圆锥体水平投影的前半周相交得 1 点，通过投影关系求得 $1''$ 点，从而求得 $s1$、$s''1''$。

3) M 点在 $S\mathrm{I}$ 上，则 M 点的三面投影必在该素线的相应三面投影上。从 m' 向下作投影连线与 $s1$ 相交得水平投影 m，从 m' 向左作投影连线与 $s''1''$

圆锥体表面上的点（微课）

相交得侧面投影 m''，M 点在左半个圆锥面上，m'' 点可见。

2. 纬圆法求 M 点的投影

利用纬圆法求 M 点的水平投影 m 和侧面投影 m'' 的基本步骤，如图 5-28c 所示。

1）在圆锥面上过 M 点作一个垂直于圆锥体轴线的水平纬圆，作纬圆的正面投影 $3'4'$。

2）作纬圆的水平投影，该纬圆的水平投影反映真实形状，即为以 $3'4'$ 为直径，以 s 为圆心的圆，m 点必在此圆周上。

3）作 M 点的水平投影 m，从 m' 向下作投影连线与纬圆的水平投影的前半周相交得 m 点，并由 m 点和 m' 点通过投影关系求得 m'' 点。

3. 求 N 点的投影

由图 5-28a 可知，N 点位于最右素线上，根据点在直线上的从属投影特性，直接作出 n' 点、n'' 点，n' 点可见，n'' 点不可见。

两点在圆锥体上的位置如图 5-28d 所示。

（二）任务完成

图 5-29 圆锥体表面上的点（二）

如图 5-29 所示，已知圆锥面上 A 点的 V 面投影 a' 和 B 点的 W 面投影 b''，试作出 A、B 两点的其余两面投影，并在立体图上指出 A、B 两点的大概位置。

任务六　绘制圆球体及其表面上的点的投影

▶ 任务提出

绘制圆球体及其表面上的点的投影，掌握圆球体表面上取点的方法。

▶ 相关知识

圆球体是圆绕一条直径旋转一周形成的。

如图 5-30 所示，圆球体的三面投影均为同样大小的圆，其直径等于圆球体的直径。但三个投影面上的圆是三个不同方向的转向轮廓线的投影。

H 面投影的圆 b 是球面上平行于 H 面的最大圆的投影，平行于 H 面的最大圆为上半球面与下半球面的分界线，所以是 H 面投影的转向轮廓线，H 面投影上半球面可见，下半球面不可见；平行于 H 面的最大圆的 V 面投影积聚成平行于 OX 轴的直线，重合在 V 面投影的中心线上；它的 W 面投影积聚成平行于 OY 轴的直线，重合在 W 面投影的中心线上。

V 面投影的圆 a' 是平行于 V 面的最大圆的投影，平行于 V 面的最大圆为前半球面与后半球面的分界线，是 V 面投影的转向轮廓线，V 面投影前半球面可见，后半球面不可见；平行于 V 面的最大圆的 H 面投影积聚成平行于 OX 轴的直线，重合在 H 面投影的中心线上；它的 W 面投影积聚成平行于 OZ 轴的直线，重合在 W 面投影的中心线上。

同理，W 面投影的圆 c″是平行于 W 面的最大圆的投影，平行于 W 面的最大圆为左半球面与右半球面的分界线，是 W 面投影的转向轮廓线，W 面投影左半球面可见，右半球面不可见；平行于 W 面的最大圆的 H 面投影积聚成平行于 OY 轴的直线，重合在 H 面投影的中心线上；它的 V 面投影积聚成平行于 OZ 轴的直线，重合在 V 面投影的中心线上。

三个投影图的转向轮廓线在其他两面投影图上的投影都不用画出。

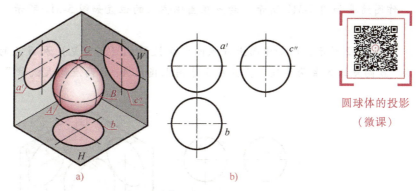

图 5-30　圆球体的投影

任务实施

绘制圆球体表面上的点的投影。

1. 案例示范

如图 5-31a 所示，已知球面上 M 点的 V 面投影 m′和 N 点的 H 面投影 n，试作 M、N 两点的其余两面投影。

分析：圆球体的表面都是曲面，投影没有积聚性，圆球面上也不存在直线，所以在球面上取点，必须借助球面上的辅助圆（纬圆），虽然过圆球面上的一点可以作无数个圆曲线，但为了便于作图，一般取平行于投影面的圆作为辅助圆。根据需要，可选择水平圆、正平圆或侧平圆为辅助圆来作图。

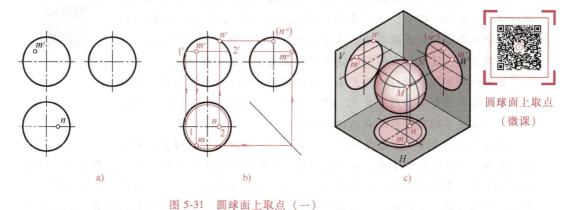

图 5-31　圆球面上取点（一）

作图步骤：

1）过 M 点作平行于水平面的辅助圆，它的正面投影为直线 1′2′，水平投影为直径等于 1′2′的圆，m 点必在该圆上，因为 m′点可见，所以 M 点位于前半球面，从 m′点向下作投影连线与辅助圆的水平投影的前半周相交得 m 点。因 M 点位于上半球面，所以 m 点可见。

2) 根据 m 点、m′点求出 m″点，因 M 点位于左半球面，所以 m″点可见。

3) 因 N 点在球面的正面投影的轮廓素线圆上，n′点、n″点就在其相应的投影上，可直接作图。又因 N 点在右半球面上，故 n″点不可见。

作图结果如图 5-31b 所示，两点在圆球体上的位置如图 5-31c 所示。

2. 任务完成

如图 5-32 所示，已知球面上 A 点的 V 面投影 a′（不可见）和 B 点的 W 面投影 b″，试作出 A、B 两点的其余两面投影，并在立体图上指出 A、B 两点的大概位置。

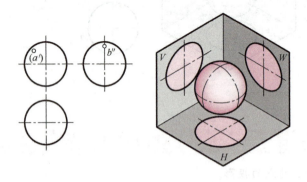

图 5-32　圆球面上取点（二）

素质拓展

秦岭终南山公路隧道——高度智能化的隧道

秦岭终南山公路隧道北起西安市长安区五台街道青岔村、南至商洛市柞水县营盘镇小峪口，穿越秦岭终南山。设计等级为高速公路，上、下行双洞双车道，是我国高速公路隧道示范工程和标志性工程，是当时世界双洞最长、技术标准最高、建设规模最大的高速公路隧道。

隧道内拥有先进的特殊灯光带，缓解驾驶员视觉疲劳，保证行车安全。通过不同的灯光和图案变化，可以将特长隧道演化成几个短隧道，从而消除驾驶员的焦虑情绪和压抑心理。

隧道内拥有完备的监控技术。隧道每 125m 设置一台视频监控摄像机，两洞共有摄像机 288 台。每 250m 设置一台视频事件检测器和火灾报警系统，对突发事件采用双系统全方位自动跟踪监控。运用了首套策略自动生成软件，只要发生一个事件，策略自动生成软件就会自动生成相应的策略程序进行全方位联动指导，保证秦岭终南山高速公路隧道运营管理的准确性和可靠性。

秦岭终南山公路隧道——高度智能化的隧道

复习思考题

1. 直棱柱的特性：棱柱体上有一对表面互相平行且全等的多边形（称为底面），其余各侧棱面均为（　　），侧棱线相互平行且（　　）于这对表面。

2. 棱柱体的投影特性：棱柱体的一面投影积聚成一个多边形，该多边形反映棱柱体顶面和底面的（　　）；而另外两面投影都是由实线或虚线组成的（　　）。

3. 读图时，若一面投影为多边形，而另外两面投影是由实线或虚线组成的（　　），则该形体是侧棱垂直于多边形所在投影面的棱柱体。

4. 棱锥体的投影特性：棱锥体的一面投影为多边形中嵌套具有公共顶点的（　　），该多边形反映棱锥底面的（　　），而另外两面投影都是由实线或虚线组成的有公共顶点的（　　）。

5. 棱台体的投影特性：棱台体的一面投影为里、外两个相似多边形，两多边形之间嵌套有相应数目的（　　），而另外两面投影都是由实线或虚线组成的（　　）。

6. 圆柱体的投影特性：圆柱体一面投影是圆，其他两面投影是相等的（　　）。

7. 圆锥体的投影特性：圆锥体一面投影是（　　），其他两面投影是相等的等腰（　　）。

8. 圆台的投影特性：一面投影为两同心圆，而另外两面投影都是相等的（　　）。

绘制工程中截切体的投影

项目目标

知识目标	1. 了解截切体、截交线的含义 2. 理解截交线的投影特性 3. 了解常见回转体的截交线的类型
能力目标	1. 掌握平面截切体投影图的作图方法 2. 掌握曲面截切体投影图的作图方法
素质目标	养成随时随地主动观察道路工程中的构造物的习惯。学习过程中紧密联系工程实际

项目描述

工程上的许多构件可看作是由基本体经平面截切而成的截切体,如图 6-1a 所示的斜 T 梁,图 6-1b 所示的斜圆管涵的圆管。

本项目以工程中常见的截切体为载体,以绘制截切体的三面投影图为任务,掌握道路工程中常见截切体投影图的作图方法。

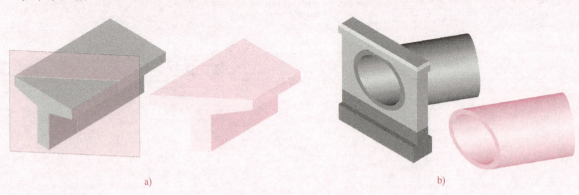

图 6-1 工程中的截切体

项目六　绘制工程中截切体的投影　91

任务一　绘制桥台肋板及桥台翼墙的投影

任务提出

绘制桥台肋板及桥台翼墙的投影图。
1) 理解平面体截交线的特点及作图方法。
2) 掌握平面截切体投影图的作图方法。

相关知识

一、截切体与截交线

基本体被平面所截（即平面与基本体相交）形成的形体称为**截切体**，如图 6-2 所示的斜桥的空心板就可以认为是被斜截面截切而成的截切体。截切基本体的平面称为**截平面**，截平面与基本体表面的交线称为**截交线**。

在基本体投影的基础上作出截交线的投影，去掉被截部分的棱线或轮廓线的投影即可得到**截切体的投影**。

二、绘制平面截切体的投影

平面立体被平面所截，截交线是一封闭的平面折线——即平面多边形，多边形的各边是截平面与立体相应表面的交线，多边形的顶点是截平面与立体相应棱线的交点。

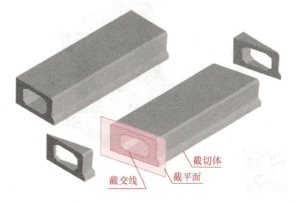

图 6-2　斜空心板

求平面立体的截交线，就是求出截平面与平面立体上各被截棱线的交点，然后依次连接即得截交线。

任务实施

（一）绘制桥台肋板的投影图

如图 6-3a、b 所示为桥台及桥台肋板的立体示意图，绘制桥台肋板的投影图。

分析：

1) 该桥台肋板可以看作是一个五棱柱被一个正垂面截切后得到的，如图 6-3c 所示。
2) 棱柱体的表面投影有积聚性，求棱柱体的截交线时要充分利用这一特性。
3) 截平面与五棱柱相交，形成五边形的截交线ⅠⅡⅢⅣⅤ。截交线上Ⅰ、Ⅱ、Ⅲ、Ⅳ、Ⅴ各点是截平面与五棱柱棱线的交点。

4)因为五边形ⅠⅡⅢⅣⅤ在正垂面上,其 V 面投影有积聚性,积聚成直线。又由于五棱柱的各个侧棱面都垂直于 W 面,其 W 面投影有积聚性,所以截交线ⅠⅡⅢⅣⅤ的侧面投影与五棱柱的侧面投影重合。只需要求其水平投影,可利用积聚性作图。

作图步骤:

1)作完整的五棱柱的投影,如图6-3d 所示。

2)确定截交线的 W 面投影和 V 面投影。因为截交线的 W 面投影与五棱柱的 W 面投影重合,可以直接确定出截交线上各点的 W 面投影 1″、2″、3″、4″、5″,又因截断面的 V 面投影积聚成直线,所以 V 面投影 1′、2′、3′、4′、5′也可直接确定,如图6-3d 所示。

3)作截交线的 H 面投影。根据直线上取点的方法(或由点的两面投影求第三面投影的方法)作出其 H 面投影 1、2、3、4、5,如图6-3e 所示,依次连接 1、2、3、4、5 各点,即为截平面的 H 面投影。

4)完成截切体的投影。擦去被截掉棱线的投影即可得到肋板的三面投影,如图6-3f 所示。

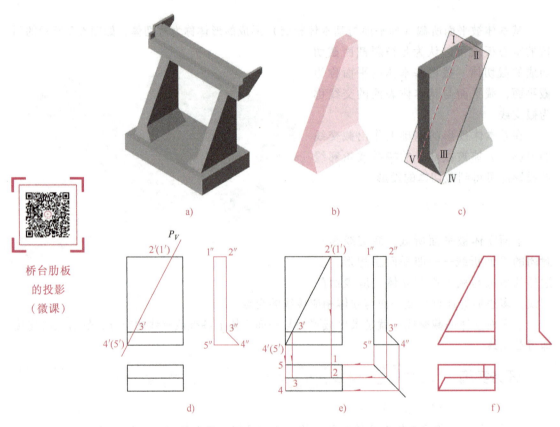

桥台肋板的投影(微课)

图6-3 五棱柱被正垂面截切后的投影

(二)绘制桥台翼墙的三面投影图

1. 案例示范

下面以图6-4所示的桥台翼墙为例,继续分析平面截切体的作图方法与步骤。

该桥台翼墙可以看作是一个六棱柱被一个侧垂面截切后得到的。截平面 P 与六棱柱相交，形成六边形的截交线ⅠⅡⅢⅣⅤⅥ。截交线上Ⅰ、Ⅱ、Ⅲ、Ⅳ、Ⅴ、Ⅵ各点是截平面与六棱柱棱线的共有点。

由于六棱柱各侧棱面都垂直于 V 面，其 V 面投影有积聚性，所以截交线ⅠⅡⅢⅣⅤⅥ的 V 面投影与六棱柱的 V 面投影重合；又因为截交线ⅠⅡⅢⅣⅤⅥ在侧垂面上，其 W 面投影有积聚性，积聚成直线，所以只需要求其 H 面投影。

作图步骤：

1) 作完整的六棱柱的投影，如图 6-4b 所示。

2) 因为截交线的 V 面投影与六棱柱的 V 面投影重合，可以直接确定出截交线上各点的 V 面投影 1′、2′、3′、4′、5′、6′，又因为截断面的 W 面投影积聚成直线，所以截交线上各点的 W 面投影 1″、2″、3″、4″、5″、6″也可直接确定，如图 6-4c 所示。

3) 根据由点的两面投影求第三面投影的方法作出其 H 面投影 1、2、3、4、5、6，如图 6-4c 所示。

4) 依次连接 1、2、3、4、5、6 各点，即为截平面的 H 面投影。擦去被截掉部分棱线的投影即可得到翼墙的三面投影，如图 6-4d 所示。

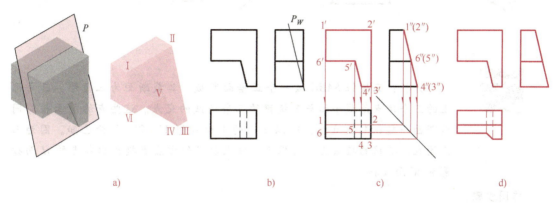

图 6-4 桥台翼墙的投影（一）

2. 任务完成（请同学们独立完成）

如图 6-5 所示，已知桥台翼墙的两面投影，补画其第三面投影。

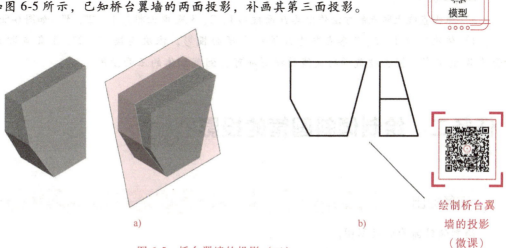

图 6-5 桥台翼墙的投影（二）

绘制桥台翼墙的投影（微课）

图 6-5 所示桥台翼墙可以看作是一个五棱柱被一个侧垂面截切而成,首先画出该五棱柱的 H 面投影,其次画出截交线的 H 面投影,最后擦去被截切掉的棱线的投影即得翼墙的 H 面投影。

▶▶ 任务拓展

如图 6-6a 所示,三棱锥被正垂面 P 所截,绘制截切体的投影。

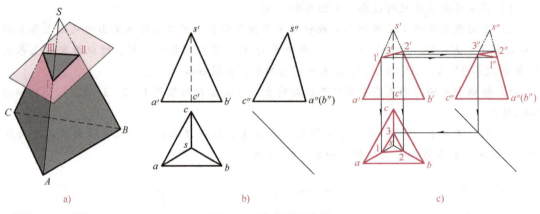

图 6-6 三棱锥的截交线

三棱锥的截交线
(微课)

分析:三棱锥 $SABC$ 被一个正垂面所截,其截断面为三角形,三角形上的三个顶点是截平面与三棱锥的三条棱线的交点。这些点的 V 面投影同截断面一起积聚成直线,所以三点的 V 面投影 $1'$、$2'$、$3'$ 为已知。因为三点均在三棱锥的棱线上,可根据直线上取点的方法直接作出各点的 H 面投影和 W 面投影。

作图步骤:

1) 作完整的三棱锥的投影,如图 6-6b 所示。

2) 因截断面的 V 面投影积聚成直线,可以直接确定出截交线上各点的 V 面投影 $1'$、$2'$、$3'$,如图 6-6c 所示。

3) 根据直线上取点的方法作出其 H 面投影 1、2、3 及 W 面投影 $1''$、$2''$、$3''$,如图 6-6c 所示。

4) 依次连接 1、2、3 各点即为截断面的 H 面投影,依次连接 $1''$、$2''$、$3''$ 各点即为截断面的 W 面投影,擦去被截掉的棱线的投影即可得到截切体的三面投影。

任务二　绘制倾斜圆管的投影

▶▶ 任务提出

绘制倾斜圆管的投影图。

1) 理解回转体截交线的特点与作图方法。

2）了解回转体截交线的类型。
3）掌握回转截切体投影图的作图方法。

相关知识

一、回转体截交线的特殊点及作图方法

回转体被平面所截，截交线一般为平面曲线，或是由曲线与直线组成的平面图形。截交线上的每一点均为截平面和曲面立体表面的共有点。因此，只要求得足够的共有点，依次连成光滑的曲线，即求得截交线。

这里需要注意，求共有点时，应先求出各特殊位置的点，包括位于曲面立体投影轮廓线上的点（图 6-7a 中的 Ⅰ、Ⅱ、Ⅴ、Ⅵ 点及图 6-7b 中的 A、B、C、D、E、F 点），两截平面交线上的点（图 6-7b 中的 G、H 点），椭圆曲线长、短轴的端点（图 6-7a 中的 Ⅰ、Ⅱ、Ⅲ、Ⅳ 点）等。然后，再均匀地求作一对或两对一般点（图 6-7a 中的 Ⅶ、Ⅷ 点）。求共有点的基本方法有素线法、纬圆法和辅助平面法。

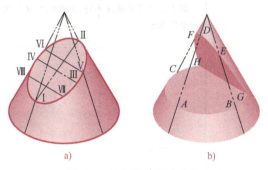

回转体截交线的画法
（微课）

图 6-7 截交线上的特殊点

二、回转体截交线的类型

回转体不同，截平面相对于曲面立体的位置不同，回转体被平面所截产生的截交线的形状也不同，截平面一般都与某投影面平行或垂直，这样，截交线在相应投影面上的投影反映实形或积聚成直线。表 6-1 所列是常见回转体的截交线。

常见回转体的截交线
（微课）

表 6-1 常见回转体的截交线

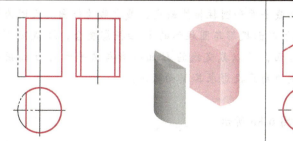

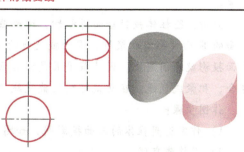

截平面与圆柱轴线平行，截交线为一矩形　　截平面与圆柱轴线相交，截交线为椭圆

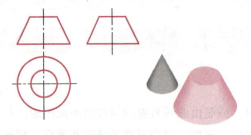 截平面与圆锥轴线垂直,截交线为圆	 截平面过圆锥锥顶,截交线为等腰三角形
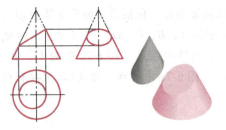 截平面与圆锥轴线相交,截交线为椭圆	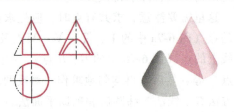 截平面与圆锥轴线平行,截交线为双曲线和直线组成的平面图形
 截平面与圆锥的轮廓素线平行,截交线为抛物线和直线组成的平面图形	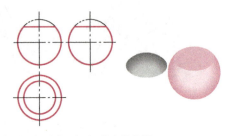 截平面与圆球面相交,截交线为圆

任务实施

绘制斜圆管的投影图。

1. 案例示范

以绘制图 6-8a 所示圆柱截切体的投影图为例,分析回转截切体投影图的作图方法与步骤。

分析:圆柱体被铅垂面所截切,因为截平面和圆柱轴线斜交,截交线为椭圆。又因为圆柱面的 W 面投影有积聚性,因此截交线的 W 面投影与圆柱体的 W 面投影重合,即截交线的 W 面投影就在圆周上。因为截平面是铅垂面,所以截交线的 H 面投影与截平面的 H 面投影重合,积聚成直线。在此就可利用截交线的两面投影求其 V 面投影。

作图步骤:

1) 作完整圆柱体的三面投影图,如图 6-8b 所示。
2) 求作截交线。
① 求作特殊点:根据圆柱体表面取点的方法,作出截交线上的最高点Ⅰ、最低点Ⅲ、

最前点Ⅱ、最后点Ⅳ的三面投影，如图6-8b所示。

② 求作一般点：Ⅴ、Ⅵ、Ⅶ、Ⅷ各点为一般点，先在W面投影中定出这些点的W面投影（5″、6″、7″、8″），再在H面投影中定出这些点的H面投影（5、6、7、8），根据点的投影规律作出它们的V面投影（5′、6′、7′、8′），如图6-8c所示。

③ 依次顺滑连点1′、5′、2′、7′、3′、8′、4′、6′即可得截交线的V面投影，如图6-8d所示。

3）完成截切体的投影。擦掉被截掉部分的轮廓线即可得到截切体的投影，如图6-8e所示。

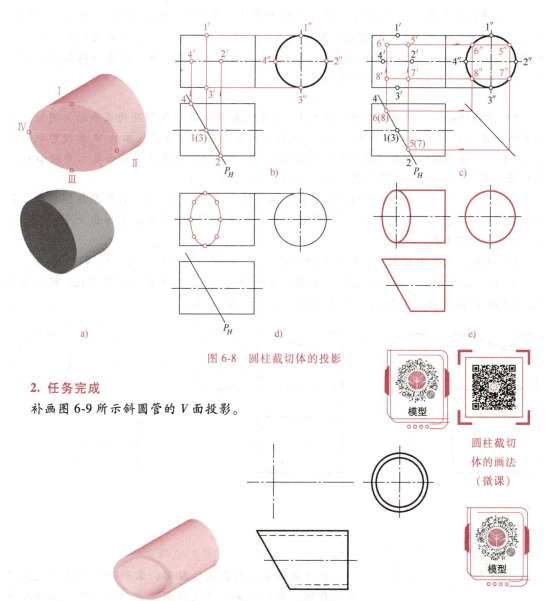

图6-8 圆柱截切体的投影

2. 任务完成

补画图6-9所示斜圆管的V面投影。

图6-9 斜圆管截切体的投影

该斜圆管可以看成是圆管被一个铅垂面截切而成，截交线的 V 面投影是内、外两个椭圆。

首先画出完整圆管的 V 面投影，其次画出内、外两条截交线的 V 面投影，最后擦去被截掉轮廓线的投影即得斜圆管的 V 面投影。

▶ 任务拓展

（一）补全图 6-10 所示的带切口的圆柱体的投影图

1. 分析

圆柱体被正垂面 P_V、Q_V 切割，截交线的 H 面投影分别为两段椭圆弧；正垂面 P_V 与 Q_V 相交，交线为正垂线，其 V 面投影积聚为一点。求作曲面立体表面上的截交线时，先作出截交线上的特殊点（如最高点、最低点、最左点、最右点、最前点、最后点以及轮廓切点等），再作出若干一般点，并判别可见性。

2. 作图步骤

1）求作特殊点：作两正垂面的交线 AB 的两端点 A 和 B 的投影及两正垂面与圆柱体最高素线的交点 C 和 D 的投影。过 $a'(b')$ 点向右作投影连线，与圆柱体的 W 面投影相交得 a'' 点、b'' 点，根据投影关系可求出其水平投影 a、b；由 c' 点、d' 点直接作出其水平投影 c、d 和侧面投影 $d'''(c'')$，c''、d'' 重合为一点，如图 6-10b 所示。

2）求作一般点：在椭圆曲线上适当位置取若干点 E、F、G、H。利用圆柱体表面上取点的方法，由 e' 点、f' 点、g' 点、h' 点作出 e'' 点、f'' 点、g'' 点、h'' 点，再作出 e 点、f 点、g 点、h 点，如图 6-10c 所示。

3）连点：在 H 面投影上，依次光滑地连接 a、e、d、f、b 和 a、g、c、h、b 各点，并用直线连接 a、b 两点。两段椭圆弧以及两正垂面的交线 AB 的 H 面投影均可见，均画成实线。AB 的 W 面投影不可见，$a''b''$ 画成虚线，如图 6-10c 所示。

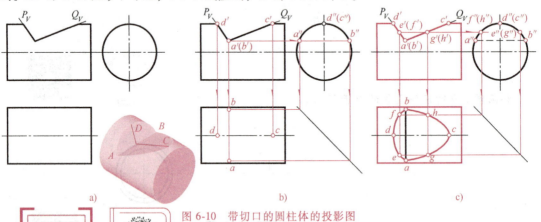

图 6-10 带切口的圆柱体的投影图

补全带切口的圆柱体的投影图（微课）

（二）绘制圆锥截切体的投影

求作圆锥体上截交线的投影，需利用圆锥面上定点的方法作图，即利用素线法或纬圆法求作截交线上若干个点的投影，依次连线，并判别其可见性，最后，整理轮廓线，如图 6-11 所示。

如图 6-12 所示，圆锥体被正垂面 P_V 截切，绘制其水平投影和侧面投影。

1. 分析

由图 6-12 中正面投影可知，正垂面 P_V 与圆锥体的所有素线都相交，截交线为椭圆。椭圆的 V 面投影积聚在平面 P_V 的正面投影上，为一段直线，水平投影和侧面投影均为椭圆，但不反映实形，需求作各点，并连线。

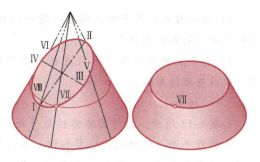

图 6-11 圆锥面上的素线与纬圆

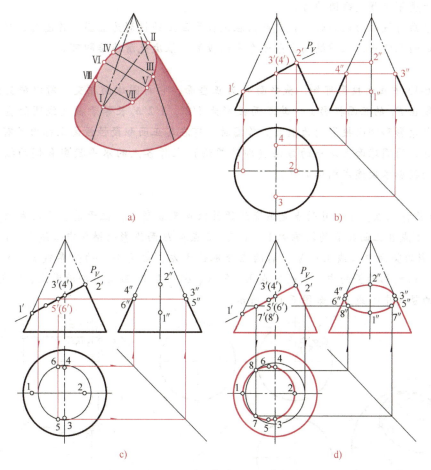

图 6-12 圆锥体被正垂面截切
a) 立体图　b)、c) 求作特殊点　d) 求作一般点

2. 作图步骤

1) 求作特殊点：在正面的积聚性投影上确定特殊点的投影 1′、2′、3′、(4′)，Ⅰ、Ⅱ 为圆锥体正面投影轮廓线上的点，也是椭圆的轴端点；Ⅲ、Ⅳ 两点为圆锥体侧面投影轮廓线上的点，Ⅰ、Ⅱ、Ⅲ、Ⅳ 各点的水平投影和侧面投影可以直接作出；Ⅴ、Ⅵ 两点为椭圆另一轴的端点，5′(6′) 位于 1′2′ 连线的中点上，利用纬圆法求作Ⅴ点、Ⅵ点的水平投影 5、6 和侧面投影 5″、6″。

2）求一般点：在正面上确定一对一般Ⅶ点，Ⅷ点的投影 7′（8′），利用纬圆法求作它们的水平投影和侧面投影。

3）将各点的同面投影依次连成光滑曲线，因切去的部分被移走，所以截交线均为可见，最后整理轮廓线。

（三）绘制圆球截切体的投影

如图 6-13 所示，求作圆球体被截平面 P 截切后的水平投影和侧面投影。

无论截平面与球的相对位置如何，平面与圆球面相交所得截交线只有圆一种形状。当截平面与投影面平行时，截交线圆在该投影面上的投影反映实形，其他两面投影积聚为直线段，线段长度等于截交线圆的直径。

当截平面与投影面倾斜时，截交线圆在该投影面上的投影为椭圆。作图时，只能利用纬圆法在圆球面上定点，求作椭圆上若干个点的投影，依次光滑连接即可。

1. 分析

由图 6-13 中正面投影可知，截平面 P 为正垂面，它与圆球面相交，所以截交线圆的正面投影积聚在 P_V 的正面投影上，其正面投影为 1′2′，1′2′ 的长等于截交线圆的直径；截交线圆的水平投影和侧面投影均为椭圆。作图时，可在其正面积聚性投影上标出所有特殊点和两个一般点，用圆球面上定点的方法（即纬圆法）求作各点的水平投影和侧面投影，再将它们的同面投影依次连成椭圆曲线。

2. 作图步骤

1）求作特殊点。Ⅰ、Ⅱ两点是截交线的最低点及最高点，位于前、后两半球的分界线上。1′点、2′点在正面投影的轮廓圆上，1点、2点在 H 面投影的横向中心线上，1″点、2″点在 W 面投影的竖向中心线上；Ⅴ、Ⅵ两点分别位于左、右两半球的分界线上。5′（6′）在截交线与 V 面投影的竖向中心线的交点上，5″点、6″点在 W 面投影轮廓圆上，5点、6点在 H 面投影的竖向中心线上，如图 6-13b 所示。

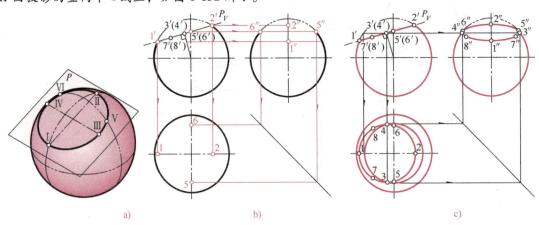

图 6-13　平面与圆球体相交
a）立体图　b）、c）投影作图

利用纬圆法求作截交线最前、最后点：Ⅲ、Ⅳ两点分别是截交线上的最前、最后点。3′（4′）在线段 1′2′ 的中点；过 3′（4′）作水平辅助圆的 V 面投影，该圆的 H 面投影反映实形，过 3′（4′）作垂直于 OX 轴投影连线与辅助纬圆的水平投影相交，交点3、4即为所求，再由3′点、4′点和3点、4点求得3″点、4″点，如图6-13c所示。

1点、2点和3点、4点是H面投影上椭圆的轴的端点，1″点、2″点和3″点、4″点是W面投影上椭圆的轴的端点。

2）求一般点：在V面积聚性投影上确定一对一般点Ⅶ点、Ⅷ点的投影7′(8′)，同样利用纬圆法求Ⅶ点、Ⅷ点的H面、W面投影，如图6-13c所示。

3）将所求各点的同面投影依次连成椭圆曲线，即求得截交线圆的水平投影和侧面投影。

4）整理形体的轮廓线：圆球体的水平投影的轮廓圆未被切割，应绘制完整的粗实线圆；侧面投影轮廓圆绘至5″点、6″点为止。

素质拓展

五峰山长江大桥——世界上首座高速铁路悬索桥

五峰山长江大桥于2020年12月11日建成通车，是连镇高铁跨越长江的关键工程，大桥北起镇江市丹徒区高桥镇，南至镇江市新区五峰山脚下。

五峰山长江大桥全长6409m，主跨1092m，南岸主塔高191m，北岸主塔高203m。五峰山长江大桥是一座公铁两用桥，上层为双向八车道高速公路，设计时速为100km，下层为四线高速铁路，设计时速为250km。

五峰山长江大桥——世界上首座高速铁路悬索桥

这座大桥创造了多项"世界第一"：世界上首座高速铁路悬索桥；世界上荷载最大的铁路悬索桥；世界上主缆直径最大的悬索桥；世界上陆地沉井基础面积最大的悬索桥；世界首座采用板桁结合新型加劲梁结构的公铁两用悬索桥等。

五峰山长江大桥在建设中，采用了多项新工艺、新技术，创造了多项世界纪录。同时在国际上率先建立起中国高速铁路悬索桥的设计理念、计算方法和相关技术标准。它的建成通车，在我国乃至世界铁路桥梁建设史上具有里程碑意义。

复习思考题

1. 平面立体被平面所截，截交线是（　　　）线。
2. 求平面立体的截交线，就是求（　　　）交点，然后依次连接即得截交线。
3. 平面与圆柱面相交，产生哪几种截交线？
4. 平面与圆锥面相交，产生哪几种截交线？
5. 平面与圆球面相交，产生哪几种截交线？

项目七

绘制工程中相贯体的投影

项目目标

知识目标	1. 了解相贯体、相贯线的含义 2. 理解各种相贯线的投影特性
能力目标	1. 掌握两平面立体相交形成的相贯体投影图的作图方法 2. 掌握平面立体与回转体相交形成的相贯体投影图的作图方法 3. 能根据相贯体的两面投影绘制其第三面投影
素质目标	在绘图过程中,提高动手能力,进一步养成认真、细致的习惯

项目描述

工程上的许多结构物是由多个基本体相交而成的。如图 7-1a 所示为桥墩中系梁与桩柱相交的情况,图 7-1b 所示为检查井与排水管相交的情况。

本项目以工程中的相贯体为载体,以绘制相贯体的三面投影图为任务,掌握道路工程中常见相贯体投影图的作图方法。

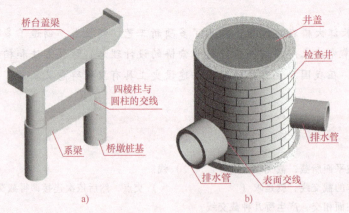

图 7-1 工程上中的相贯体

任务一　绘制房屋模型的投影

任务提出

绘制房屋模型的投影图。
1) 理解相贯体、相贯线的含义。
2) 掌握绘制两平面立体相贯形成的相贯体投影图的作图方法。

相关知识

一、相贯体与相贯线

相交的两立体称为相贯体，两立体表面的交线称为相贯线。

相贯线是两立体表面的共有线，相贯线上每一个点都是两立体表面的共有点，称为相贯点，且相贯线是两立体表面的分界线。根据这一性质求相贯线的问题，实际上可归结为求两相贯体表面上一系列共有点的问题。

二、绘制两平面立体相贯的投影

两平面立体相交的相贯线，一般情况下为由直线段组合而成的封闭的空间折线（空间多边形），如图 7-2a 所示；当一个平面立体的几个棱面只穿过一个立体的同一个棱面时，相贯线为封闭的平面多边形，如图 7-2b 所示；当两立体有一公共表面时，相贯线为一组不封闭的折线，如图 7-2c 所示。

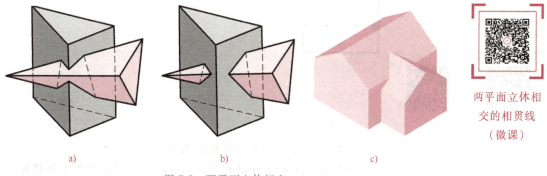

两平面立体相交的相贯线（微课）

a)　　　　　　b)　　　　　　c)

图 7-2　两平面立体相交

构成折线的每一条直线，就是两个平面立体有关棱面彼此相交的交线。折线上的各个折点就是贯穿点，也就是一个立体的棱线与另一个立体的棱面的交点。

因此，求两个平面立体相贯线的方法可归纳为以下两种：
1) 求作甲、乙两立体相应棱面之间的交线。
2) 作出全部多边形的顶点（贯穿点）后，再依次相连。

作相贯线时还应注意以下三点：

1) 连接相贯线上的点时，只有位于甲立体的同一个棱面上而又同时位于乙立体的同一个棱面上的两点才可以相连接。

2) 相贯线可见性的判别，必须是产生该相贯线段的两立体表面的同面投影同时可见时，该相贯线段的投影才可见，用实线表示，但只要有一个面的同面投影为不可见时，该相贯线的投影为不可见，用虚线表示。

3) 在作出相贯线后，还要注意两立体投影重合处，凡参加相交的棱线的投影，都要画到贯穿点为止，并判别其可见性。因此，当相贯线的投影作出后，还应补全相贯体的投影。

任务实施

1. 案例示范

以图 7-3a 所示房屋模型为例，介绍作图方法与步骤。

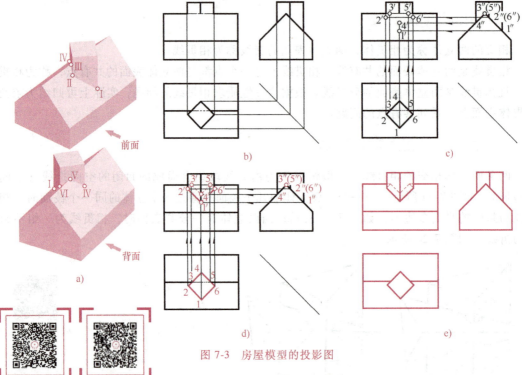

图 7-3 房屋模型的投影图

屋面与烟囱相贯体的投影分析（微课）　绘制房屋模型的投影图（微课）

分析：

1) 该房屋模型是四棱柱和五棱柱的相贯体。

2) 四棱柱和五棱柱相交，形成一个空间六边形 Ⅰ Ⅱ Ⅲ Ⅳ Ⅴ Ⅵ 的相贯线。四棱柱的四条棱线贯穿五棱柱的两个棱面，因为四棱柱没有从五棱柱中穿出，所以只形成一组相贯线。

3) 五棱柱有一条棱线参与了相贯，产生两个贯穿点；四棱柱有四条棱线参与相贯，产生四个贯穿点。所以一共有六个贯穿点。

4) 五棱柱的 W 面投影有积聚性，与相贯线重合；四棱柱的 H 面投影有积聚性，与相贯线重合。因此只需求相贯线的 V 面投影。

5)从投影图中得知,相贯线左右对称,前后不对称。

作图步骤:

1)绘制两棱柱的投影图,如图 7-3b 所示。

2)求作贯穿点:相贯线的 W 面投影与五棱柱的 W 面投影重合;相贯线的 H 面投影与四棱柱的 H 面投影重合,因此只需求相贯线的 V 面投影。利用点的 H 面、W 面投影可作出它们的 V 面投影,如图 7-3c 所示。

3)连相贯线:根据两个交点均在两立体的同一棱面上才可以连线的原则,在 V 面投影上连接 1′、2′、(3′)、(4′)、(5′)、6′、1′各点,得到相贯线的投影。

4)判别可见性:根据相贯线可见性的判别原则,相贯线段ⅠⅡ和ⅠⅥ属于五棱柱及四棱柱的可见棱面上,故 1′2′和 1′6′可见,用粗实线表示,相贯线段ⅡⅢ、ⅢⅣ、ⅣⅤ、ⅤⅥ位于四棱柱的两后侧棱面上,四棱柱后侧棱面为不可见棱面,故 2′3′、3′4′、4′5′、5′6′均不可见,用虚线表示,如图 7-3d 所示。

5)整理:把参与相贯的棱线的投影连至贯穿点,并判断其可见性,如图 7-3e 所示。

2. 任务完成

图 7-4 所示为房屋模型及其两面投影,补画其第三面投影。

 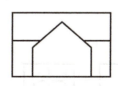 

图 7-4 房屋模型的投影图

任务二 绘制桥墩桩基础的投影

任务提出

绘制桥墩桩基础的投影图。

1)掌握平面立体与曲面立体相贯线的特点及作图方法。
2)掌握平面立体与曲面立体相贯形成的相贯体的投影图的作图方法。

相关知识

平面立体与曲面立体相交的相贯线一般是由若干段平面曲线或直线与平面曲线所组成的

求平面体与回转体相贯线的方法（微课）

空间闭合线。构成相贯线的每一条线段是平面立体参与相贯的棱面与曲面立体表面的截交线。各线段的转折点就是平面立体上参与相贯的棱线与曲面立体的贯穿点。

因此，求作平面立体与曲面立体相交所产生的相贯线的问题，可归结为以下两种方法：

1）求作平面立体参与相贯的棱线与曲面立体表面的交点（贯穿点），再由贯穿点连成相贯线。

2）求作平面立体参与相贯的棱面与曲面立体表面产生的截交线，这些截交线的组合即为相贯线。

任务实施

1. 案例示范

以图 7-5a 所示圆柱体与四棱柱的相贯体为例，介绍作图方法与步骤。

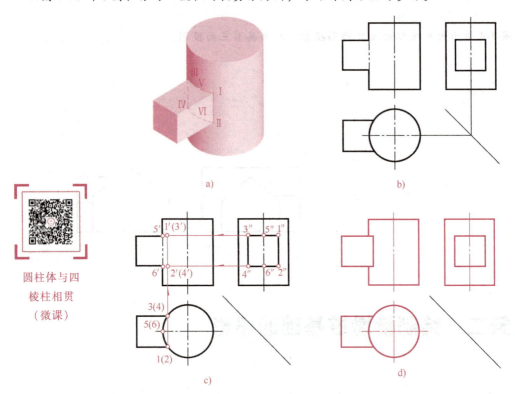

圆柱体与四棱柱相贯（微课）

图 7-5　圆柱体与四棱柱相贯

分析：圆柱体与四棱柱相贯，相贯线是一个空间四边形，前后对称。相贯线的 H 面投影与圆柱体的 H 面投影重合，相贯线的侧面投影与四棱柱的侧面投影重合，因此只需求出其 V 面投影。

作图步骤：

1）画四棱柱与圆柱体的投影图，如图 7-5b 所示。

2）求作贯穿点：四棱柱的四条棱线都参与了相贯，产生四个贯穿点 Ⅰ、Ⅱ、Ⅲ、Ⅳ，四个贯穿点的 W 面投影 1″、2″、3″、4″和 H 面投影 1、2、3、4 可直接确定，根据各点的 W 面、H 面投影作出它们的 V 面投影，如图 7-5c 所示。

Ⅴ点、Ⅵ点是圆柱体最左素线与四棱柱上下棱面的交点，是相贯线上的最左点，也是正面投影上相贯线可见与不可见的分界点。因其在最左轮廓素线上，5′点、6′点可直接求得。

3) 依次连接 1′、2′、6′、（4′）、（3′）、5′、1′，其中 1′5′3′ 和 2′6′4′ 为两段圆弧的投影，与四棱柱的上、下表面的投影重合，如图 7-5d 所示。

4) 去掉圆柱体最左素线落在相贯线左侧的投影。

2. 任务完成

图 7-6 所示为桥墩桩基础（桥墩桩基与系梁的相贯体）的立体示意图及其两面投影，补画其第三面投影。

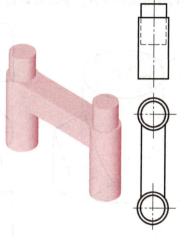

图 7-6　桩基与系梁相贯体的投影

任务拓展

求图 7-7a 所示圆柱体与三棱柱相贯体的三面投影。

1. 分析

1) 圆柱体与三棱柱相贯，相贯线是前后两个空间三边形，前后对称。相贯线的 H 面投影与圆柱体的 H 面投影重合，相贯线的 V 面投影与三棱柱的 V 面投影重合，因此只需作出其 W 面投影。

2) 三棱柱的三个棱面都参与了相贯，它们与圆柱体产生三段截交线。其中，三棱柱的水平棱面与圆柱体产生的截交线为圆曲线，侧面投影为一段直线；左侧棱面与圆柱体产生的截交线为部分椭圆弧，右侧的水平投影面与圆柱体产生的截交线为平行于圆柱轴线的直线段。

2. 作图步骤

因前、后两组相贯线的作图方法完全相同，下面以前面一组相贯线为例，说明其作图步骤。

1) 画三棱柱与圆柱体的三面投影图，如图 7-7b 所示。

2) 求作贯穿点：三棱柱的三条棱线都参与了相贯，产生六个贯穿点，其中Ⅰ、Ⅱ、Ⅲ三点，在前半个圆柱面上，三个贯穿点的 V 面投影 1′、2′、3′ 和 H 面投影 1、2、3 可直接确定，根据各点的 V 面、H 面投影作出它们的 W 面投影，如图 7-7c 所示。

3) 求作特殊点：Ⅳ、Ⅴ两点位于圆柱体最前轮廓素线上，是相贯线上的最前点，也是 W 面投影上相贯线可见与不可见的分界点。因其在最前轮廓素线上，4′点、5′点及 4″点、5″点可直接求得。

4) 求作一般点：为作图准确还可以求取相贯线上一般点的三面投影（略）。

5) 连相贯线：依次光滑连接 1″点、4″点、2″点，1″4″2″ 为椭圆弧的投影，4″2″位于左半个圆柱面上及三棱柱的左侧棱面上，W 面投影可见，1″4″位于右半个圆柱面上，W 面投影不可见；用直线连接 1″点、3″点，1″3″位于右半个圆柱面上及三棱柱的右侧棱面上，W 面投影不可见；用直线连接 2″点、5″点、3″点，2″5″可见，5″3″不可见。

6）整理：连接三棱柱上参与相贯的棱线到贯穿点，如图 7-7d 所示；连接圆柱体最前、最后的轮廓线到 4″点。整理后如图 7-7e 所示。

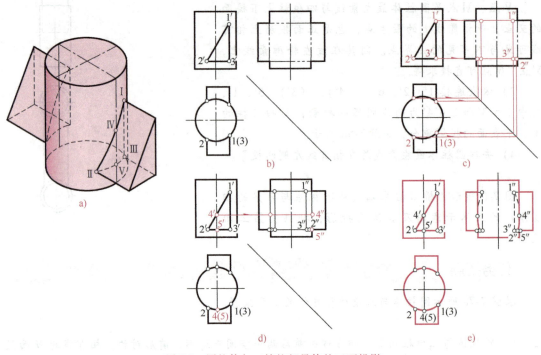

图 7-7　圆柱体与三棱柱相贯体的三面投影

任务三　绘制三通管接头的投影

任务提出

绘制三通管接头的投影图。
1）掌握两曲面立体相贯线投影的特点及画法。
2）掌握两曲面立体相贯形成的相贯体的投影图的画法。

相关知识

绘制两曲面立体的相贯线的方法（微课）

两曲面立体相交时，相贯线一般是光滑的、闭合的空间曲线，特殊情况下是平面曲线或直线。

在求作相贯线上的点时，先确定它的特殊点，即能够确定相贯线的投影范围和变化趋势的点。然后，根据需要，求作相贯线的一些中间点，再依次光滑相连，求得相贯线的投影。

两曲面立体相交，如果其中一个是轴线垂直于投影面的圆柱体，则相贯线在该投影面上的投影有积聚性，与圆柱体的投影重合，即相贯线的一个投影已知。于是,求作圆柱体和另一曲面立体相贯线的投影时,就可以在相贯线的积聚投影上取一些点,按曲面立体表面取点的方法,求得相贯线的其他投影。

任务实施

(一) 案例示范

以图 7-8a 所示两正交圆柱相贯体为例,介绍作图方法与步骤。

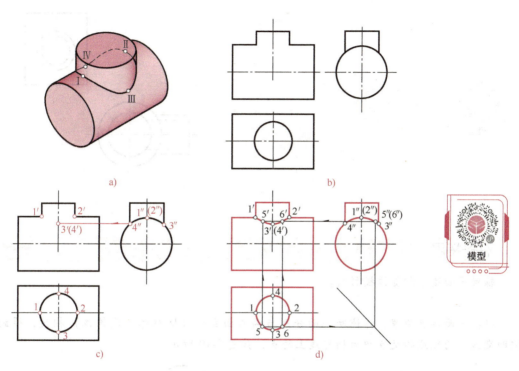

图 7-8 两正交圆柱的相贯线
a) 立体图 b) 已知条件 c) 作图过程 d) 作图结果

1. 分析

这两圆柱体的轴线垂直相交,有共同的前后对称面、左右对称面,因而相贯线也是一条封闭的前后对称、左右对称的空间曲线。

因为小圆柱体的轴线垂直 H 面,在 H 面上的投影积聚成圆,所以相贯线的 H 面投影与该圆重合。又因为大圆柱体的轴线与 W 面垂直,在 W 面上的投影积聚成圆,相贯线的 W 面投影与大圆柱体的 W 面投影重合,为一段圆弧。因此,只需求作相贯线的 V 面投影。

2. 作图步骤

1) 绘制两圆柱体的三面投影图,如图 7-8b 所示。

2) 求作特殊点:最高点Ⅰ、Ⅱ(既是最左、最右点,又是大圆柱体和小圆柱体轮廓线上的点)的正面投影 1′、2′可以直接定出,最低点Ⅲ、Ⅳ(既是最前、最后点,又是侧面投影中小圆柱体轮廓线上的点)的正面投影 3′、4′可根据侧面投影 3″、4″作出,如图 7-8c 所示。

3) 求作一般点:Ⅴ、Ⅵ两点为相贯线的两个一般点,从 H 面投影 5、6 求得 W 面投影 5″、6″,进而求得 V 面投影 5′、6′。

4）连相贯线：在 V 面投影中顺次光滑连接 1′、5′、3′、6′、2′（1′4′2′ 与 1′5′3′6′2′ 重合），即为所求相贯线的 V 面投影。

5）判别可见性：由于相贯线是对称的，前后两部分的 V 面投影重合，所以用实线连接，完成相贯体的投影，如图 7-8d 所示。

（二）任务完成

图 7-9 所示为三通管的立体示意图及其两面投影，补画其第三面投影。

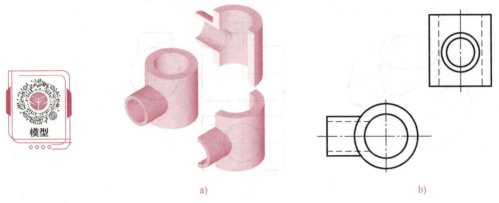

图 7-9　三通管的立体示意图及其两面投影

任务拓展

辅助平面法求相贯体投影图。

1. 作图方法

根据三面共点原理，作辅助平面分别与两曲面立体（圆柱体、圆锥体）相交，得到两辅助交线，两交线的交点即为相贯线上的点，如图 7-10 所示。

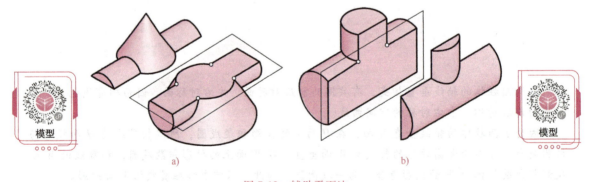

图 7-10　辅助平面法

为了作图简便，选择辅助平面时，必须使其与两个曲面立体所产生的截交线投影为直素线或圆。具体步骤如下：

1）在两立体相贯的公共部位，作一辅助平面（一般为投影面的平行面或垂直面）。

2）求作辅助平面与两立体的截交线。

3）求作两截交线的交点，即为共有点，也就是所求相贯线上的点。

重复以上步骤，则可以求作一系列共有点，即可求得相贯线。

需要注意：为了准确求作某些特殊点，应考虑将辅助平面设在通过立体轮廓线或公共对称平面等位置上。

2. 任务实施

如图 7-11 所示，求圆柱与圆锥相贯体的投影。

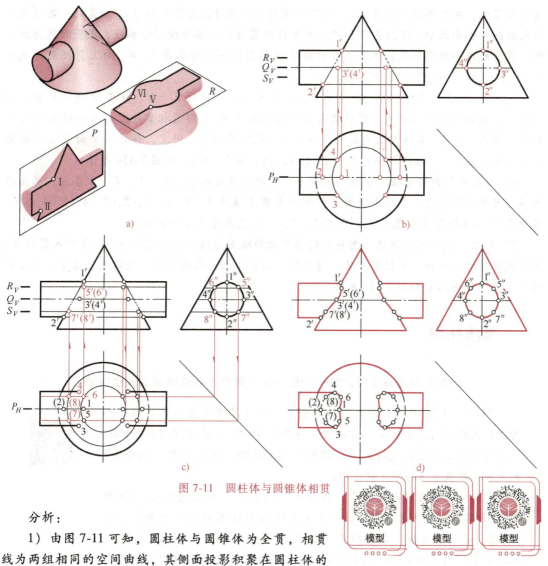

图 7-11 圆柱体与圆锥体相贯

分析：

1）由图 7-11 可知，圆柱体与圆锥体为全贯，相贯线为两组相同的空间曲线，其侧面投影积聚在圆柱体的侧面投影轮廓圆上，只需求其水平投影和正面投影。

2）由投影图可知相贯线前后、左右对称，正面投影前、后重叠，水平投影为两组完全相同的封闭曲线。

3）可选择辅助平面法求共有点。首先，选择过圆锥体和圆柱体轴线的正平面 P（公共对称平面）作为辅助平面，这也是唯一可选的辅助正平面，其与两立体的截交线是它们各自的 V 面投影转向轮廓线，其交点是最高、最低共有点。其次，选择垂直于圆柱体轴线的水平面作其他辅助平面，辅助水平面与圆锥体和圆柱体的截交线是水平圆和直素线，其交点就是所求相贯线上的共有点。

作图步骤：

1) 绘制圆柱体与圆锥体的三面投影图。

2) 求特殊点：首先，过公共对称平面作正平面 P，平面 P 截两立体均为 V 面投影转向轮廓线，它们的 V 面投影的交点 $1'$、$2'$ 即为相贯线上最高及最低点的 V 面投影（只标注左侧这组相贯线，右侧同时对称作出），向下引投影连线至 P_H 上得 1 和（2）。其次，再过圆柱体的轴线作水平面 Q，得到点 $3''$、$4''$，平面 Q 截圆柱体为水平投影轮廓线、截圆锥体为水平圆，该圆的水平投影与圆柱体水平投影轮廓线相交得一对特殊点 3、4，向上引投影连线至 Q_V 上得 $3'(4')$，如图 7-11b 所示。

3) 求一般点：在特殊点之间适当的位置作水平面 R，得 $5''$、$6''$。平面 R 截圆柱体为两平行线，截圆锥体为水平圆，它们的 H 面投影的交点 5、6 即为相贯线上的两一般点的 H 面投影。然后由 5 点、6 点向上引投影连线至 R_V 求得 $5'(6')$。同理，再作与平面 R 上下对称的另一水平面 S，可求得另一对共有点（7）、（8）和 $7'(8')$，如图 7-11c 所示。

4) 连线并判别可见性：在正面投影中，依次光滑连接 $1'$、$5'$、$3'$、$7'$、$2'$ 各点，并与后侧不可见的线段重叠。在水平投影中，依次光滑连接点 1、5、3、7、2、8、4、6、1 各点，其中 3 7 2 8 4 段为不可见，其余为可见，3 点、4 点为可见性分界点。

5) 整理两立体的轮廓线：圆柱体的水平投影轮廓素线从左侧自 3 点、4 点贯入圆锥体，至右侧其对称点穿出，且投影可见。圆柱体、圆锥体的正面投影轮廓线均至交点 $1'$、$2'$ 及对称点为止。作图结果如图 7-11d 所示。

素质拓展

德余高速乌江特大桥——世界最大跨度上承式钢管混凝土拱桥

2023 年 7 月 10 日，贵州德江至余庆高速公路重点控制性工程——乌江特大桥顺利建成通车。乌江特大桥全长 1834m，主桥跨度为 504m，为当时世界上跨度最大的上承式钢管混凝土拱桥。这座拥有"钢脊梁"的大桥，涉及 1.3 万多 t 钢结构。

德余高速乌江特大桥——世界最大跨度上承式钢管混凝土拱桥

乌江特大桥在建设过程中，将 BIM、5G 通信、物联网技术、3D 打印、AR 技术、无人机 +720 云全景等先进信息技术与生产相融合，以"科技引领"为主题，在大桥附近建造了"乌江特大桥智慧建造馆"。依托这个"智慧指挥部"，推动实现项目安全质量管理信息化、场地布置合理化、进度调整动态化、工序交底可视化、监控测量实时化，助力将项目打造成品牌工程。

德余高速乌江特大桥坚持高精度、严要求建设，为同类型桥梁建造提供了可推广借鉴的技术经验。它的顺利建成通车，将进一步提高区域交通通行能力和服务水平，对促进沿线产业结构升级、资源开发利用、旅游产业发展具有重要意义。

复习思考题

1. 两平面立体相交的相贯线，一般情况下为由（　　）组合而成的封闭的空间折线。

2. 当一个平面立体的几个棱面只穿过一个立体的同一个棱面时，相贯线为封闭的（　　）多边形，当两立体有一公共表面时，相贯线为一组（　　）的折线。

3. 平面立体与曲面立体相交的相贯线一般是由若干段平面曲线或直线与平面曲线所组成的（　　）闭合线。

4. 两曲面立体相交时，相贯线一般是（　　）空间曲线，特殊情况下是平面曲线或直线。

项目 八

绘制与识读道路工程中组合体投影

项目目标

知识目标	1. 了解组合体的组合形式 2. 掌握组合体表面连接处的作图方法 3. 掌握各种组合体的作图及识图方法
能力目标	1. 能绘制道路工程中常见组合体的投影图 2. 能识读道路工程中常见组合体的投影图（根据两面投影绘制其第三面投影）
素质目标	绘制组合体的投影图时，注意布图的平衡、匀称，选择标准的线型及线宽组合，使图形既有整齐划一的和谐美，又有主次分明的韵律美

项目描述

道路工程中的构件大多数都是由若干基本体组合而成的形体（组合体），如图 8-1 所示桥梁的桥墩、桥台、T 梁、栏杆等。组合体的组合形式不同，其作图和读图方法也不同。

本项目以道路工程中常见组合体为载体，以绘制、识读各种组合体投影图为任务，掌握绘制与识读组合体投影图的方法。

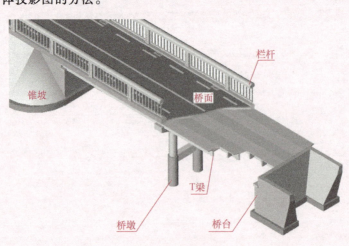

图 8-1　桥梁构件

项目八 绘制与识读道路工程中组合体投影   115

任务一　绘制道路工程中组合体的投影

任务提出

本任务以道路工程中常见组合体的投影图为例,掌握各种组合体投影图的作图方法。
1. 根据桥墩的立体图,绘制其三面投影图。
1)了解组合体的类型,掌握组合体表面连接处的画法。
2)掌握组合体投影图的作图步骤。
3)掌握叠加型组合体投影图的作图方法。
2. 根据栏杆柱的立体图,绘制其三面投影图,掌握切割型组合体投影图的作图方法。
3. 根据栏杆的立体图,绘制其三面投影图,掌握综合型组合体投影图的作图方法

相关知识

一、分析组合体类型

1. 叠加型

图 8-2 所示的桥墩是由桥墩盖梁(棱柱体)、桥墩立柱(圆柱体)、桥墩系梁、桥墩桩基(圆柱体)四部分叠加而成的组合体。

2. 切割型

如图 8-3a、b 所示的组合体,都可看成一个基本体(长方体)被几个平面或曲面切割而成。图 8-3a 所示的组合体(栏杆柱)是四棱柱前后各被切去一个八棱柱形成的;图 8-3b 所示的组合体(栏杆花板)是长方体被切去三个柱体后形成的。

3. 综合型

如图 8-4 所示桥梁的栏杆,由栏杆柱、栏杆花板、栏杆扶手、基础四部分叠加而成,而栏杆柱和栏杆花板部分又是棱柱体被切割形成的,是综合型的组合体。

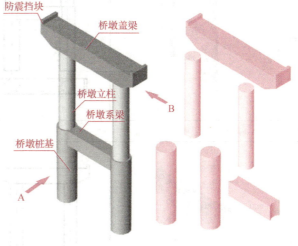

图 8-2　叠加型组合体

二、组合体两表面的连接形式及连接处的画法

形成组合体的相邻两基本体表面产生的连接形式可分为平齐、相错、相切和相交等几种,表面连接处的画法见表 8-1。

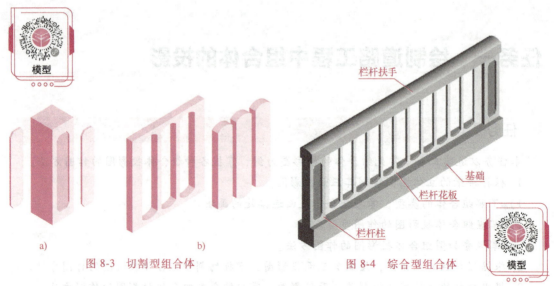

图 8-3　切割型组合体　　　　图 8-4　综合型组合体

表 8-1　组合体两表面连接处的画法

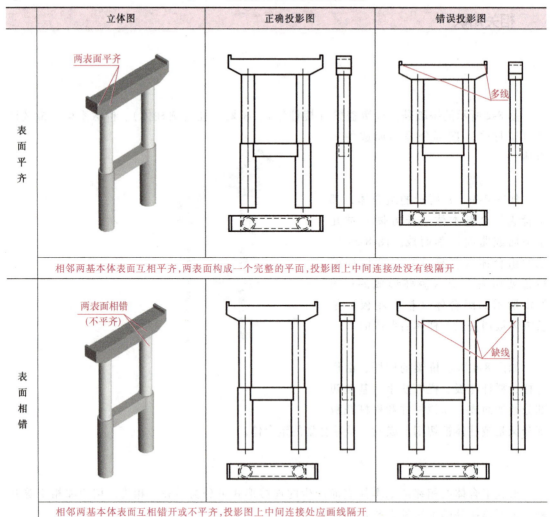

(续)

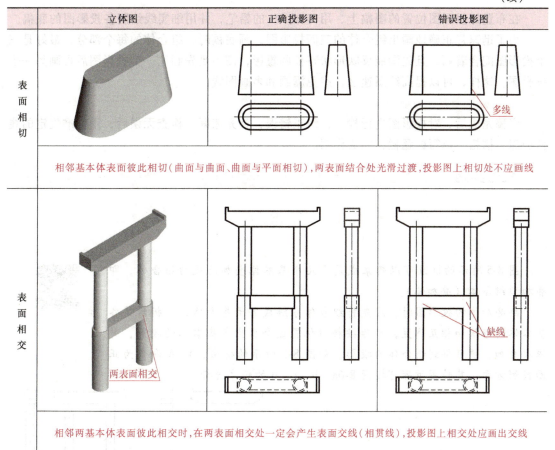

三、画组合体投影图的步骤

1. 确定立面图

投影图随形体放置和立面图方向的不同而改变,一般应按工程中的自然位置放置立面图,应把能较多地反映出组合体形状和位置特征的某一面作为立面图的投影方向,并尽可能使形体上主要面平行于投影面,以便使投影能得到实形,同时还要兼顾其他两个投影图表达的清晰性,即尽可能减少其他投影图中的虚线。

以图 8-2 所示桥墩为例,以 A 向作为立面图的方向,即符合上述要求;如果是在桥型布置图中的桥墩,就应以 B 向作为立面图的方向,因为此时重点是表达整个桥梁。

2. 选比例、定图幅

投影图确定后,还要根据组合体的总体大小和复杂程度,按《国标》规定选择适当的图幅和比例。

3. 布置投影图

在布图时,根据所选比例和组合体的总体尺寸,可粗略算出各投影图范围大小,并布置匀称图面。考虑标注尺寸和注写文字的位置后,再作适当调整,便可定出各投影图的对称线、主要端面轮廓线的位置,作为作图基准线,布图要求平衡、匀称、协调。

4. 画底图

在布置好投影图位置的图幅上，用 H 或 2H 的铅笔，并用细实线绘制各投影图的底稿。

为了迅速且正确地画出组合体的三面投影图，画底稿时，组合体的每个部分，最好是三个投影图配合着画，且先画能反映形状特征的投影，而不是先画完一个投影图后再画另一个投影图。这样，可以提高绘图速度，避免漏画和多画图线。

5. 检查、描深，完成作图

底稿完成后，对投影图进行检查，纠正错误，补充遗漏。检查无误后，用标准规定的线型加深、描粗，填写标题栏，完成作图。

▶▶ 任务实施

一、绘制桥墩（叠加型组合体）的投影图

1. 案例示范

图 8-5 所示的桥墩可以想象成是由几个基本体叠加而成的组合体，即叠加型组合体（叠加体）。

画叠加体的投影图时，应先将组合体分解成若干基本体，分析清楚各基本体的形状和相互位置，然后按相对位置逐个画出各基本体的投影，并依次叠加，便可得到组合体的投影。如图 8-5 所示的桥墩，以 A 向作为正面投影方向，其作图步骤可按图 8-6a、b、c、d 的顺序进行。

绘制桥墩（叠加体）投影图（微课）

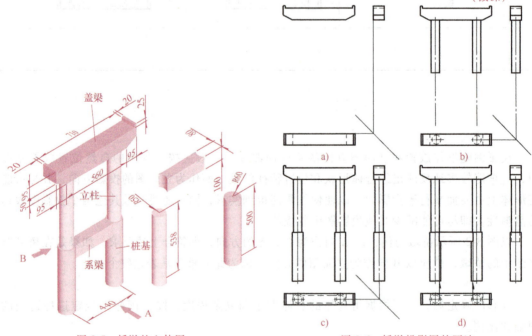

图 8-5　桥墩的立体图　　　　图 8-6　桥墩投影图的画法

画盖梁部分的投影时，盖梁的 V 面投影反映形状特征，所以先画其 V 面投影；立柱与桩柱的形状特征都集中在 H 面投影上，所以画立柱与桩基的投影时，先画 H 面投影，再画其他投影。画系梁的投影时，先画 W 面投影和 H 面投影，再画 V 面投影，注意立柱、桩基

及系梁在 H 面投影中被盖梁遮挡，这时要将被遮挡的轮廓线画成虚线。

各基本体的投影叠加完成后，特别要注意表面连接处的处理，不同连接形式的连接处画法不同，见表 8-1。被遮挡部分的轮廓线要画成虚线。

2. 任务完成（请同学们独立完成）

1）根据图 8-7 所示桥墩的立体图及尺寸，选择合适的比例在 A4 图纸上绘制其三面投影图，图中的尺寸单位为 cm。

2）以 A 向或 B 向作为立面图的方向绘制投影图。

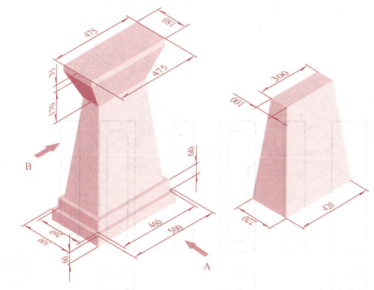

图 8-7　桥墩的立体图及尺寸

二、绘制栏杆柱（切割型组合体）的投影图

1. 案例示范

下面以图 8-8a 所示栏杆柱为例，说明切割型组合体的作图方法与步骤。

图 8-8a 所示的栏杆柱可以想象成是由基本体切割而成的组合体，即切割型组合体（切割体）。该栏杆柱是四棱柱被前后各切去一个八棱柱而形成的形体。

画切割体的投影图时，可先画出原始基本体四棱柱的投影，然后根据被切割部分的形状、定形尺寸（确定形状的尺寸）及定位尺寸（确定位置的尺寸）画出被切割后形体的投影，桥梁栏杆柱的投影图可以按照图 8-8b、c、d、e 的顺序进行。

2. 任务完成（请同学们独立完成）

根据图 8-9 所示栏杆柱的立体图及尺寸，按 1∶10 的比例绘制其三面投影图，图中的尺寸单位为 cm。

三、绘制栏杆（综合型组合体）的投影图

1. 案例示范

如图 8-10a 所示的桥梁栏杆由基础、栏杆立柱、栏杆花板、栏杆扶手组成，而栏杆立柱、栏杆花板又是由基本体被切割形成的，所以该栏杆是综合型组合体。

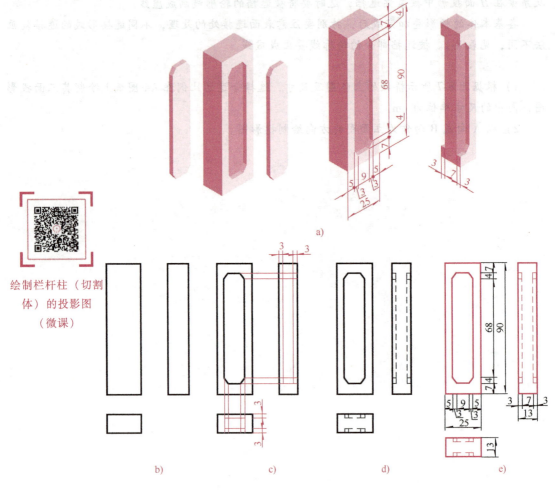

绘制栏杆柱（切割体）的投影图（微课）

图 8-8 栏杆柱的投影图

图 8-9 栏杆柱的立体图及尺寸

项目八　绘制与识读道路工程中组合体投影　121

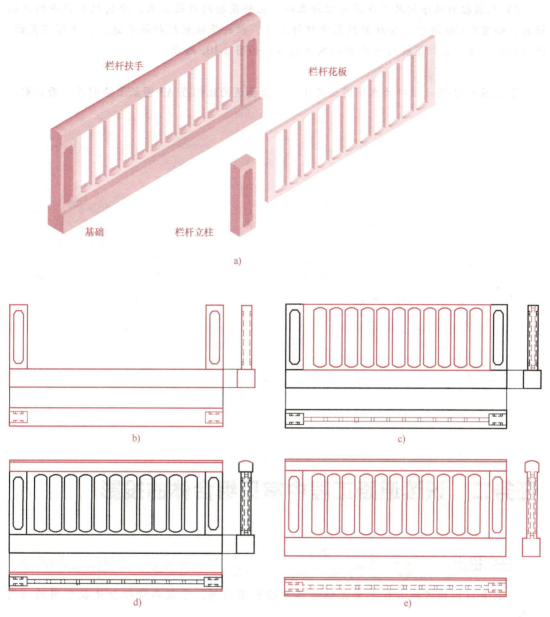

图 8-10　绘制栏杆的投影图

综合型组合体投影图的画法和叠加体的画法相同，根据各部分的相对位置逐个画出组合体各组成部分的三面投影。

1）首先绘制基础的三面投影图，如图 8-10b 所示。

2）根据栏杆柱与基础左右侧表面平齐关系及前后方向的对称关系，在栏杆基础投影之上绘制栏杆柱的三面投影，如图 8-10b 所示。

3）根据栏杆花板的尺寸及其与基础的对称关系，在基础的投影之上及栏杆立柱之间绘制花板的三面投影，在 W 面投影中栏杆花板被左侧栏杆柱遮挡，其投影不可见，所以栏杆花板的 W 面投影改为虚线，如图 8-10c 所示。

4）根据栏杆扶手的尺寸及其与栏杆立柱、栏杆花板的对称关系，绘制栏杆扶手的三面投影，如图 8-10d 所示。在 H 面投影中栏杆立柱、栏杆花板被栏杆扶手遮挡，是不可见的，所以栏杆立柱、栏杆花板的 H 面投影改为虚线，如图 8-10e 所示。

2. 任务完成（请同学们独立完成）

根据图 8-11 所示栏杆的立体图及尺寸，选择合适的比例在 A3 图纸上绘制其三面投影。

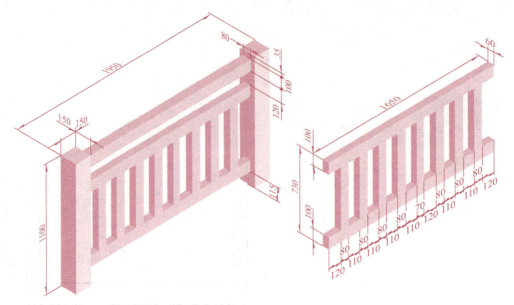

图 8-11 栏杆的立体图及尺寸

任务二　识读道路工程中常见组合体的投影

▶ 任务提出

本任务以识读道路工程中常见组合体的投影图为例，掌握各种组合体投影图的读图方法。

1）识读桥台翼墙、T 梁、石拱涵端墙的投影图，掌握柱状体投影图的识读方法。
2）识读涵洞端墙的投影图，掌握叠加体投影图的识读方法。
3）识读八字翼墙的投影图，掌握切割体投影图的识读方法。

▶ 相关知识

读图就是要根据给出的投影图想象出形体的空间形状。根据空间形体绘制其三面投影图是制图学习的第一次飞跃，由三面投影图想象空间形体是第二次飞跃。读图的难度远大于画图的难度。

识读组合体投影图的要点见表 8-2。

表 8-2　识读组合体投影图的要点

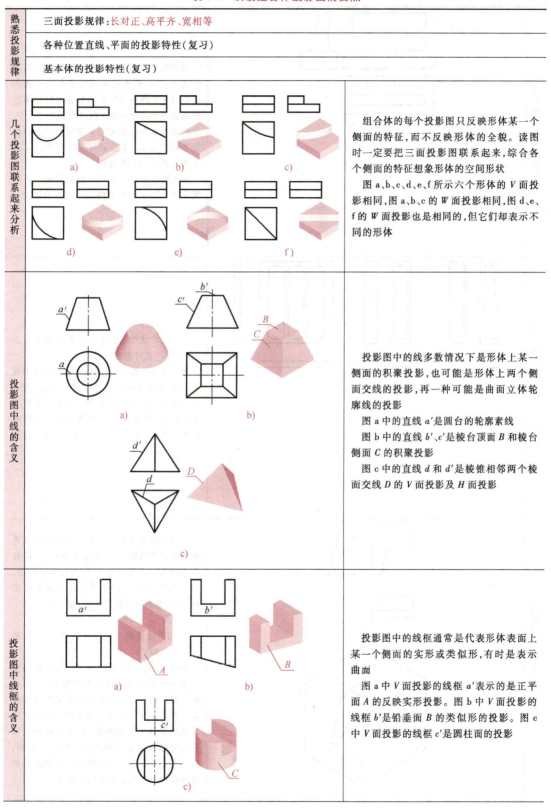

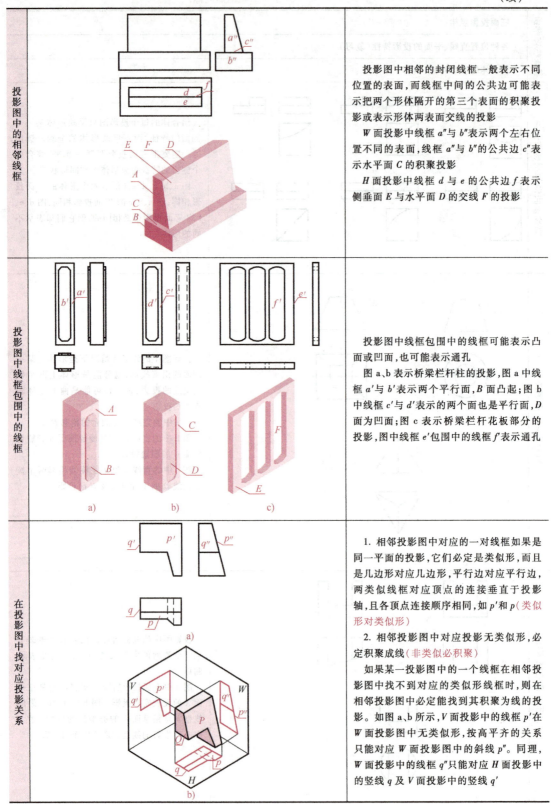

投影图中的相邻线框		投影图中相邻的封闭线框一般表示不同位置的表面，而线框中间的公共边可能表示把两个形体隔开的第三个表面的积聚投影或表示形体两表面交线的投影 W 面投影中线框 a'' 与 b'' 表示两个左右位置不同的表面，线框 a'' 与 b'' 的公共边 c'' 表示水平面 C 的积聚投影 H 面投影中线框 d 与 e 的公共边 f 表示侧垂面 E 与水平面 D 的交线 F 的投影
投影图中线框包围中的线框		投影图中线框包围中的线框可能表示凸面或凹面，也可能表示通孔 图 a、b 表示桥梁栏杆柱的投影，图 a 中线框 a' 与 b' 表示两个平行面，B 面凸起；图 b 中线框 c' 与 d' 表示的两个面也是平行面，D 面为凹面；图 c 表示桥梁栏杆花板部分的投影，图中线框 e' 包围中的线框 f' 表示通孔
在投影图中找对应投影关系		1. 相邻投影图中对应的一对线框如果是同一平面的投影，它们必定是类似形，而且是几边形对应几边形，平行边对应平行边，两类似线框对应顶点的连接垂直于投影轴，且各顶点连接顺序相同，如 p' 和 p（类似形对类似形） 2. 相邻投影图中对应投影无类似形，必定积聚成线（非类似必积聚） 如果某一投影图中的一个线框在相邻投影图中找不到对应的类似形线框时，则在相邻投影图中必定能找到其积聚为线的投影。如图 a、b 所示，V 面投影中的线框 p' 在 W 面投影图中无类似形，按高平齐的关系只能对应 W 面投影图中的斜线 p''。同理，W 面投影中的线框 q'' 只能对应 H 面投影中的竖线 q 及 V 面投影中的竖线 q'

（续）

任务实施

一、识读桥台翼墙的投影图

（一）判断柱状体投影

当形体的三个投影图中一个投影是封闭的多边形，还有一个投影是由若干梯形组成，除多边形投影外，另外两个投影图中的大多数线条互相平行，且平行于同一投影轴，该形体一定是由柱体切割出的柱状体，也就是由闭合的线框拉伸出的柱体被切割出的截切体，此时可用拉伸法读图。

柱状体投影分析
（微课）

（二）读图方法

如图 8-12 所示桥台翼墙的投影，正面投影为封闭的五边形，侧面投影由梯形组成，水平投影的多数线条平行于 OY 轴。识读其投影图时可用拉伸法。即把反映立体形状特征的投影线框（封闭的多边形）沿其投影方向（封闭多边形投影的投影方向）拉伸为柱体，并结合相邻投影（由梯形组成的投影）中的斜线切割成柱状体，如图 8-12b、c、d、e 所示。这种读图的方法即为拉伸法。

拉伸法读图的关键是在投影图中找出反映立体特征的投影（封闭的线框），将其沿投影方向拉伸出柱体，结合另一个由梯形组成的投影中的斜线，将柱体切割成柱状体。此时应尽量避开比较复杂的投影。

读图困难时可以利用塑料泡沫板等材料切割出模型的方法帮助读图。

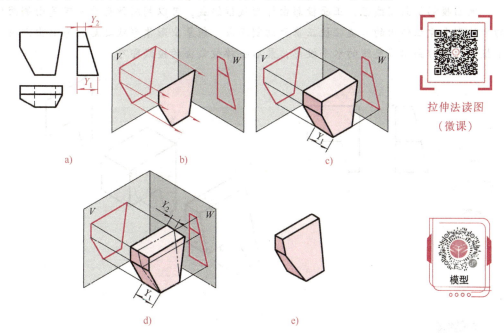

图 8-12 桥台翼墙投影图识读

（三）案例示范

用拉伸法识读图 8-13 所示 T 梁的两面投影图，用塑料泡沫板等材料切割出 T 梁的立体模型，并补画其正面投影。

图 8-13a 的侧面投影是一个封闭的多边形（T 字形），水平投影由梯形组成，可以想象该形体是侧面上的多边形沿 OX 轴方向拉伸出棱柱体后，被铅垂面切割成的柱状体，如图 8-13b 所示的立体图。

作图时，先画出完整的棱柱体的正面投影图，然后用画截切体投影图的方法完成 T 梁的正面投影。

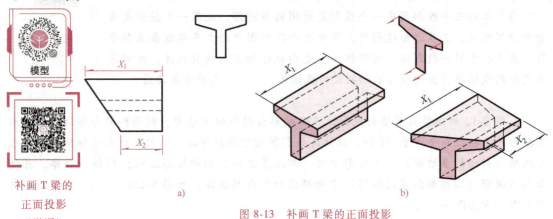

补画 T 梁的
正面投影
（微课）

图 8-13 补画 T 梁的正面投影

（四）任务完成（请同学们独立完成）

识读图 8-14 所示的拱桥桥台翼墙的两面投影，用塑料泡沫板等材料切割出其模型，并补画其第三面投影。

侧面投影是封闭线框，正面投影由梯形线框组成，可以判断该形体一定是由侧面投影中的六边形向左拉伸出的六棱柱被正垂面切割而成。想象出形体形状之后，先画出六棱柱的水平投影，然后画出截交线的水平投影，最后去掉被截去的棱线即可。

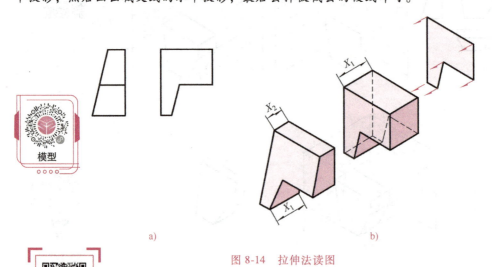

图 8-14 拉伸法读图

二、识读涵洞端墙的投影图

（一）叠加体读图方法

当形体是由若干个基本体组合而成的叠加体时，可采用形体分析法读

叠加体读图方法
（微课）

图。就是先以特征比较明显的投影图着手,根据投影图间的投影关系,把组合体分解成一些基本体,并想象各基本体的形状,再按它们之间的相对位置,综合想象组合体的形状,此读图方法常用于叠加型组合体。

(二)案例示范

下面以图8-15所示涵洞端墙的投影图为例,说明形体分析的读图方法。

1. 形体分析

从V面投影可以看出,涵洞端墙是由三部分叠加起来的叠加体,从V面投影中可分出三个线框,即可把涵洞端墙分为基础、墙身、缘石三个基本体,如图8-15a所示。

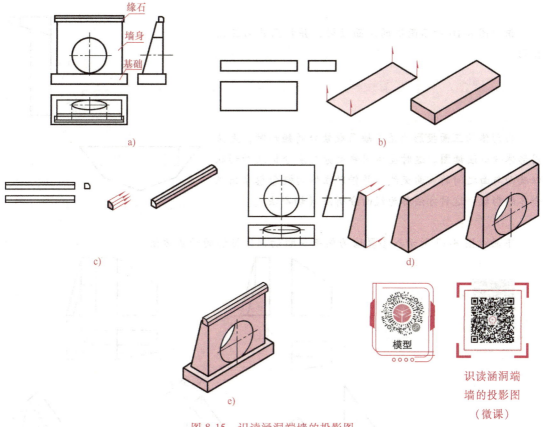

图 8-15 识读涵洞端墙的投影图

2. 找出对应投影

分别找出各线框对应的其他投影,并结合各基本体反映形状特征的投影想象形体的形状。

由于组合体各组成部分的形状和位置特征并不一定都集中在某一个方向上,因此反映各部分形状特征和位置特征的投影也不会都集中在某一个投影图上。读图时必须善于找出反映形状特征的投影。

1) 读基础部分时,应从H面投影中反映其形状特征的矩形读起,再结合其V面、W面投影,可以通过拉伸法想象出它的形状,如图8-15b所示。

2) 读缘石部分时,应从W面投影中反映其形状特征的五边形读起,再结合其V面、H

面投影，可以通过拉伸法想象出它的形状，如图 8-15c 所示。

3）读墙身部分时，应从 W 面投影中反映其形状特征的梯形读起，再结合其 V 面、H 面投影，拉伸出四棱柱，然后在拉出的四棱柱的基础上挖一个圆柱状的孔，即为墙身的空间形状，如图 8-15d 所示。

3. 综合想象整体形状

根据基础、墙身、缘石间的相对位置，可综合想象出整个涵洞端墙的形状，如图 8-15e 所示。此时要抓住有位置特征的投影图。

用形体分析法读图时，读每一个基本体时可以采用拉伸法、线面分析法。

（三）任务完成

识读图 8-16 所示雨篷的两面投影，并补画其第三面投影。

补画雨篷的
第三面投影
（微课）

图 8-16 补画雨篷的第三面投影

三、识读八字翼墙的投影图

（一）切割体读图方法

当形体的三面投影均是有缺角或缺口的矩形时，无法用形体分析法读图。这时要运用线面分析法分析表面形状以及面与面之间的表面交线，并借助立体的概念想象出组合体的形状。这种方法称为线面分析法（切割法）。

（二）案例示范

下面以图 8-17 所示八字翼墙为例来说明切割体投影的读图方法。

线面分析法读图
（微课）

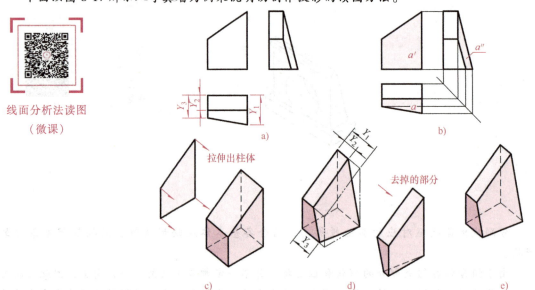

图 8-17 识读八字翼墙的投影图（一）

1. 确定物体的原始基本体形状

由图 8-17a 可知，形体的正面投影是封闭的四边形，可初步认定该形体是由四边形沿 OY 轴拉伸出的四棱柱被切割而成的。

2. 确定切割面的位置和形状

如图 8-17b 所示，在 V 面投影中有梯形 a'，侧面投影中有类似的梯形 a''，水平投影中可找出与它对应的梯形 a（投影三线框），可见平面 A 是一般位置平面。形体左前角是由一般位置平面切割而成的。

3. 根据基本体形状、截切面与基本体的相对位置想象切割出组合体的形状

本例中，原始基本体是四棱柱，可假想在图 8-17c 的基础上用一般位置平面切去左前角部分（图 8-17d），最后便得到组合体形状，如图 8-17e 所示。

在用线面分析法读图时，可采用切割塑料泡沫板或橡皮等材料来帮助读图。

（三）任务完成

如图 8-18a 所示是涵洞洞口八字翼墙的正面投影和侧面投影，根据其两面投影，识读并想象其空间形状，画出八字翼墙的第三面投影。

由形体的两面投影补画第三面投影，是培养读图及绘图能力的有效手段，也是检测读图能力的重要方法。

分析：由于形体的正面投影是一个封闭的四边形，可以判断八字翼墙是由图 8-18f 所示的四棱柱切割出来的形体。正面投影中的梯形，在侧面投影中可找到两个与之对应的梯形 $1''2''3''4''$ 和 $5''6''7''8''$（图 8-18a），说明八字翼墙是由平面 I II III IV 在四棱柱前侧切去一部分（图 8-18g），由平面 V VI VII VIII 在后侧切去一部分（图 8-18h），如图 8-18i 所示。所以正面投影的梯形是平面 I II III IV 和平面 V VI VII VIII 的重合投影。由于直线 I IV 的正面投影 $1'4'$ 垂直于 OX 轴，侧面投影 $1''4''$ 垂直于 OY 轴，说明直线 I IV 是铅垂线，可知平面 I II III IV 垂直于水平面，其水平投影积聚为直线，而平面 V VI VII VIII 是一般位置平面，水平投影是类似的梯形，作出平面 I II III IV、平面 V VI VII VIII 的水平投影，并去掉被截掉的棱线投影即求得八字翼墙的水平投影。

补画八字翼墙的第三面投影（微课）

图 8-18 识读八字翼墙的投影图（二）

作图步骤：

1) 画原始四棱柱的水平投影，如图 8-18b 所示。
2) 绘制平面 Ⅰ Ⅱ Ⅲ Ⅳ 的水平投影，并擦掉截平面前侧的棱线，如图 8-18c 所示。
3) 绘制平面 Ⅴ Ⅵ Ⅶ Ⅷ 的水平投影，并擦掉截平面后侧的棱线，如图 8-18d 所示。

作图结果如图 8-18e 所示。

任务拓展

1) 用拉伸法识读图 8-19a 所示隧道洞门墙的三面投影图，用塑料泡沫板等材料切割出隧道洞门墙的立体模型。

图 8-19a 所示的正面投影是一个封闭的多边形，侧面投影由梯形组成，水平投影中大多数线条是 OY 轴方向的平行线，可以想象该形体是正面上的多边形向前（OY 轴方向）拉伸出柱体后，被切割成的柱状体。由侧面投影中的斜直线，可以说明该柱状体是由正面投影中封闭线框沿 OY 轴拉伸出柱体后被侧垂面截切成柱状体，如图 8-19b 所示的立体图。

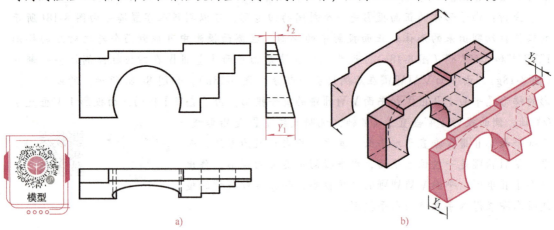

图 8-19 识读隧道洞门墙的三面投影图

2) 用拉伸法识读图 8-20a 所示石拱涵端墙的三面投影图，用塑料泡沫板等材料切割出

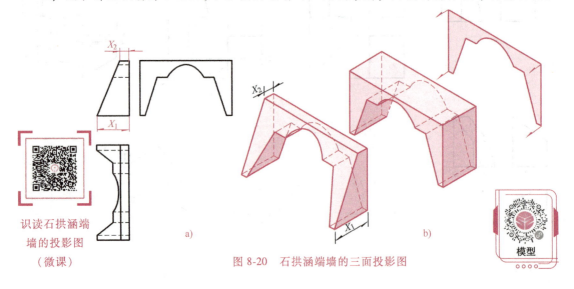

识读石拱涵端墙的投影图
（微课）

图 8-20 石拱涵端墙的三面投影图

石拱涵端墙的立体模型。

图 8-20a 的侧面投影是一个封闭的线框（反映立体特征），正面投影由梯形组成，说明该形体是由侧面上的封闭的线框向左（沿 OX 轴方向）拉伸出柱体后，被切割成的柱状体。由正面投影中左侧与 OZ 轴倾斜直线，可以说明该柱状体是由侧面投影中封闭线框沿 OX 轴拉伸出柱体后被正垂面截切成柱状体，如图 8-20b 所示的立体图。

任务三　标注涵洞端墙的尺寸

任务提出

在涵洞端墙的三面投影图上标注尺寸。
1) 理解定形尺寸、定位尺寸、总体尺寸、尺寸基准的含义。
2) 掌握组合体尺寸的标注方法。

相关知识

一、标注基本体的尺寸

组合体由基本体组成，为了标注好组合体的尺寸，要掌握基本体的尺寸注法。

标注基本体的尺寸，应根据形体的特点把它的三个方向的尺寸完整地标注在投影图上，图 8-21 列举了常见棱柱、棱锥、圆柱、圆锥等尺寸标注示例。

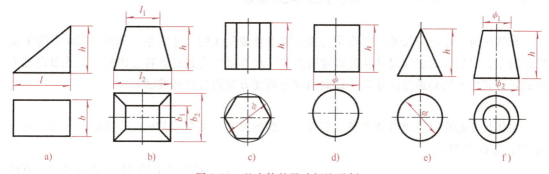

图 8-21　基本体的尺寸标注示例

二、组合体的尺寸种类

1. 定形尺寸

定形尺寸是指用以确定组合体各组成部分大小和形状的尺寸。

以图 8-22 所示形体为例，可以看出该形体由三个基本体组成，下部底板 I 是一个四棱柱，立板 II 也是一个四棱柱，立板上挖了一个圆孔 III。35、20、5 是基本体 I 的定形尺寸。20、6、16 是立板 II 的定形尺寸，其中高度尺寸 16 是通过总高尺寸 21 去掉下部底板高度 5

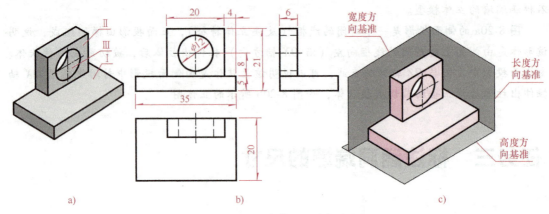

图 8-22 组合体的尺寸标注

间接得到的。φ12 和 6 是孔Ⅲ的定形尺寸，圆孔的宽度尺寸与立板的宽度尺寸相同。

2. 定位尺寸

定位尺寸是指用以确定各基本体间相对位置的尺寸。

图 8-22b 中 V 面投影上的尺寸 4 是立板Ⅱ相对底板Ⅰ左右方向的定位尺寸，8 是孔Ⅲ在立板Ⅱ上高度方向的定位尺寸。

当两基本体对称、表面平叠或平齐时定位尺寸均可省略。如孔Ⅲ相对于立板Ⅱ左右方向对称，不需要定位尺寸；立板Ⅱ在高度方向相对底板Ⅰ的位置，是通过平叠组合在一起的，不需要定位尺寸；立板Ⅱ在前后方向相对底板Ⅰ是平齐的，不需要定位尺寸。

标注定位尺寸的起点称为尺寸基准。

标注每一个定位尺寸均需有一个尺寸基准。由于组合体有长、宽、高三个方向的尺寸，所以每个方向至少有一个尺寸基准，如图 8-22c 所示。尺寸基准一般选在组合体底面、重要端面、对称面及回转体的轴线上。

标注任何一个定位尺寸，都必须与基准有直接或间接的尺寸联系，如图 8-22b 中的 V 面投影所示，立板Ⅱ的定位尺寸 4 是以宽度方向的尺寸基准为起点直接注出的，而孔Ⅲ高度方向的定位尺寸 8 则是通过尺寸 5 传递而间接与高度方向的尺寸基准联系。

3. 总体尺寸

总体尺寸是指反映组合体总长、总宽、总高的尺寸。如图 8-22b 所示的总长为 35，总宽为 20，总高为 21。

当标注了总体尺寸后，可以省略某些定形尺寸。如 V 面投影中的 21 为总高尺寸，省略了基本体Ⅱ高度尺寸 16，V 面投影中的 35 和 H 面投影中的 20 是基本体Ⅰ的定形尺寸，也是组合体的总长和总宽尺寸。

三、尺寸标注的要求

尺寸标注要做到：正确、完整、清晰、合理。

1. 正确

正确是指尺寸数值要正确无误，要符合相应专业国家制图标准的有关规定，本书参考《道路工程制图标准》（GB 50162—1992）。

2. 完整

完整是指所注尺寸能完全确定组合体的形状和大小，不能遗漏或重复。

3. 清晰

清晰是指尺寸的布置要整齐、清晰、便于阅读。为保证所注尺寸清晰应注意以下几点：

1) 尺寸应尽量注在投影图之外，与两投影图相关的尺寸，最好注在两投影图之间。

2) 各基本体的定形、定位尺寸要尽可能集中标注在形状特征和位置特征明显的投影图上。如图 8-22b 所示，立板 II 的定形、定位尺寸相对集中在反映形状特征的 V 面投影上。

3) 串联尺寸，尺寸线要对齐；并联尺寸，应使小尺寸在内，大尺寸在外，排列整齐，间隔均匀。

4) 为了避免计算，便于施工，尺寸可采用封闭式，不得产生误差。

4. 合理

合理就是要符合生产要求，便于施工，这涉及专业知识。现就一般组合体从几何上分析说明。

1) 通过作图确定的形状、位置尺寸在投影图上不注，它是多余的不合理的尺寸，如图 8-23a、b 中的尺寸 X。

2) 不反映实形、实长的地方不标尺寸，如图 8-23c 中的尺寸 X_1、X_2。

3) 避免在虚线上标注尺寸。如图 8-23c 中的直径尺寸标在 H 面投影上而不标在 V 面投影上。

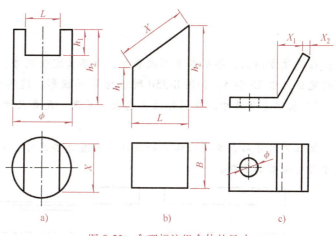

图 8-23 合理标注组合体的尺寸

任务实施

标注涵洞端墙的尺寸。

（一）案例示范

在标注尺寸时要注意形体分析，先标注定形尺寸，其次是定位尺寸，最后是总体尺寸。现以图 8-24 所示的涵洞端墙为例，说明尺寸标注的方法和步骤。

1. 形体分析，选定基准

经形体分析可知，涵洞端墙由基础、墙身、缘石组成，如图 8-24b 所示。各基本体相对位置如图 8-24c 所示，从而选定长、宽、高三个方向的尺寸基准，如图 8-24a 所示。

2. 标注三类尺寸

1) 确定并标注各基本体定形尺寸。为了不遗漏尺寸，在形体分析的基础上，先应分别标注出各基本体的定形尺寸，以确定所需定形尺寸的数量，如图 8-25a、b、c 所示。如果基本体是带切口的，不应标注截交线的尺寸，而是标注截平面的位置尺寸，如图 8-25b 所示的 W 面投影中的 30 和 90。

2) 标注定位尺寸。在长度方向上，基础、墙身和缘石关于基准对称布置，不需定位尺

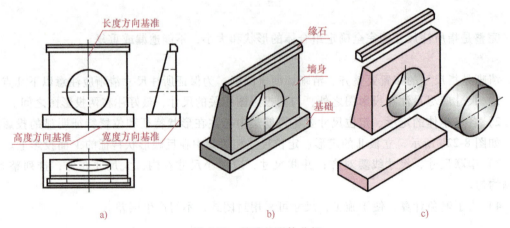

图 8-24 端墙的形体分析
a) 投影图　b) 立体图　c) 形体分析

寸；在高度方向上，各基本体依次叠加，也不需定位尺寸；只需标注出墙身和缘石在宽度方向的定位尺寸 15 和 5，如图 8-25d 所示的 W 面投影，这两个尺寸均注在位置特征明显处。

3) 标注总体尺寸。分别标注出总长、总高、总宽尺寸 340、290 和 125。

3. 检查复核

标注完尺寸后，要用形体分析法认真检查三类尺寸，补上遗漏尺寸，并对布置不合理的尺寸进行必要的调整。

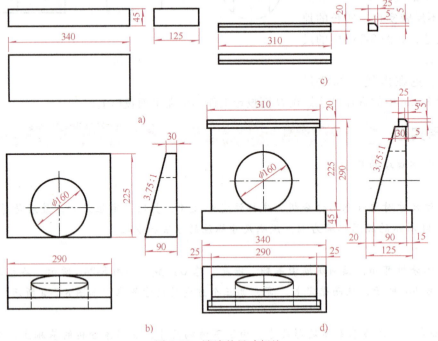

图 8-25 端墙的尺寸标注

(二) 任务完成

根据图 8-26 所示涵洞端墙立体图上的尺寸，在端墙三面投影图上标注尺寸，并指出三个方向的尺寸基准及定位尺寸。

项目八 绘制与识读道路工程中组合体投影

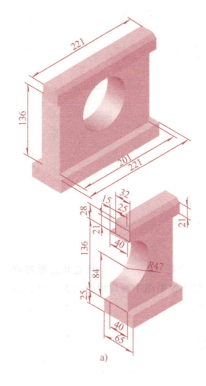
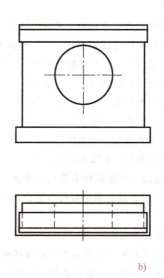

图 8-26 涵洞端墙的尺寸标注
a) 立体图 b) 投影图

 素质拓展

腊八斤特大桥——雄伟而精巧

腊八斤特大桥位于雅西高速荥经段，是雅西高速上的控制性工程，全长 1140m，最大跨度 200m，大桥共有 8 组 16 个桥墩，其中 10 号桥墩高 182.5m，建成时是同类结构桥梁的世界第一高墩。大桥地处大相岭山脉之阴，每逢雨雾天气，大桥如同一条"巨龙"一般，在山峦中若隐若现。山谷间一阵轻风吹过，大桥又再次展现出身姿，而从大桥之下向上仰望，更会看到腊八斤特大桥的巍峨与雄伟，让人不禁慨叹天工之神奇，人工之精巧。

腊八斤特大桥——
雄伟而精巧

腊八斤特大桥的桥墩除了高度外还有一个特色，就是国内首次采用钢管混凝土组合柱结构。大桥位于四川的地震断裂带上，所以除了满足桥墩的强度需求之外，还需要有足够的韧性来对抗地震的能量传递。高墩采用了节段安装的方式，先在桥墩四角安装四根直径 1m 多、高 12m 的圆柱形钢管，钢管内外都有强度等级高为 C80 的混凝土包裹，四根圆柱之间还有钢筋混凝土板连接，形成一个方形的空心箱，一层完成之后，再向上进行第二层。两个桥墩之间再用类似于"X 形"的粗钢筋连接起来。奇特的结构让大桥的抗震烈度达到了 9 度，令人感叹与折服。

复习思考题

1. 组合体类型有哪些?
2. 组合体两表面的连接形式有哪几种? 表面连接处应如何绘制?
3. 两表面平齐, 投影图上中间接触处（　　）线隔开。
4. 两相表面不平齐, 投影图上中间接触处应（　　）隔开。
5. 两表面相切, 投影图上相切处（　　）画线。
6. 两表面相交, 投影图上相交处（　　）交线。
7. 形体投影图中的线可能有哪几种含义?
8. 投影图中的线框可能有哪几种含义?
9. 投影图中线框包围中的线框有哪几种含义?
10. 相邻投影图中对应的一对线框如果是同一平面的投影, 它们必定是（　　）, 而且是几边形对应（　　）, 平行边对应（　　）, 线框各顶点投影符合点的投影规律。相邻投影图中对应投影无类似形, 必定积聚成（　　）。
11. 柱状体的投影特性是什么?
12. 识读柱状体投影应该从哪个投影着手? 应该尽量避开哪个投影?
13. 形体分析法适合识读什么类型的组合体投影图?
14. 线面分析法适合识读哪一种组合体的投影图?
15. 什么是定形尺寸、定位尺寸及尺寸基准?
16. 什么情况下可省略定位尺寸?
17. 尺寸基准一般选在哪些位置?

项目九

绘制与识读桥涵构件的构造图

项目目标

知识目标	1. 掌握基本视图、斜视图及局部视图的画法 2. 理解各种剖面图、断面图的形成原理 3. 掌握各种剖面图、断面图的标注方法 4. 理解道路工程图中的规定画法和习惯画法
能力目标	1. 能根据构件的立体图绘制各种视图 2. 能根据构件的立体图或投影图绘制剖面图 3. 能绘制、识读构件构造图
素质目标	1. 同一问题拟定多个表达方案,培养发散性思维和创新精神,既要严谨合理,又能活学活用 2. 要善于独立思考,同时互相借鉴,既能独当一面、又善于团队合作

项目描述

如图 9-1 所示为 T 形梁桥,桥上的构件(如桥台、桥墩、T 梁、栏杆、泄水管、锥坡等)结构都比较复杂,而且由各种不同的材料组成。要简便且明了地表达桥梁上的各种构件,就需要灵活采用各种视图、剖面图、断面图及其他的一些规定画法等来综合表达,形成能用于施工的构造图。

本项目以桥涵构件为载体,以绘制与识读桥涵构件构造图为任务,掌握工程形体的基本表达方法、剖面图和断面图的绘图原理及道路工程图中的规定画法和习惯画法,并能初步形成绘制与识读桥涵构件构造图的能力。

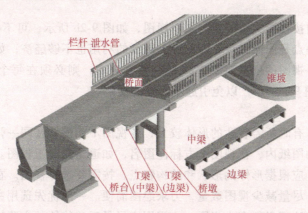

图 9-1 桥梁上的构件

任务一　绘制桥梁构件的各种视图

任务提出

绘制桥台的基本视图，绘制泄水管的斜视图及局部视图。
1）掌握基本视图的配置及标注。
2）掌握斜视图的画法与标注。
3）掌握局部视图的画法与标注。
4）了解斜视图与局部视图的应用范围。

相关知识

当形体的形状和结构比较复杂时，仅用三面投影图表达是难以满足要求的，为此，在制图标准中规定了多种表达方法，绘图时可根据工程形体的形状特征选用。对于工程形体往往要同时采用几种方法，才能将其内外结构表达清楚。

一、绘制拱桥桥台的基本视图

用正投影法绘制的物体的投影图也称为视图。对于形状简单的物体，一般用三个视图就可以表达清楚。而对于复杂的工程形体，各个方向的外形变化较大时，往往采用三个以上的视图才能完整表达其形状结构。如图 9-2a 所示的拱桥桥台，采用六面体的六个表面作为基本投影面，把桥台置于其中，并按第一角投影，将形体向各基本投影面投影，得到六个基本视图。

（一）基本视图

从前向后投影为正立面图（主视图），应尽量反映形体的主要特征；从上向下投影为平面图（俯视图）；从左向右投影为左侧立面图（左视图）；从后向前投影为背立面图（后视图）；从下向上投影为顶面图（仰视图）；从右向左投影为右侧立面图（右视图）。这六个视图称为基本视图。

（二）基本视图的配置与标注

在同一张图纸内按投影关系配置的基本视图，如图 9-2b 所示，可不标注视图的名称。

但这样配置的缺点是图面布置不够整齐，图纸的利用也不够经济；如果要在同一张图纸绘制若干个视图，各视图的位置与图 9-2b 的位置有变动，则必须在每个视图的上方（或下方）注写图名，如图 9-3 所示，以免引起不必要的误解。

（三）基本视图的应用与选择

在道路工程中，有时所需表达的形体较大，各视图不能配置在同一张图纸内，而是将各视图分别画在不同的图纸内，在视图上方标注图名，如道路路线工程图。

在实际绘图时，应根据形体的形状和结构特点，按需要选择视图。在完整、清晰地表达物体特征的前提下，尽量减少视图数量，力求绘图简便。一般优先选用主、俯、左三个基本视图。任何形体的表达都必须有主视图，主视图应尽量反映物体的主要特征。

项目九　绘制与识读桥涵构件的构造图

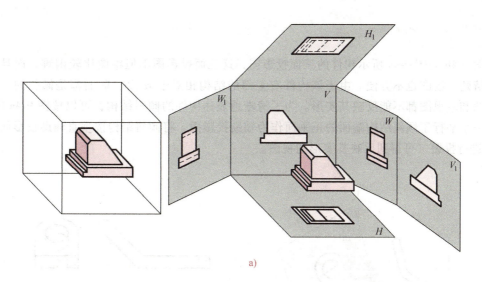

a)

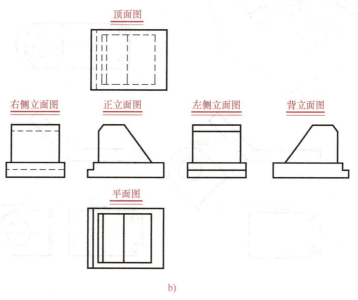

b)

图 9-2　多面正投影图

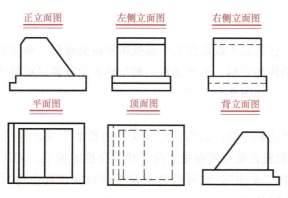

图 9-3　多面正投影图配置标注

二、绘制形体的斜视图

图 9-4b 为图 9-4a 所示构件的三面投影图,这三面投影图不但绘图比较困难,而且表达也不清楚,读图也不方便。由于该构件右上部的结构相对于 H 面、W 面都是倾斜的,所以俯视图和左视图都不能反映其实形。为了清晰地表达构件的倾斜结构,可以按图 9-4a 所示,设置一个平行于倾斜结构端面的正垂面作为辅助投影面,将倾斜结构按垂直辅助投影面的方向 A 进行投影,可得到反映其实形的视图。

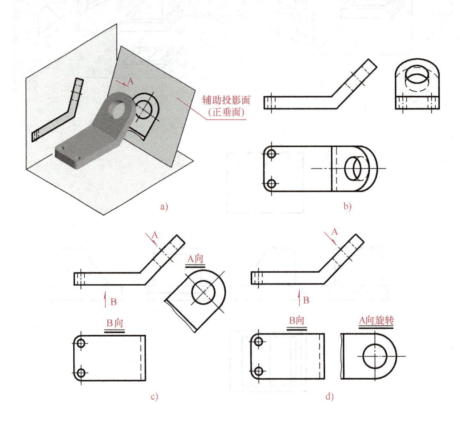

图 9-4 斜视图与局部视图
a) 立体图 b) 三面投影图 c) 布置方法(一) d) 布置方法(二)

(一)斜视图

将构件向不平行于任何基本投影面的平面投影所得的视图,称为斜视图。因为画构件斜视图的目的是表达其结构的实形,因此倾斜结构与整体的分界以波浪线断开,且在斜视图中不绘制其他部分的投影,如图 9-4c 所示。

(二)斜视图的配置与标注

画斜视图时,必须在相应视图的附近用箭头指明投影方向,并注上字母,如图 9-4c 中的"A"。斜视图一般配置在箭头所指的方向,且符合投影关系,同时在斜视图的上方标注"×向",即图 9-4c 中的"A 向",也可以将斜视图旋转后布置在适当的位置,此时应加注"旋转"两字,如图 9-4d 所示。

三、绘制形体的局部视图

将构件的某一部分向基本投影面投影所得的视图，称为局部视图。

绘制局部视图时，和斜视图一样，也必须在相应视图的投影部位附近用箭头指明投影方向，并注上字母，如图 9-4c、d 中的 "B"；局部视图一般也配置在箭头所指的方向，并且符合投影关系，同时也需在局部视图的上方标注 "×向"，如图 9-4c、d 中的 "B 向"。符合投影关系时，也可以省略标注。

任务实施

1）在指定位置补画桥台的顶面图、背立面图、右侧立面图，如图 9-5 所示。

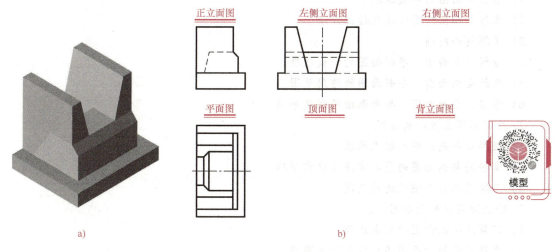

图 9-5 桥台的立体图及基本视图
a）立体图 b）基本视图

2）已知泄水管的立体图以及主视图（正立面图），如图 9-6 所示，绘制泄水管的 A 向局部视图和 B 向斜视图，并配置指定位置。

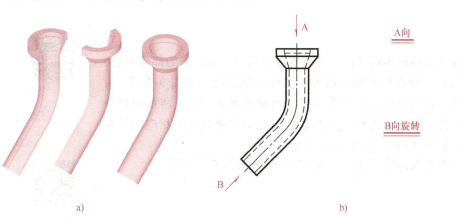

图 9-6 泄水管的立体图及视图
a）立体图 b）视图

任务二 绘制桥涵构件的剖面图

任务提出

本任务以绘制桥涵构件的构造图为例,分析形体的全剖面图、半剖面图、局部剖面图、阶梯剖面图、旋转剖面图的形成原理及绘图方法。

1. 绘制泄水管、泄水管盖的构造图。
1) 理解剖面图的形成原理。
2) 掌握剖面图绘图方法及标注方法。
3) 了解材料图例。
4) 分析全剖面图、半剖面图的形成原理。
5) 理解全剖面图、半剖面图的适用范围。
6) 掌握画全剖面图、半剖面图的注意事项。
2. 绘制涵洞盖板的构造图。
1) 理解局部剖面图的形成原理。
2) 掌握局部剖面图的图示方法与注意事项。
3) 了解局部剖面图的适用范围。
3. 绘制检查井的构造图。
1) 理解阶梯剖面图的形成原理。
2) 掌握画阶梯剖面图的方法与注意事项。
3) 理解旋转剖面图的形成原理。
4) 掌握画旋转剖面图的方法与注意事项。

相关知识

一、剖面图的形成

假想用剖切平面将形体切开后,将观察者与剖切平面之间的部分移去,并将剩余部分向投影面投影所得出的投影图称为剖面图。如图 9-7a 所示,假想地用平行于 V 面的剖切平面 P 将形体沿对称平面切开后,将前面部分移去,并将剩余部分向 V 面投影,并在被剖到的实体部分画上相应的材料剖面图例,便得到图 9-7b 所示的 $A—A$ 剖面图。

剖面图中一般不画虚线,如图 9-7b 中 $A—A$ 剖面省略了虚线。

剖面图的形成
(微课)

二、剖面图的标注

(1) 剖切位置 一般用剖切符号(粗短线)表示剖切平面的位置,剖切符号不要与轮廓线相交,如图 9-7b 所示。

剖面图的标注
(微课)

（2）投影方向 在剖切符号两端，用单边箭头（与剖切符号垂直）表示投影方向，如图 9-7b 所示。

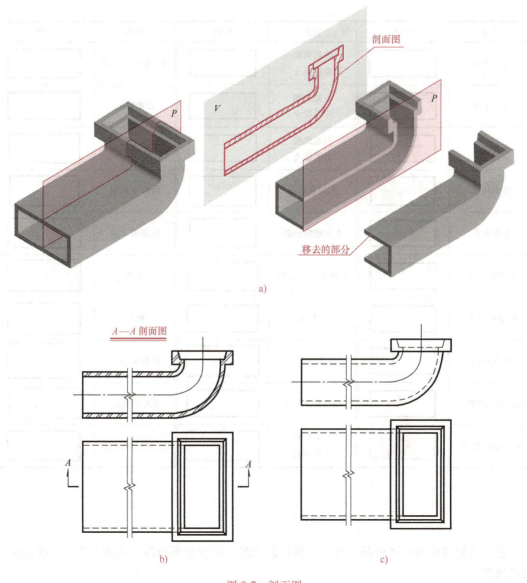

图 9-7 剖面图
a）剖面图的形成 b）形体的剖面图 c）形体的投影图

（3）剖面图名称 《国标》规定，在剖切符号和单边箭头一侧用一对大写英文字母或阿拉伯数字来表示剖面图名称，并在所得相应剖面图的上方居中写上对应的剖面图名称。其字母或数字中间用长 5~10mm 的细短线间隔，例如图 9-7b 中，"A—A 剖面图"。为了美观，在剖面图名称的字样底部画上上粗下细两条等长平行的短线，两线间距为 1~2mm。

（4）材料图例 剖面图中包含了形体的断面，在断面上必须画上表示材料类型的图例，如图 9-7b 所示剖面图上的材料图例，表示该形体的材料是金属。如果没有指明材料，可在断面处画上互相平行且等间距的 45°细实线为替代材料图例，称为剖面线。当一个形体有多个断面时，所有剖面线的方向应一致，间距均相等。

《国标》中规定的常用材料图例见表 9-1。

表 9-1　道路工程制图常用材料图例

名称	图例	名称	图例	名称	图例
自然土壤		细粒式沥青混凝土		石灰粉煤灰砂砾	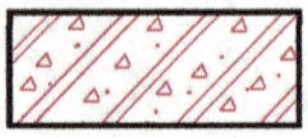
夯实土壤		中粒式沥青混凝土	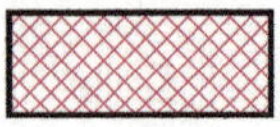	填隙碎石	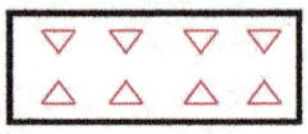
浆砌块石	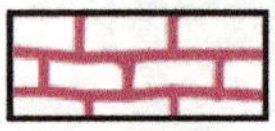	粗粒式沥青混凝土	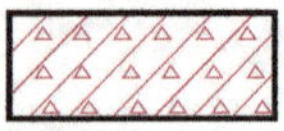	天然砂砾石	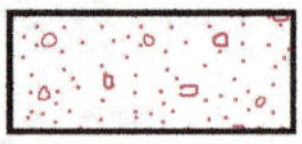
浆砌片石		水泥稳定土	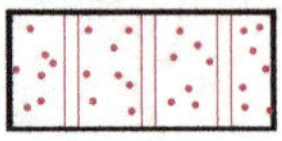	横断面木材	
干砌片石	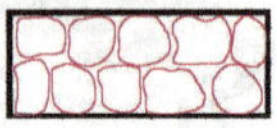	水泥稳定砂砾	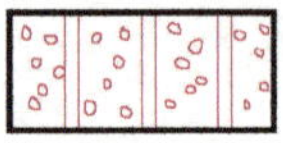	纵断面木材	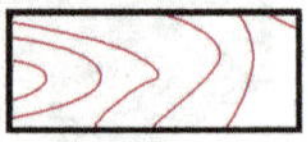
水泥混凝土	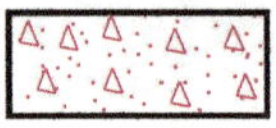	水泥稳定碎砾石	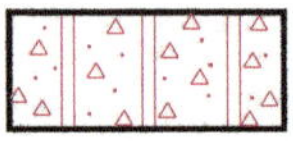	金属	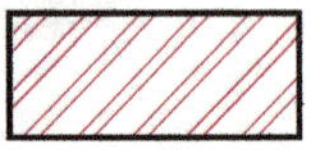
钢筋混凝土	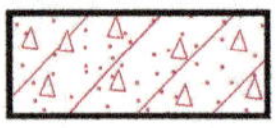	石灰土	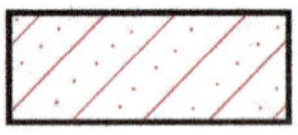	橡胶	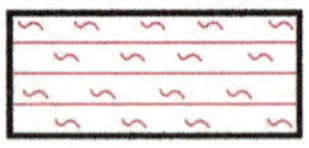
沥青碎石	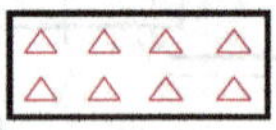	石类粉煤灰	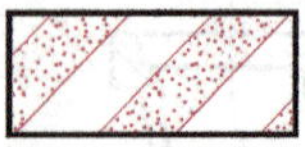	级配碎砾石	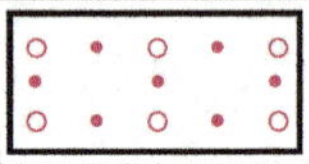
沥青贯入碎砾石		石类粉煤灰土	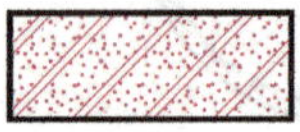	泥结碎砾石	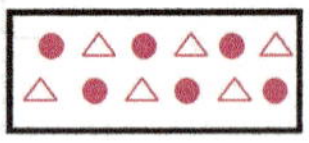
沥青表面处治		石灰粉煤灰碎砾石	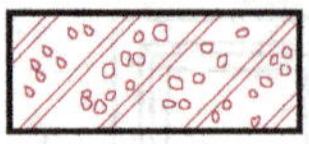	泥灰结碎砾石	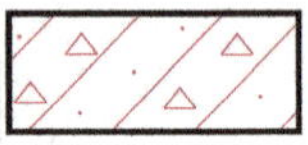

三、剖面图的分类

（一）全剖面图

假想用剖切面将形体全部剖开所得到的剖面图，叫作全剖面图，如图 9-7 所示的泄水管的剖面图。

全剖面图适用于外形结构比较简单而内部结构比较复杂的形体。

（二）半剖面图

当形体具有对称平面，以对称中心线为界，可将其投影的一半画成外形正投影图，另一半画成表达内部形状的剖面图，这种图形叫作半剖面图。

如图 9-8 所示泄水管盖左右对称，可假想地以对称中心线为界将形体一半剖开，向投影面投影。另一半画成外形正投影图，半投影图中一般不画虚线。

半剖面图适用于内外形状都比较复杂、都需要表达的对称形体。

半投影图与半剖面图的分界线为点画线，若作为分界线的点画线刚好与轮廓线重合，则不能采用半剖面图，可采用局部剖面图。

项目九　绘制与识读桥涵构件的构造图　145

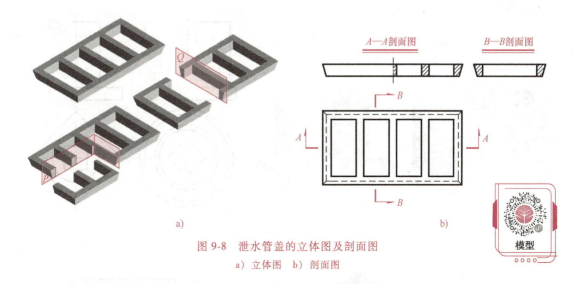

图 9-8　泄水管盖的立体图及剖面图
a）立体图　b）剖面图

（三）局部剖面图

假想用剖切平面局部地剖开形体所得到的剖面图，称为局部剖面图。

如图 9-9 所示涵洞盖板上锚栓孔的内部构造，若采用全剖面图，盖板前面铰缝处的结构就表达不出来了，所以采用局部剖面图表示，既保留了铰缝处结构的投影，同时也表达出内部锚栓孔的结构。

当物体上有孔眼、凹槽等局部形状需要表达时都可以采用局部剖面图。

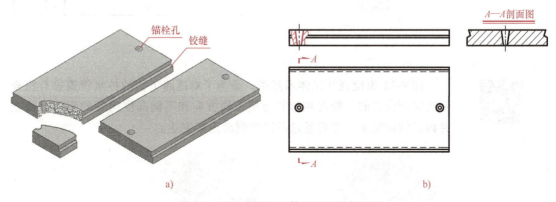

图 9-9　涵洞盖板的立体图及局部剖面图
a）立体图　b）局部剖面图

当形体的对称中心线与轮廓线重合，且内外结构都需要表达时，不宜采用全剖面图及半剖面图，此时适宜采用局部剖面图，如图 9-10 所示。

局部分层剖切，如图 9-11 所示路面结构分层剖面图。

画局部剖面图的注意事项：

1）局部剖切比较灵活，但应考虑看图方便，不应过于零碎。

2）用波浪线表示形体断裂痕迹，应画在实体部分，不能超过视图轮廓线或画在中空部位。不能与图上其他线条重合。

3）局部剖面图只是形体整个外形投影中的一个部分，不需标注。

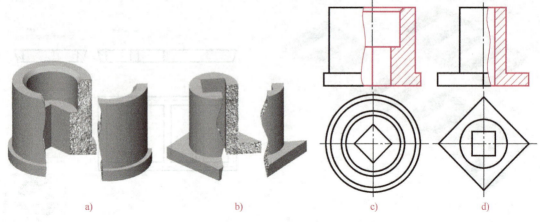

图 9-10 局部剖面图

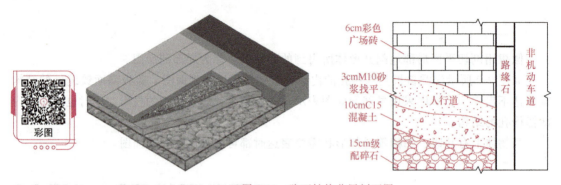

图 9-11 路面结构分层剖面图

（四）阶梯剖面图

图 9-12 为检查井立体示意图，是为了对道路下面的排水管道进行检查和疏通而设置的，检查井起着连接不同方向和不同高度沟管的作用。检查井内部结构复杂，需要通过不同的剖面图来表达。

阶梯剖面图
（微课）

图 9-12 检查井立体示意图

当形体具有几个不同的结构要素，且它们的中心线排列在相互平行的平面上时，可以采用几个互相平行的剖切平面来剖切形体，所得到的剖面图称为阶梯剖面图。如图 9-13 所示，用两个分别通过两排水管中心线的水平面将检查井剖切开，再向水平面投影得到阶梯剖面图

（A—A 剖面图）。

注意：正面投影上的剖面图，省略了标注。

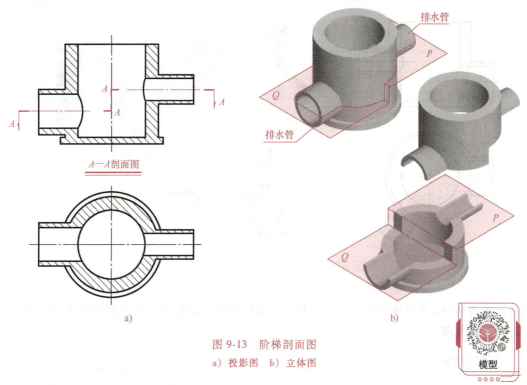

图 9-13　阶梯剖面图
a）投影图　b）立体图

阶梯剖面图适用于表达内部结构（孔或槽）的中心线排列在几个相互平行的平面内的形体。

绘制与识读阶梯剖面图的注意事项：

1）在阶梯剖面图上，不应画出两个剖切平面转折处交线的投影。

2）阶梯剖面图在剖切的起止点和转折处均应画出剖切符号，如图 9-13a 正面投影所示，识读阶梯剖面图必须注意标注，分析剖切平面及转折处的位置。

3）剖切平面转折位置不应与图形轮廓线重合，也要避免出现不完整的要素，如不应出现孔、槽的不完整投影。

（五）旋转剖面图

用两相交的剖切平面（交线垂直于一基本投影面）剖切形体后，将倾斜于基本投影面的剖面旋转到与基本投影面平行的位置，再进行投影，使剖面图得到实形，这样的剖面图叫作旋转剖面图。如图 9-14 所示，用一个正平面和一个铅垂面分别通过检查井上的两排水管轴线轴线将其剖开，再将铅垂面部分旋转到与 V 面平行后再 V 面投影而得到旋转剖面图（A—A 剖面图）。

旋转剖面图适用于表达内部结构（孔或槽）的中心线不在同一平面上，且具有回转轴的形体，如图 9-14 所示。

绘制与识读旋转剖面图的注意事项：旋转剖面图在剖切的起止点和转折处均应画出剖切

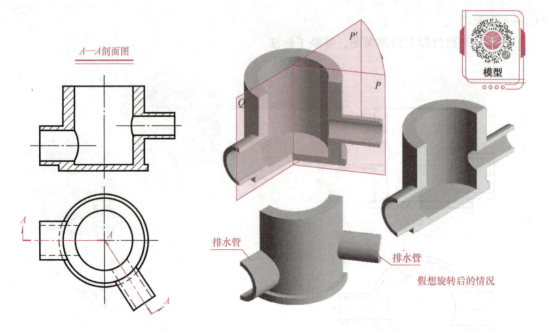

图 9-14　检查井旋转剖面图

符号，如图 9-14a 水平投影所示。识读旋转剖面图必须注意标注，分析两剖切平面交线及剖切后的旋转方向。

任务实施

1）图 9-15 所示为泄水管的立体图与两面投影图，在指定位置绘制其 $A—A$ 全剖面图、$B—B$ 半剖面图。

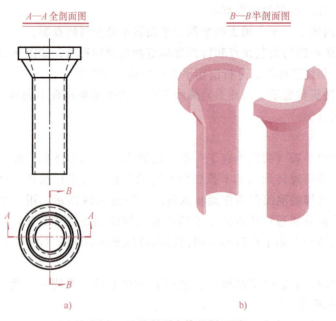

图 9-15　绘制泄水管的剖面图

2）绘制涵洞盖板的构造图（独立设计表达方案，分组讨论，代表陈述，教师讲评）。

根据图 9-16 给出的尺寸，选择合适的比例和表达方法，绘制涵洞盖板的构造图。

提示：

① 立面图既可以画成半剖面图，也可以画成局部剖面图。

② 侧面图可以画成视图、全剖面图、半剖面图、局部剖面图。

③ 立面图、侧面图表达清楚的情况下，平面图也可以省略。

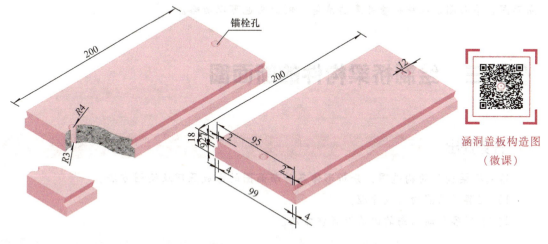

图 9-16　涵洞盖板的构造图

3）绘制检查井的构造图（独立设计表达方案，分组讨论，代表陈述，教师讲评）。

根据图 9-17 给出的检查井的立体图及其尺寸，选择合适的比例和表达方法，绘制检查井的构造图。

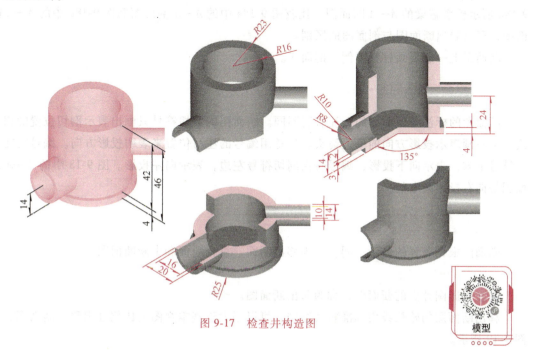

图 9-17　检查井构造图

提示：

① 由于检查井的两排水管的中心线不在同一平面上，且具有回转轴（检查井的中心线），所以立面图可画成旋转剖面图。

② 由于检查井的两排水管的中心线的高度不同，在两个相互平行的平面内，平面图可画成阶梯剖面图。

③ 侧面图有倾斜结构，不易表达，可采用其他视图表达，如局部视图、斜视图等；若立面图、平面图已经将检查井表达清楚，侧面图也可以省略。

任务三　绘制桥梁构件的断面图

任务提出

绘制桥梁构件的构造图，分析形体各种断面图的形成原理及绘图方法。
1）理解断面图的形成原理。
2）掌握各种断面图的画法及标注方法。

相关知识

一、断面图的形成

假想用剖切平面将形体某处切断，仅画出截断面的形状，这种图形称为断面图，如图 9-18b 所示桥墩盖梁的 A—A 断面图。比较图 9-18a 中的 A—A 剖面图和图 9-18b 中的 A—A 断面图，可以看出断面图与剖面图的区别。

断面图上一般要画材料图例或剖面线。

二、断面图的标注

断面图的标注与剖面图的标注有所不同。断面图的剖切符号只画出表示剖切位置的粗短线，但不画表示投影方向的单边箭头。只是用编号的注写位置来表明投影方向。编号写在剖切符号下方，表示向下投影，编号写在剖切符号左边，表示向左投影。图 9-18 中的 A—A 断面图是向右投影画出的。

三、断面图的分类

断面图根据布置的位置不同，分为移出断面、重合断面和中断断面图。

（一）移出断面图

画在投影图外面的断面图，称为移出断面图。

移出断面图的轮廓线用标准实线绘制，可以用大于基本视图的比例画出移出断面图，如图 9-19 所示。

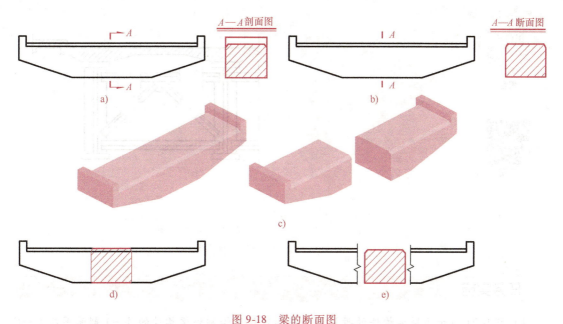

图 9-18 梁的断面图
a) 剖面图 b) 断面图 c) 立体图 d) 重合断面图 e) 中断断面图

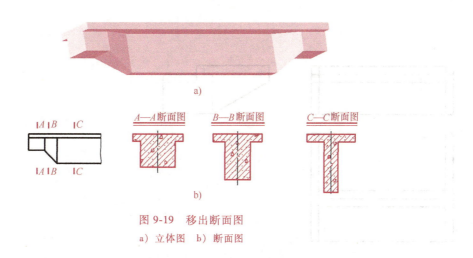

图 9-19 移出断面图
a) 立体图 b) 断面图

（二）重合断面图

直接将断面图按形成左侧投影或水平投影的旋转方向重合画在基本投影图轮廓内，称为重合断面图，如图 9-18d 所示为重合断面图。

重合断面图的比例应与基本视图一致，其断面轮廓线规定用细实线，并不加任何标注。

（三）中断断面图

把长杆件的投影图断开，把断面图画在中间，这样的断面图称为中断断面图，如图 9-18e 所示为中断断面图。

中断断面图适用于表达较长而只有单一断面的杆件及型钢，如钢桥中的型钢杆件，如图 9-20 所示。

中断断面图不需标注，断面轮廓线为粗实线，而且比例与基本视图一致。

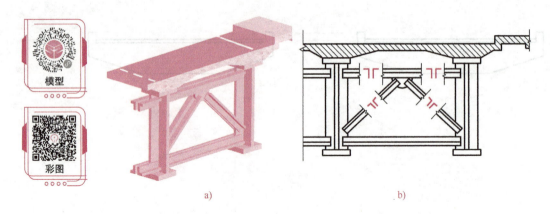

图 9-20 钢桥型钢杆件中断断面图
a) 立体图 b) 中断断面图

任务实施

1) 图 9-21 所示为桥梁构件的投影图,在指定位置绘制桥梁构件的 $A—A$ 剖面图及 $B—B$ 断面图。

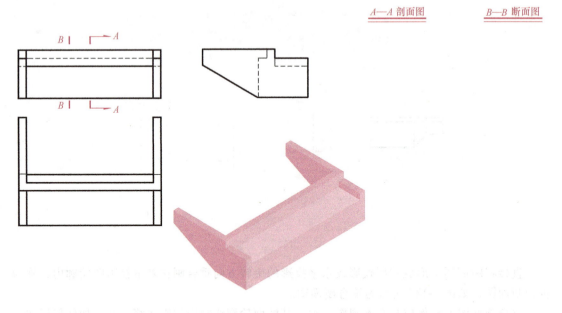

图 9-21 绘制桥梁构件的剖面图和断面图

2) 绘制 T 梁的构造图(独立设计表达方案,分组讨论,代表陈述,教师讲评)。

根据图 9-22 给出的 T 梁的立体图及其尺寸,选择合适的比例和方案,绘制 T 梁的构造图。

可以由立面图及 $A—A$、$C—C$ 移出断面图及 $B—B$ 重合断面图来表达,还可以用其他方案来表达,可以分组讨论,方案比较,选择优化方案。

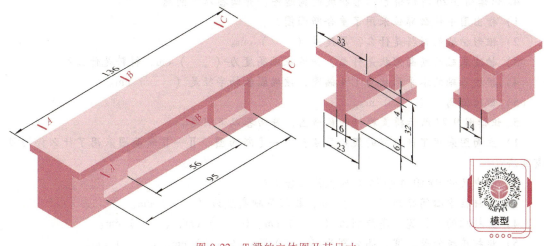

图 9-22　T 梁的立体图及其尺寸

任务四　识读桥梁构件构造图

任务提出

本任务通过识读桥梁上各种构件的构造图，掌握识读道路工程构件构造图的方法，掌握道路工程中的规定画法和习惯画法。

1. 识读图 9-23 所示桥梁泄水管安装图，并回答以下问题。

1）泄水管安装图由哪些图来表达？

2）由泄水管安装图的立面图（A—A 剖面图）可看出桥面铺装分几层？每一层的材料是什么？厚度是多少？哪个部位省略了材料图例？哪个部位采用了涂黑的画法？

3）泄水管安装图中的立面图和平面图为何都采用折断的画法？

4）相邻断面可以用不同倾斜方向或不同间隔的（　　）来代替材料图例。

2. 识读图 9-24 所示 T 梁构造图，并回答以下问题。

1）当图形对称时可采用什么画法？

2）2—2 断面图、3—3 断面图采用了什么画法？是根据什么规定画法画出的？

3）薄板、圆柱等构件，如梁的横隔板、桩、柱、轴等，凡剖切平面通过其纵向对称中心面或轴线时，剖面图如何表达？

4）在道路工程图上所谓画近不画远是什么意思？

3. 识读图 9-25 所示重力式桥台的构造图，并回答以下问题。

1）重力式桥台有哪几部分组成？材料分别是什么？

2）工程图中为了表示构造物不同的材料，在同一断面上应画出（　　　　）。

3）较大面积的材料图例可以如何处理？

4）当图形较长且沿长度方向截面不发生变化时，可用（　　　　）简化表示。

4. 识读图9-26所示桥台锥形护坡的构造图,并回答以下问题。
1) 指出图中什么部位采用了重合断面图?
2) 锥形护坡的材料是什么?厚度是(　　)cm。
3) 护坡基础的断面形状是什么?护坡基础高度为(　　)cm,材料是什么?
4) 护坡基础的水平形状为1/4椭圆,该椭圆长轴半径是(　　)cm。
5) 锥顶标高为(　　)m。

5. 识读图9-27所示桥梁栏杆的构造图,并回答以下问题。
1) 立面图采用了什么样的规定画法?Ⅰ—Ⅰ断面图、Ⅱ—Ⅱ断面图采用了什么样的习惯画法?
2) 图中尺寸9×19.4=174.6代表什么含义?
3) 栏杆柱中心间距为(　　)cm,栏杆基础高度为(　　)cm。
4) 栏杆柱的长、宽、高分别为(　　)cm、(　　)cm、(　　)cm。
5) 栏杆花板的长、宽、高分别为(　　)cm、(　　)cm、(　　)cm。

任务实施

一、识读桥梁泄水管安装图

图9-23所示的泄水管安装图,由立面图及平面图表达,立面图为A—A断面图。由于桥面铺装、T梁、栏杆基础等相对于泄水管是很大的,且只需要表达泄水管与桥面铺装、T梁、栏杆基础等相对位置,所以平面图和A—A断面图都采用了折断画法,这是道路工程图中的规定画法。

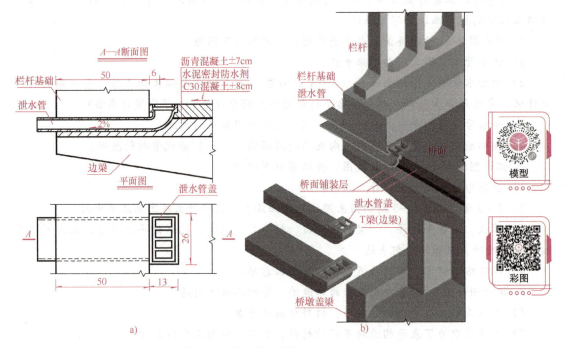

图9-23　泄水管安装图
a) 投影图　b) 立体图

规定画法一（较大图形的折断画法）：当图形较大时，可用折断线或波浪线勾出图形表示的范围。

A—A 断面图的剖切平面通过泄水管中心线，剖切到桥面铺装层、T 梁、栏杆基础，图 9-23 中泄水管、桥面铺装的现浇混凝土层和沥青混凝土层的剖面图例采用了不同方向、不同间隔的阴影线表示；而 T 梁、栏杆基础的断面省略了剖面图例；水泥密封防水层因厚度很小，所以将其断面涂黑，这是道路工程图中的规定画法。

由 A—A 断面图可看出桥面铺装各层的厚度、材料及各部分间的位置关系。

规定画法二（相邻断面材料图例的表达）：两个或两个以上的相邻断面可以用不同倾斜方向或不同间隔的剖面线来代替材料图例。在不影响图形清晰的前提下，断面也可不画剖面线。对于图样上实际宽度小于 2mm 的狭小面积的剖面，允许将全部面积涂黑。

二、识读 T 梁构造图

图 9-24 所示为桥梁上 T 梁的构造图，立面图由于左右对称，只画出一半。2—2 断面图、3—3 断面图以对称中心线为界分别画出两个不同位置的 1/2 断面图。这是道路工程图中的规定画法。

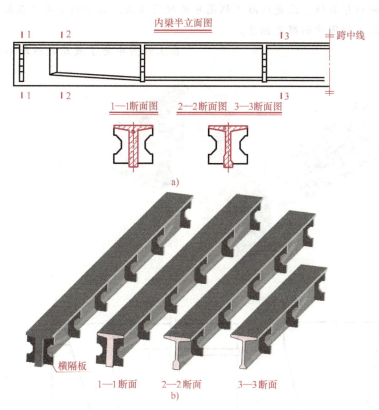

图 9-24　T 梁的构造图

规定画法三（对称图形的简化画法）：对称图形可采用绘制一半或 1/4 图形的方法表示，在图形的图名前，应标注"1/2""1/4"或"半"等字样，在对称中心线上要绘制对称符号，对称符号应由两条平行的细实线组成；也可以以对称中心线为界，一半画 1/2 视图，另一半画1/2断面图；也可以分别画两个不同的1/2断面；也可以分别画两个不同方向的1/2视图。

1—1断面剖切到横隔板，剖切平面通过横隔板（薄板）的纵向对称平面，但横隔板没画剖面线，当不剖处理。这是道路工程图中的规定画法。

规定画法四（薄板、圆柱等结构的剖面图的画法）：构件上的支撑板、横隔板、桩、柱、墩、梁等，凡剖切平面通过其纵向对称中心面或轴线时，均不画剖面线。

2—2断面、3—3断面虽然画的是断面图，但为了清楚地表达横隔板与主梁的相互关系，在断面图上画出了距截面较近的横隔板的投影。这是道路工程图中的习惯画法。

习惯画法（断面图画近不画远的习惯画法）：在道路工程图中可根据需要取舍截断面以后可见部分，一般情况下画近不画远。

三、识读重力式桥台的构造图，掌握道路工程中的规定画法

图9-25所示为重力式桥台的构造图，立面图采用全剖面图。台身、基础、台帽（盖梁）的材料分别是M7.5浆砌片石、C20片石混凝土、C25钢筋混凝土，剖面图中画出了材料图例。台身与基础、台身与台帽砌筑成一个整体，但由于材料不同，在台身与基础、台身与台帽断面之间都画出分界线。这是道路工程图中的规定画法。台身的断面只在局部画出材料图例，这也是道路工程图中的规定画法。

规定画法五（同一断面上的材料分界线）：在工程图中为了表示构造物不同的材料，如

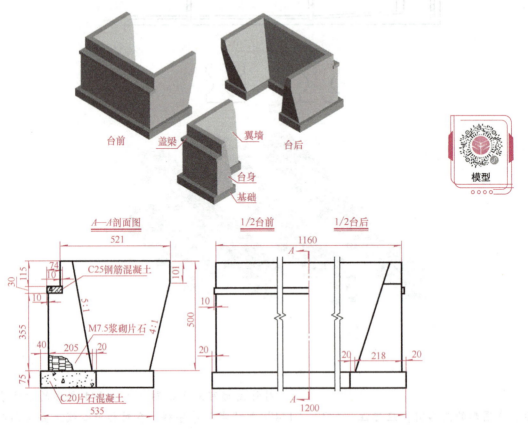

图 9-25 重力式桥台的构造图

不同强度等级的混凝土或砂浆等，在同一断面上应画出材料分界线，并注明材料符号或文字说明。

规定画法六（断面符号的简化）：较大面积的断面符号可以简化，可只在其断面轮廓的边沿画出断面符号。

侧面图由台前和台后两个方向的视图各取一半拼成，这是常见的表达方法。由于桥台宽度方向尺寸较大，所以采用了折断的画法。这是道路工程图中的规定画法。

规定画法七（较长杆件的折断画法）：当图形较长且沿长度方向截面不发生变化时，可用波浪线或折断线简化表示，越过省略部分的尺寸线不能中断，并应标注实际尺寸。

四、识读桥台锥形护坡的构造图

图 9-26 所示为桥台锥形护坡的构造图，由立面图、平面图组成。立面图采用重合断面图的表达方法，上部锥坡部分的厚度较薄，断面采用了简化的画法，用引出线标明材料及厚度，下部基础的断面采用了重合断面图，该断面上只在局部画出材料图例。这是道路工程图中的规定画法。

在锥形护坡的投影图上锥顶用长短细实线表示，这是道路工程图中的规定画法。

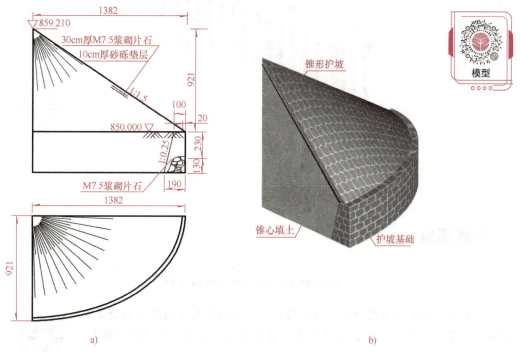

图 9-26 桥台锥形护坡的构造图
a）投影图 b）立体图

规定画法八（边坡和锥形护坡的表示）：边坡和锥形护坡用长短细实线（示坡线）表示，长短线引出端为边坡和锥形护坡的高端，坡度用比例标注。

五、识读桥梁栏杆的构造图

图 9-27 所示为桥梁栏杆的构造图。栏杆在整个桥梁上布置，长度很长，所以立面图中

采用了折断画法，只画出其中的一段。Ⅰ—Ⅰ断面图画出了距剖切平面较近的没被剖切到的轮廓线，也就是画近不画远；Ⅱ—Ⅱ断面图，按照断面图的定义画图的话，会出现完全分离的两部分，此时应该按剖面图画出，即将较近的轮廓线画出。

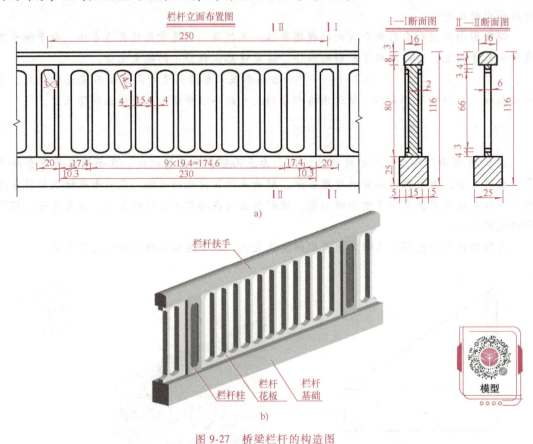

图 9-27　桥梁栏杆的构造图
a）投影图　b）立体图

素质拓展

干海子特大桥——螺旋形特大桥

在雅西高速公路上的四川省雅安段，有一座云雾笼罩的螺旋形特大桥——干海子特大桥，它依山势而建，穿云破雾，还绕过了两个360°的大回旋，看起来像是过山车的轨道一般。

干海子特大桥全长1811m，设计宽度24.5m，共36跨，最高桥墩高达110m。与相连的干海子螺旋隧道一起，是雅西高速公路的控制性工程，也是世上罕见的螺旋形桥隧工程。它是当时世界上最长的钢管混凝土桁架梁桥，同时也是桥梁建设中难度最高的弯桥。它的结构设计与施工技艺创造了四项世界第一。干海子特大桥全桥广泛采用钢结构，就连大桥两侧的防撞护栏也是采用的竖直钢结构和横向钢梁，既通透减小风阻，又能保护车辆。

干海子特大桥——螺旋形特大桥

干海子特大桥从上到下科技感十足。雅安位处地中海—喜马拉雅火山地震带上。这里地震灾害频发，而且震源深度往往很浅，这意味着即使是一个本来不大的地震也能产生极高的地震烈度，进而造成极大的破坏。因此，在该地区修桥最要紧的任务就是抗震。因此，干海子特大桥的桥墩采用的不是通用的混凝土桥墩，而是空管钢架桥墩，具有足够的韧性来对抗地震的能量传递。

复习思考题

1. 剖面图中剖切位置一般用剖切符号表示，剖切符号用（　　）线。
2. 在剖切符号两端，用（　　）（与剖切符号垂直）表示投影方向。
3. 在剖切符号和（　　）一侧用一对大写英文字母或阿拉伯数字来表示剖面图名称。
4. 在剖面图名称的字样的（　　）部画上（　　）粗（　　）细两条等长平行的短线。
5. 图形对称，且内外形状都比较复杂、都需要表达时，应采用（　　）剖面图。
6. 半剖面图中，半投影图与半剖面图的分界线为（　　）线。
7. 若作为分界线的点画线刚好与轮廓线重合，则不能采用半剖面图，可采用（　　）剖面图。
8. 局部剖面图用（　　）线来表示剖切的范围。
9. 当物体上有孔眼、凹槽等局部形状需要表达时可以采用（　　）剖面图。
10. 在断面图中用编号的注写位置来表明投影方向，编号写在剖切符号下方，表示向（　　）投影；编号写在剖切符号左边，表示向（　　）投影。
11. 重合断面图的轮廓线用（　　）线；中断断面图的轮廓线用（　　）线。

识读公路路线工程图

项目目标

知识目标	1. 掌握公路路线平面图、路线纵断面图、路基横断面图的内容与特点 2. 理解公路路线平面图、路线纵断面图、路基横断面图的形成原理及作用
能力目标	1. 能识读公路路线平面图 2. 能识读公路路线纵断面图 3. 能识读公路路基横断面图
素质目标	通过卫星定位等级点名称的变更,了解我国北斗卫星的建设与使用情况,增加民族自信心

项目描述

道路工程包括路基、路面、桥梁、涵洞、隧道、防护工程和排水设施等,如图10-1所示。道路分为公路和城市道路两种。位于城市郊区和城市以外的道路称为公路,位于城市范围以内的道路称为城市道路。

本项目以某环城西路 K6+400～K7+100 段的公路为载体,以识读该段公路路线平面图、路线纵断面图、路基横断面图为任务。掌握识读公路路线工程图的方法,形成识读公路路线工程图的能力。

图 10-1 道路工程

项目十 识读公路路线工程图

任务一 识读公路路线平面图

▶ **任务提出**

1. 查询通过你所在省区的高速公路有哪些？起始点分别在什么地方？
2. 分析公路路线工程图的图示内容及图示特点，并回答以下问题。
1）路线平面图是指道路中心线及沿线地貌、地物在（　　）面上的投影。
2）路线纵断面图是通过（　　）用假想的（　　）剖切面进行纵向剖切，然后（　　）绘制而获得的。
3）路基横断面图是用假想的剖切平面，（　　）于道路中心线剖切而得到的。
3. 识读图 10-3 所示某环城公路 K6+400～K7+100 段的路线平面图，并回答以下问题。
1）公路路线平面图包括（　　）、（　　）两部分。
2）公路路线平面图上表示方位的坐标网 X 坐标值增加的方向指向（　　）方向，Y 坐标值增加的方向指向（　　）方向。
3）图 10-3 所示的路线平面图中新建道路的走向为由（　　）到（　　）。
4）路线平面图在山岭重丘区一般采用（　　）的比例。
5）图 10-3 所示的路线平面图中相邻等高线的高差为（　　）m。
6）等高线越密说明地势越（　　）。等高线交汇处的地形是什么样的？
7）该地区北部有哪些植被？南部有哪些植被？
8）路线平面图中设计路线的道路中心线用（　　）线表示。
9）平面图中路线的前进方向是从（　　）向（　　）的，该路段的起点桩号是（　　），终点桩号是（　　）。
10）公里桩号宜标注在路线前进方向的（　　）侧，在 K6 公里桩的前方注写的"8"表示桩号为（　　），说明该点距路线起点为（　　）m。
11）该图中新设计的这段公路在交点 JD5 处向（　　）转折，转角为（　　），圆曲线半径 R 为（　　）m，指出 ZH、HY、QZ、YH、HZ 的位置的桩号（　　）、（　　）、（　　）、（　　）、（　　），缓和曲线长度为（　　）m，切线长度为（　　）m，曲线长度为（　　）m。
12）曹沙会小桥位于设计路线的（　　）桩号处，该桥有（　　）跨，跨径为（　　）m。

▶ **相关知识**

一、了解道路路线

道路路线是指道路沿长度方向的行车道中心线。道路的位置和形状受道路所在地区的地形、地貌、地物以及地质等自然条件的综合影响，因此道路路线有竖向高度变化（上坡、下坡、竖曲线）和平面弯曲（左向、右向、平曲线）变化，所以从总体来看是一条空间曲线。

二、分析道路路线工程图的图示内容及特点

道路工程具有组成复杂、长宽高三向尺寸相差悬殊、形状受地形影响大等特点，所以道路路线工程的图示方法与一般工程图不完全相同，它是以路线平面图为平面图、以路线纵断面图为立面图、以路基横断面图为侧面图，并且各自画在单独的图纸上。

道路路线工程图的图示内容与图示特点（微课）

1. 路线平面图

路线平面图是道路中心线及沿线地貌、地物在水平面上的投影，如图 10-2 所示。

2. 路线纵断面图

路线纵断面图是通过道路中心线用假想的铅垂剖切面进行纵向剖切，然后展开而获得的断面图，如图 10-2 所示。

3. 路基横断面图

路基横断面图是用假想的剖切平面垂直于道路中心线剖切而得到的断面图，如图 10-2 所示。

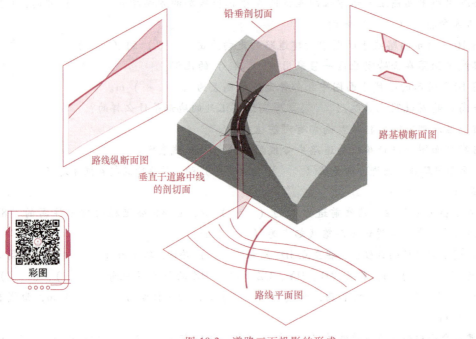

图 10-2　道路三面投影的形成

任务实施

识读图 10-3 所示某环城西路 K6+400～K7+100 段的路线平面图。

路线平面图的作用是表达路线的方向、平面线型、沿线两侧一定范围内的地形、地物情况以及结构物的平面位置。

路线平面图主要内容包括地形和路线两部分。

一、识读地形部分

(1) 方位　为了表示路线所在地区的方位和路线的走向,在路线平面图上应画出指北针或坐标网。指北针在图上是用"⌽"符号来表示的,箭头所指为正北方向。方位的坐标网在图上是用"⊢X⊣"符号来表示的,其中 X 轴为南北方向(坐标值增加的方向为北),Y 轴为东西方向(坐标值增加的方向为东)。坐标值的标注应靠近被标注点,书写方向应平行网格或在网格延长线上,数值前应标注坐标轴线代号。图 10-3 所示的路线平面图采用坐标网表示法,可以看出新建道路的走向大致是由南向北的。

识读公路线平面图(地形部分)(微课)

(2) 比例　路线平面图上的地形图,是经过勘测而绘制的,可根据地形的起伏情况采用相应的比例。城镇区一般采用 1∶500 或 1∶1000,山岭重丘区一般采用 1∶2000,微丘和平原区一般采用 1∶5000。

(3) 地形　路线平面图中地形起伏的状况用系列的等高线来表示。

用一系列高差相等的水平面来截切不规则的地形面,所得的截交线是一系列不同高程(标高)的等高线,如图 10-4a 所示,画出这些等高线的水平投影即为地形面的标高投影图,也称为地形图,如图 10-4b 所示。需注意的是,在标注各等高线的高程数值时,字头要朝向地面的上坡方向。用这种方法表示地形面,能够清楚地反映地形的起伏变化以及坡向等。

地形面上的等高线的特性:

1) 等高线是不规则的曲线。
2) 等高线一般是封闭曲线(在有限的图形范围内可不封闭)。
3) 除悬崖、峭壁外,等高线不相交。
4) 同一地形图上,等高线的疏密反映地形的陡缓,即等高线越密地势越陡,反之等高线越疏地势越平坦。

典型地貌在地形图上的特征:

1) 山丘:如图 10-5a 所示,等高线闭合圈由小到大高程依次递减,等高线也随之渐稀,则对应地形是山丘。
2) 盆地:如图 10-5b 所示,等高线闭合圈由小到大高程依次递增,等高线也随之渐密,则对应地形是盆地。
3) 山脊:如图 10-5c 所示,等高线凸出方向指向低高程,则对应地形是山脊。
4) 山谷:如图 10-5d 所示,等高线凸出方向指向高处,则对应地形是山谷。
5) 鞍部:如图 10-5e 所示,相邻两峰之间,形状像马鞍的区域称为鞍部,在鞍部两侧的等高线形状接近对称。

如图 10-3 所示,图上的小黑点表示测点,其高程数值注在点的右侧。该图中相邻两等高线之间的高差为 2m。根据图中等高线的疏密可以看出该地区地势较平缓,该地区西北及西南部地势较高,东部地势较低。

(4) 地物　路线平面图中的地物,如河流、房屋、道路、桥梁、电力线、植被等,按《国家基本比例尺地图图式　第 1 部分:1∶500、1∶1000、1∶2000 地形图图式》(GB/T 20257.1—2017)绘制。常用的地物图例见表 10-1。对照图例可知,图 10-3 中该地区中南部有一条原有公路与新建公路相交,新建公路的东侧有一条冲沟,西侧有一片房屋,南部有一片人工草地,北部地区有杨树林、松树林及天然草地。在该地区的西南部有一个卫星定位等

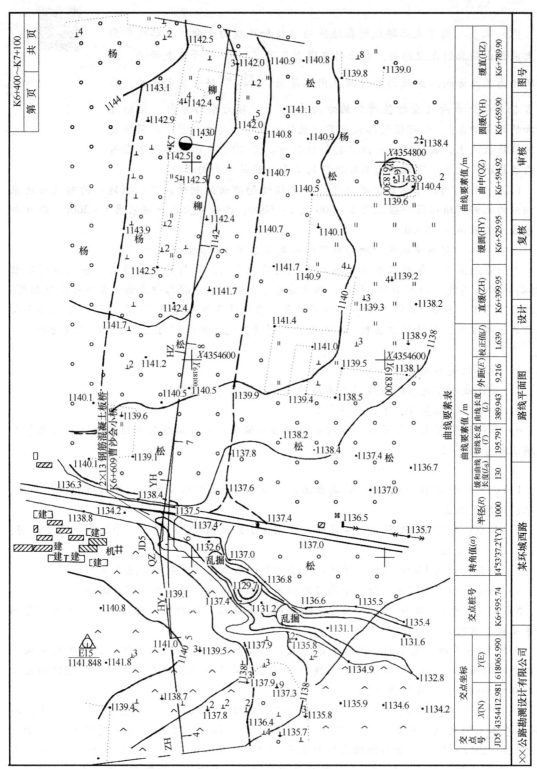

图 10-3 某环城西路路线平面图

级点"![E15](1141.848)",表示第15个卫星定位等级点,卫星定位等级点高程为1141.848m,等级为E级。图中还示出了机井、电力线、小路等的位置。

注意:路线平面图中的植被、控制点等地物图例应朝上或向北绘制。

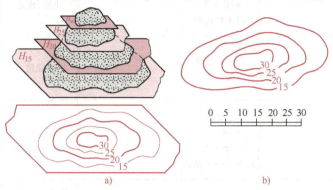

图 10-4 地形面的标高投影
a)立体图 b)地形图

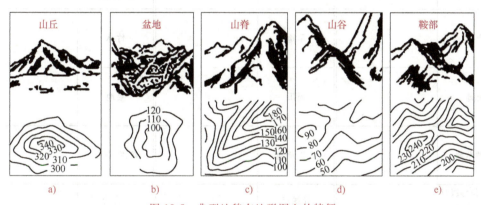

图 10-5 典型地貌在地形图上的特征
a)山丘 b)盆地 c)山脊 d)山谷 e)鞍部

表 10-1 道路工程常用地物图例

名称	图例	名称	图例	名称	图例
学校		机场		港口	
井		变电室		烟囱	
堤		冲沟		池塘坑穴	
陡岸 a)土质的 b)石质的		河流		高速公路 等级公路	
		水渠		等外公路	

（续）

名称	图例	名称	图例	名称	图例
铁路 a1. 电杆		乡村路 a) 依比例 b) 不依比例		小路、栈道	
沙滩 沙砾滩		高压输电线 配电线		电讯线	
房屋 建筑中房屋		窑 a) 堆式窑 b) 台式窑 瓦、陶——产品名		斜坡 陡坎	
梯田坎		地类界线		散坟地、公墓 独立大坟	
果园		旱地		竹林	
林地		稻田		菜地	
天然草地		人工草地		花圃、花坛	
卫星定位等级点 B——等级 14——点号 495.263——高程	$\dfrac{B14}{495.263}$	导线点 I16——等级 84.46——高程	$\dfrac{I16}{84.46}$	三角点 张湾岭——点名 156.718——高程	$\dfrac{\text{张湾岭}}{156.718}$
图根点 12——点号 275.46——高程	$\dfrac{12}{275.46}$	水准点 II——等级 京石5——点名 点号 32.805——高程	$\dfrac{\text{II京石5}}{32.805}$	指北针	

二、识读路线部分

（1）**设计路线** 由于公路的宽度相对于长度来说尺寸小得多，只有采用较大比例时才能画出公路的宽度，而公路路线平面图一般采用比较小的比例（一般是1∶2000），因此在路线平面图中，用加粗实线表示路线，如图10-6所示。

（2）**里程桩** 道路路线的总长度和各段之间的长度用里程桩号表示。里程桩号应从路线的起点至终点由小到大依次顺序编号，并规定在平面图中路线的前进方向

识读公路路线平面图（路线部分）（微课）

是从左向右的。里程桩分为公里桩和百米桩两种。

公里桩宜标注在路线前进方向的左侧，用符号"⌾"表示桩位，用注写在符号上方的"K×××"表示其公里数；百米桩宜标注在路线前进方向的右侧，用垂直于路线的细短线表示桩位，用注写在短线端部的阿拉伯数字表示百米数。如图10-3所示，该图中"K7"表示距离路线起点7km；在K7公里桩的前方注写的"1"表示桩号为K7+100，说明该点距路线起点为7100m。

(3) 平曲线 道路路线在平面上是由直线段和曲线段组成的，在路线的转折处应设平曲线。

最常见的较简单的平曲线为圆曲线，其基本几何要素及画法如图10-6所示：JD1为交点，是路线的两直线段的理论交点；α为转角，是路线前进时向左（$α_Z$）或向右（$α_Y$）偏转的角度；R为圆曲线半径；T为切线长，是切点与交点之间的长度；E为外距，是曲线中点到交点的距离；L为曲线长，是圆曲线两切点之间的弧长。注意平曲线的切线用细实线表示。

在路线平面图中，转折处应注写交点代号，并依次编号，如JD1表示第1个交点。还要注出曲线段的起点ZY（直圆）、中点QZ（曲中）、终点YZ（圆直）的位置。为了将路线上各段平曲线的几何要素值表示清楚，一般还应在图中适当位置列出平曲线要素表，如图10-3、图10-6所示。

当圆曲线半径比较小时，在圆曲线与直线之间要设置曲率渐变的缓和曲线，此时曲线长度L是缓和曲线长度L_S及圆曲线长度之和，切线长T为直线与缓和曲线的切点到交点之间的长度。

如果设置缓和曲线，则将缓和曲线与前、后段直线的切点，分别标记为ZH（直缓点）和HZ（缓直点）；将圆曲线与前、后段缓和曲线的切点，分别标记为HY（缓圆点）和YH（圆缓点）。

如图10-3所示，该图中新设计的这段公路在JD5处向右转折，$α_Y$ = 14°53′37.2″，圆曲线半径R=1000m，图中注出了ZH、HY、QZ、YH、HZ的位置并列出了平曲线要素表。

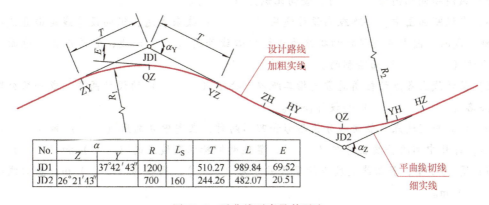

No.	α		R	L_S	T	L	E
	Z	Y					
JD1		37°42′43″	1200		510.27	989.84	69.52
JD2	26°21′43″		700	160	244.26	482.07	20.51

图10-6 平曲线要素及其画法

(4) 结构物 在路线平面图上还须标注出道路沿线的结构物，如桥梁、涵洞、通道、立交等。道路工程常用结构物图例见表10-2。结合此表可从图10-3中了解到道路沿线结构物的位置、类型和分布情况。如"⟝⟞"表示在里程为K6+609处有一座2×13钢筋混凝土板桥（曹沙会小桥），该桥共2跨，跨径13m。

表 10-2　道路工程常用结构物图例（平面图）

序号	名称	图例	序号	名称	图例
1	涵洞		6	通道	
2	桥梁（大、中桥按实际长度绘制）	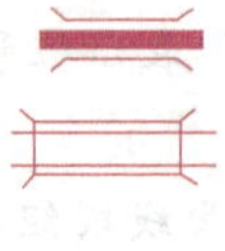	7	分离式立交 a）主线上跨 b）主线下穿	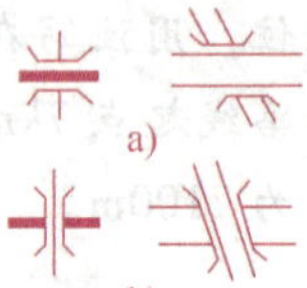 a) b)
3	隧道		8	互通式立交（按采用形式绘）	
4	养护机构		9	管理机构	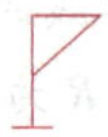
5	隔离墩		10	防护栏	

任务二　识读公路路线纵断面图

任务提出

识读图 10-7 所示某环城西路 K6+400～K7+100 段的路线纵断面图，并回答以下问题。

1）路线纵断面图的剖切平面通过公路的（　　）线。

2）在路线纵断面图上，图样画在图纸的（　　），资料表布置在图纸的（　　）。

3）该图横向比例为（　　），竖向比例为（　　）。

4）在纵断面图中，公路纵向设计线用（　　）线来表达，纵向设计线是由直线段和竖曲线组成的。图中不规则的细折线为设计中心线处的（　　）线，它是根据原地面上沿线各点的（　　）而绘制的。

5）设计线上各点的标高通常是指二级以下公路（　　）的设计高程，或一级公路及高速公路（　　）的设计高程。

6）什么叫变坡点？竖曲线分为凸形和凹形两种，在图中分别用（　　）和（　　）符号表示，符号中部的竖线应对准（　　），竖线两侧标注变坡点的（　　）和（　　）。

7）图 10-7 中，竖曲线变坡点的里程桩号为（　　），高程为（　　）m，竖曲线半径为（　　）m。

8）曹沙会小桥位于（　　）桩号处。

9）K6+760 处的设计高程为（　　）m，地面高程为（　　）m，挖方高度为（　　）m，坡度为（　　）。K6+760 桩号处位于平曲线的（　　）段。

10）什么情况要设置超高？超高栏中的 3% 含义是什么？

11）K6+560 桩号处位于平曲线的圆曲线段，K6+560 桩号处的路基横坡为（　　），道路左幅路面的超高值为（　　）m，路基边缘（　　）于中央分隔带边缘；右幅路面超高值为（　　）m，路基边缘（　　）于中央分隔带边缘。（该路为一级公路，路基边缘到中央分隔带边缘的宽度为12m）

任务实施

识读图10-7所示某环城西路K6+400~K7+100段的路线纵断面图（与图10-3所示的公路路线平面图相对应）。

公路路线纵断面图是通过道路中心线用假想的铅垂剖切面进行纵向剖切，然后展开绘制而获得的断面图，如图10-2所示。由于公路中心线是由直线和曲线组合而成的，所以纵向剖切面既有平面又有曲面，为了清晰地表达路线的纵断面情况，特采用展开的方法，将此纵断面展平成一平面，并绘制在图纸上，这就形成了路线纵断面图。

路线纵断面图的作用是表达道路中心的纵向线型、沿线地面的高低起伏状况以及地质和沿线设置构造物的概况。

公路路线纵断面图包括图样和资料表两部分，图样画在图纸的上部，资料表布置在图纸的下部。

一、识读图样部分

(1) 比例　路线纵断面图的横向表示路线的里程（前进方向），竖向表示设计线和地面的高程。由于路线、地形的高程变化比路线的长度要小得多，为了在路线纵断面图上清晰地显示出高程的变化和设计上的处理，绘图时一般竖向比例是横向比例的数倍。如图10-7所示，该图横向比例为1∶2000，而竖向比例为1∶200。为了便于画图和读图，一般还应在纵断面图的左侧按竖向比例画出高程标尺。

识读公路路线断面图（图样部分）（微课）

(2) 设计线和地面线　在纵断面图中，粗实线为公路纵向设计线，是由直线段和竖曲线组成的。它是根据地形起伏和公路等级，按相应的公路工程技术标准而确定的。不规则的细折线为设计中心线处的地面线，它是根据原地面上沿线各点的实测中心桩高程而绘制的。比较设计线与地面线的相对位置，可确定填挖地段和填挖高度。

(3) 竖曲线　在设计线的纵向坡度变更处，即变坡点，应按公路工程技术标准的规定设置竖曲线，以利于汽车平稳行驶。竖曲线相关要素及画法如图10-8所示。竖曲线分为凸形和凹形两种，在图中分别用"⌐⌐"和"⌊⌋"符号表示，符号中部的竖线应对准变坡点，竖线两侧标注变坡点的里程桩号和变坡点的高程。符号水平线的两端应对准竖曲线的起点和终点，水平线上方应标注竖曲线的要素值（半径R、切线长T、外距E）。如图10-7所示，在K7+000处设有$R=20000$m的凸形竖曲线，其切线长度$T=101.03$m，外距$E=0.26$m，该变坡点的高程为1142.270m。

(4) 沿线构造物　道路沿线如设有桥梁、涵洞、立交和通道等构造物时，应在其相应的设计里程和高程处，按表10-3所示图例绘制并注明构造物名称、种类、大小和中心里程桩号。如图10-7所示，在K6+609里程桩处设有一座2×13钢筋混凝土板桥（曹沙会小桥），该桥共2跨，每跨13m。

二、识读资料表部分

路线纵断面图的资料表是与图样上下对应布置的,这种表示方法,较好地反映出纵向设计线在各桩号处的高程、填挖方量、地质条件和坡度以及平曲线与竖曲线的配合关系。资料表主要包括以下栏目和内容:

识读公路路线纵断面图（资料表部分一）（微课）

识读公路路线纵断面图（资料表部分二）（微课）

(1) 地质概况　根据实测资料,在该栏中注出沿线各段的地质情况。

(2) 高程　资料表中有设计高程和地面高程两栏,它们应和图样互相对应,分别表示设计线和地面线上各点(桩号)处的高程。

设计线的高程是指二级以下公路路基边缘的设计高程,或一级公路及高速公路中央分隔带外缘的设计高程。

(3) 填挖高度　设计线在地面线下方时需要挖土,设计线在地面线上方时需要填土,挖或填的高度值应是各点(桩号)处对应的设计高程与地面高程之差的绝对值。

(4) 坡度及坡长　标注设计线各段的纵向坡度和坡长。该栏中的对角线表示坡度方向,左下至右上表示上坡,左上至右下表示下坡,坡度及坡长分注在对角线的上下两侧。如图10-7所示,该栏中第一格的标注"0.80%/600.00 (980.00)",表示该坡段为上坡,设计纵坡为0.80%,设计长度为980.00m, K6+400~K7+000路段内为600.00m。

(5) 里程桩号　沿线各点的桩号是按测量的里程数值填入的,单位为m,桩号从左向右排列。在平曲线的起点、中点、终点和桥涵中心点等处可设置加桩。

(6) 直线及平曲线　在路线设计中竖曲线与平曲线的配合关系,直接影响着汽车行驶的安全性和舒适性,以及道路的排水状况,故《公路路线设计规范》(JTG D20—2017)对路线的平纵配合提出了严格的要求。由于公路路线平面图与纵断面图是分别表示的,所以在纵断面图的资料表中,以简约的方式表示出平纵配合关系。在该栏中,以"———"表示直线段;以"╱‾‾╲"和"╲__╱"或"⌐‾‾⌐"和"⌊__⌋"四种图样表示平曲线段,其中前两种表示设置缓和曲线的情况,后两种表示不设缓和曲线的情况,图样的凹凸表示曲线的转向,上凸表示右转曲线,下凹表示左转曲线。

从图10-7中可以看到该道路的水平设计线在桩号K6+400~K6+789.895段是平曲线,并沿路线前进方向右转,该平曲线设有缓和曲线,在K6+789.895~K7+100段是直线。

(7) 超高　为了减小车辆在弯道上行驶时的横向作用力,道路在平曲线处需设计成外侧高内侧低的形式(左转时,右侧高;右转时,左侧高),称为超高。路基边缘与设计线的高程差称为超高值,如图10-9所示。图10-9中,双点画线代表路基旋转前的位置,旋转轴的位置有多种情况,因涉及深层的知识,这里不多讨论。

在纵断面图的"超高"栏中绘出了超高方式图。用来表示路基横向坡度沿路线纵向的变化情况。用点画线绘出贯穿全栏的水平线作为基线,代表道路设计线。用细实线绘出路线前进方向右侧路基边缘线,用虚线绘出左侧路基边缘线。若路基边缘高于设计线,则绘于基线上方;反之,绘于下方,并标注出相应的路基横坡坡度。

如图10-7所示,在K6+479.952~K6+709.895段,其左、右侧路基横向坡度均为3%,左侧路基边缘线高于设计线,右侧路基边缘线低于设计线,该段道路在右转的平曲线上。横坡坡度3%,表示此处的路基边缘与中央分隔带边缘的高度差为路基边缘到中央分隔带宽度的3%,即如果路基边缘到中央分隔带宽度为10m,其超高值为0.3m。

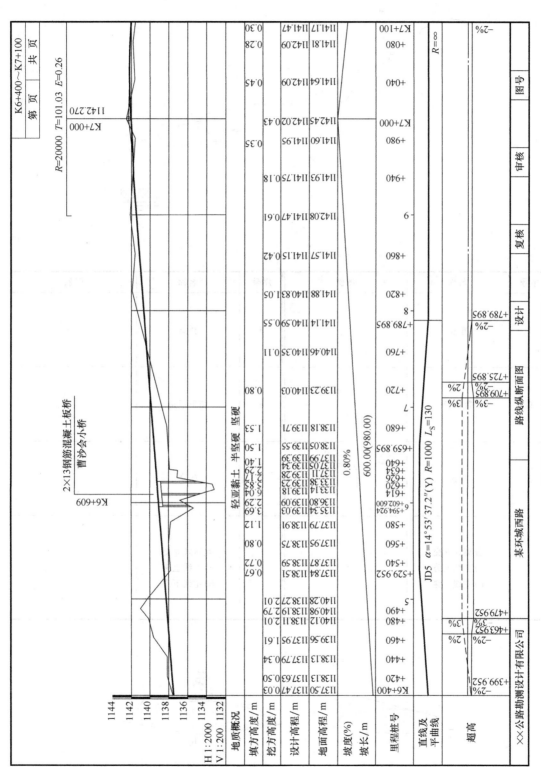

图 10-7 某环城西路路线纵断面图

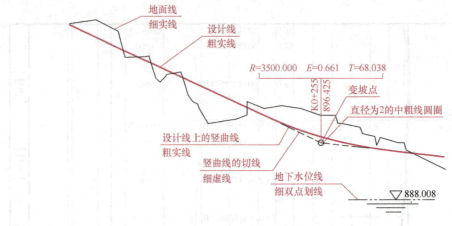

图 10-8 竖曲线要素及画法

表 10-3 道路工程常用构造物图例（纵断面图）

序号	名称	图例	序号	名称	图例
1	箱涵		5	桥梁	
2	盖板涵		6	箱形通道	
3	拱涵		7	管涵	
4	分离式立交 a) 主线上跨 b) 主线下穿	a) b)	8	互通式立交 a) 主线上跨 b) 主线下穿	a) b)

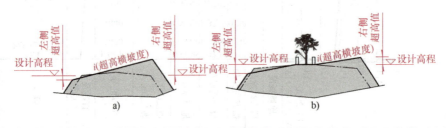

图 10-9 道路超高
a) 一般道路 b) 一级公路及高速公路

任务三 识读公路路基横断面图

任务提出

识读图 10-12 所示某环城西路 K6+400~K7+100 段的路基横断面图,并回答以下问题。

1)路基横断面图的剖切平面（ ）于道路中心线。
2)路基横断面图的用途是什么？
3)在路基横断面图上,路面线、边坡线、边沟线均采用（ ）线绘制,表示路面结构层厚度的线采用（ ）线绘制。道路中线采用（ ）线绘制,用地界线采用（ ）线绘制,原地面线采用（ ）线绘制。
4)什么叫填方路基？填土高度指什么？填方面积是否包括路面结构部分？
5)什么叫挖方路基？该图挖方边坡的坡度是（ ）,在图上指出路面结构部分。
6)什么叫半填半挖路基？此处什么情况下标注填土高度？什么情况下标注挖土高度？
7)在同一张图纸内绘制的路基横断面图,按什么顺序排列？
8)K6+580 处为路基,用彩色笔描绘出填方或挖方面积；K6+490 处为路基,用彩色笔描绘出填方或挖方面积。
9)K6+500 处挖方高度为（ ）m,挖方面积（ ）m^2,左、右侧路基宽度为（ ）m。

相关知识

一、分析路基横断面图及其作用

路基横断面图是用假想的剖切平面垂直于道路中心线剖切而得到的,其作用是表达路线各中心桩处路基横断面的形状和横向地面高低起伏状况。

工程上要求,在路线的每一中心桩处,应根据实测资料和设计要求,画出一系列的路基横断面图,用以计算公路的土石方量和作为路基施工的依据,路基横断面图要素及其画法如图 10-10 所示。

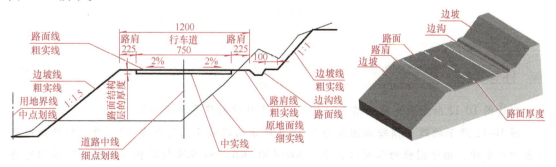

图 10-10 路基横断面图要素及其画法

二、分析路基横断面图

路基横断面图的基本形式有以下三种：

（1）填方路基（路堤） 整个路基全为填方区。如图10-11a所示，填土高度等于设计高程减去地面高程。填方边坡一般为1∶1.5。在图下注有该断面的里程桩号、中心线处的填方高度 H_t（m）以及该断面的填方面积 A_t（m^2）。

（2）挖方路基（路堑） 整个路基全为挖方区。如图10-11b所示，挖土深度等于地面高程减去设计高程，挖方边坡一般为1∶1（该图为1∶0.75）。图下注有该断面的里程桩号、中心线处挖方高度 H_w（m）以及该断面的挖方面积 A_w（m^2）。

（3）半填半挖路基 路基断面一部分为填方区，一部分为挖方区，是前两种路基的综合。如图10-11c所示，在图下注有该断面的里程桩号、中心线处的填（或挖）方高度 H_t（或 H_w）以及该断面的填方面积 A_t 和挖方面积 A_w。

在同一张图纸内绘制的路基横断面图，应按里程桩号顺序排列，从图纸的左下方开始，先自下向上，再自左向右排列，如图10-12所示。

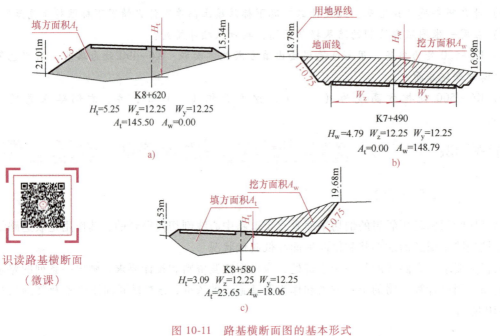

识读路基横断面（微课）

图 10-11 路基横断面图的基本形式
a）路堤 b）路堑 c）半填半挖路基

任务实施

识读图10-12所示某环城西路K6+400～K7+100段的路基横断面图。

图10-12所示的路基横断面图是与图10-3所示的路线平面图和图10-7所示的路线纵断面图相对应的，由于图幅的限制只引用了K6+400～K6+594.924段的横断面图。同学们可将三个图对照起来分析，以加深对公路路线工程图的理解。

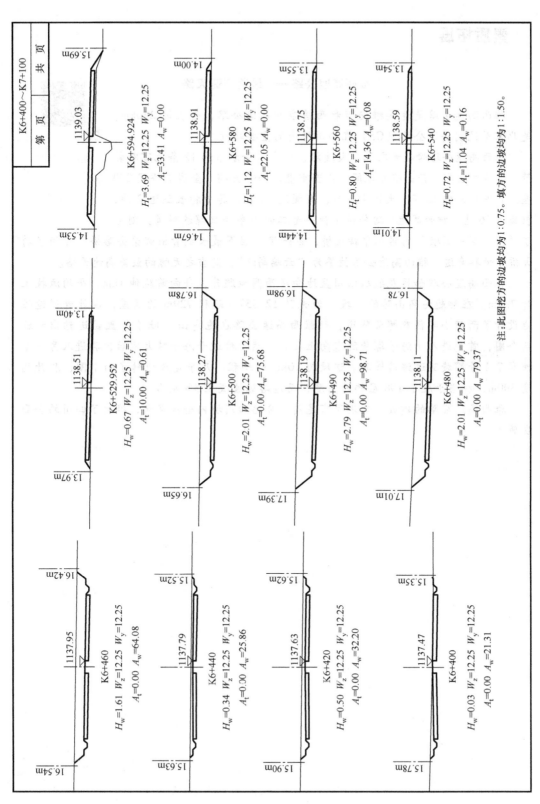

图 10-12 某环城西路路基横断面图

素质拓展

雅西高速公路——最美高速天路

雅西高速公路——最美高速天路

　　雅西高速公路是连接雅安市和西昌市的高速公路，全长近240km，是北京至昆明高速公路（G5）在四川境内的重要路段。

　　雅西高速公路跨越青衣江、大渡河、安宁河等水系和12条地震断裂带，整条线展布在崇山峻岭之间，山峦重叠、山峰尖峭。全线有桥梁270座，其中特大桥23座，大桥168座；有隧道25座，其中特长隧道2座，长隧道16座。雅西高速公路创造了独一无二的小半径双螺旋隧道，创造了"亚洲第一高墩"的腊八斤特大桥，创造了"世界最长钢管桁架梁公路桥"干海子特大桥等世界奇迹，雅西高速公路被誉为"云端高速"，是当之无愧的最美高速天路。

　　雅西高速公路如巨龙般从四川盆地向攀西高原爬升，每向前延伸1km，平均海拔上升7.5m。在翻越拖乌山脉的一段，为克服12.35km路程729m的高差，设计者创造性地设计了两座小半径双螺旋隧道，让雅西高速公路在拖乌山"肚子"里钻进钻出盘旋两个圈，首先进入干海子螺旋隧道向上爬升，然后跨过干海子特大桥后，再进入另一个铁寨子1号螺旋隧道继续攀爬。这段约10km的路程，几乎是原地转了两个圈，爬升高度300m，相当于爬了108层楼的高度，而道路纵坡减至3%左右。

　　雅西高速公路的建成，实现了京昆高速公路四川境内全线贯通，推动了四川的全面发展。

项目十一

识读城市道路工程图

项目目标

知识目标	1. 掌握城市道路横断面图、平面图、纵断面图的内容与特点 2. 理解城市道路横断面图、路线平面图、路线纵断面图的作用 3. 掌握城市道路排水系统施工图的内容与特点
能力目标	1. 能识读城市道路平面图、路线纵断面图、路线横断面图 2. 能识读城市道路排水系统施工图
素质目标	养成自觉到工程一线锻炼并利用各种渠道随时收集工程资料的好习惯,紧跟时代步伐,与时俱进,终身学习

项目描述

城市道路一般由机动车道、非机动车道、人行道、绿化带、分隔带、交叉口和交通广场以及各种设施组成,如图11-1所示。在交通高度发达的现代化城市,还建有架空高速道路以及地下道路等。

本项目以某城市道路为载体,以识读该段城市道路横断面图、路线平面图、路线纵断面图、道路排水系统施工图为任务,介绍识读城市道路工程图的方法。

图11-1 城市道路

任务一　识读城市道路横断面图

任务提出

识读图 11-3 所示某城市道路横断面施工图，并回答以下问题。

1）城市道路横断面有哪几种布置类型？
2）城市道路横断面图分为哪两种？
3）城市道路标准横断面图上应该绘制哪些内容？
4）图 11-3 所示城市道路横断面施工图由哪几部分组成？该道路的断面布置类型为几幅路面？
5）该道路机动车道（行车道）边缘、人行道外边缘相对于道路中线处的标高分别为（　　）m、（　　）m，机动车道及非机动车道的坡度分别为（　　）、（　　）。
6）在该城市道路横断面施工图中两侧机动车道、绿化带、非机动车道、人行道的宽度分别为（　　）m、（　　）m、（　　）m、（　　）m。
7）路面的结构层是指路面的铺装层，从上而下有（　　）层、（　　）层、（　　）层，面层一般为（　　）层，面层与基层之间还有（　　）。
8）图中机动车道路面结构的面层有（　　）和（　　），厚度分别为（　　）cm、（　　）cm；下封层是（　　），厚度为（　　）cm；基层为（　　），厚度为（　　）cm；底基层为（　　），厚度为（　　）cm。
9）图中非机动车道路面结构的面层有（　　）和（　　），厚度分别为（　　）cm、（　　）cm；基层为（　　），厚度为（　　）cm；底基层为（　　），厚度为（　　）cm。
10）图中人行道路面结构由上自下分别是（　　）、（　　）、（　　）、（　　）。
11）绿化带树穴以外部分面层为（　　），找平层为（　　），基层为（　　），底基层为（　　）。

相关知识

城市道路的线型设计结果也是通过平面图、纵断面图和横断面图来表达的。它们的图示方法与公路路线工程图完全相同，但由于城市道路的设计是在城市规划与交通规划的基础上实施的，交通性质和组成部分比较复杂，尤其是行人和各种非机动车较多，各种交通工具和行人的交通问题都需要在横断面设计中综合考虑予以解决，所以横断面设计是矛盾的主要方面，一般都放在平面和纵断面设计之前进行。

城市道路的横断面就是垂直于道路中心线方向的断面。城市道路的横断面由行车道（机动车道、非机动车道）、人行道、分隔带及绿化带等组成。

根据机动车道和非机动车道的布置形式不同，城市道路横断面的布置有以下四种基本类型：

1. 单幅路

俗称"一块板"断面。各种车辆在行车道上混合行驶。

2. 双幅路

俗称"两块板"断面。在行车道中心用分隔带或分隔墩将行车道分为两部分，上、下行车辆分向行驶。各自再根据需要决定是否划分快、慢车道。

3. 三幅路

俗称"三块板"断面。中间为双向行驶的机动车道，两侧为靠右侧行驶的非机动车道。机动车道和非机动车道之间用分隔带或分隔墩分隔。

4. 四幅路

俗称"四块板"断面。在三幅路的基础上，再用中间分隔带将中间机动车道分隔为二，分向行驶。

上述四种横断面布置类型如图 11-2 所示。

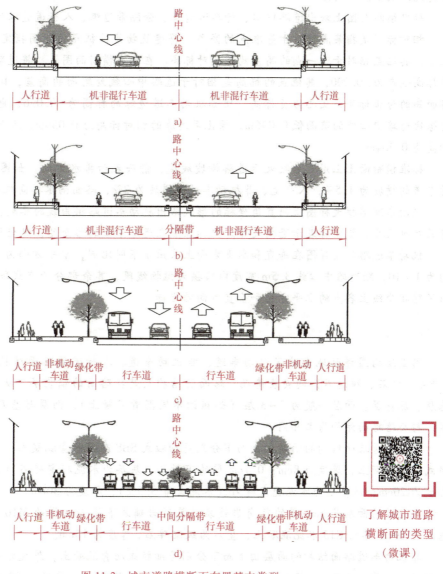

图 11-2　城市道路横断面布置基本类型
a) 单幅路　b) 双幅路　c) 三幅路　d) 四幅路

> 任务实施

识读图 11-3 所示的某横断面施工图。

一、识读标准横断面图

横断面最后的设计成果用标准横断面图来表示。标准横断面图主要表示各组成部分的位置和宽度尺寸，横断面上各特征点标高，道路的横坡及排水方向、机动车道路拱曲线的参数等。

标准横断面图标注出各组成部分的位置和宽度尺寸，该道路为"三块板"断面，机动车道宽 15.0m、非机动车道宽 3.5m、人行道宽 2.5m、绿化带宽 1.5m，道路总宽度（即道路建筑红线宽度）为 30.0m。

标准横断面图上给出道路中心、行车道边缘、分隔带边缘、人行道边缘的相对标高。

相对标高是指某点相对于基准点的高差。将建筑物某特征点的标高指定为 ±0.000 的基准点，其他点相对于这一点的高差就是相对标高。在标准横断面图上，将道路中心线处路面的标高设定为 ±0.000，其他点的标高是相对于道路中心线处路面的高差，比道路中心线处路面高的为正标高，反之为负标高。比如机动车道边缘的标高为 −0.096，也就是机动车道边缘比道路中心线的路面低 0.096m，绿化带边缘的相对标高为 0.054m，人行道边缘的相对标高为 0.204m。

标准横断面图上用百分数表示道路横坡坡度，箭头表示排水方向。如图 11-3 所示，机动车道的横坡为 1.5%，人行道、非机动车道的横坡为 2%，路面雨水排向机动车道边缘。

机动车道路拱大样图上用直角坐标的形式给出机动车道路拱曲线的参数，横坐标表示道路的宽度尺寸，纵坐标表示竖向尺寸。坐标原点在道路中心的路面处，纵坐标向下为正。

机动车道路拱大样图在垂直和水平方向上采用了不同比例，水平方向为 1∶50，垂直方向为 1∶10，距道路中心线 3.5m 宽度内路拱为抛物线段，其余部分为直线段，图 11-3 中给出了路拱曲线上各点的水平方向和垂直方向的坐标。

二、识读路面结构图

路面结构图详细地表达了机动车道、非机动车道、人行道的路面结构情况及路缘石（平石、侧石、镶边石）的安装情况。路面的结构层是指路面的铺装层，从上而下有面层、基层、底基层。面层一般为 2~3 层（如粗细不同沥青混凝土），面层与基层之间还有下封层，与公路路面结构基本相同。

机动车道路面结构的面层由上而下分别是细粒式 SBS 改性沥青混凝土，厚度为 4cm；粗粒式沥青混凝土，厚度为 8cm；0.7cm 厚的下封层。基层为水泥稳定碎石（水泥含量 5%），厚度为 20cm；底基层为水泥稳定碎石（水泥含量 3.5%），厚度为 30cm。

人行道的面层是 6cm 厚的花岗岩铺装，花岗岩铺装下是 3cm 厚的 M10 水泥砂浆找平，基层为 10cm 厚的 C15 水泥混凝土，垫层为级配碎石，厚度为 15cm。

非机动车道路面结构的面层由上而下分别是细粒式沥青混凝土，厚度为 4cm，中粒式沥青混凝土，厚度为 5cm；基层为水泥稳定碎石（水泥含量 5%），厚度为 20cm；底基层为水泥稳定碎石（水泥含量 3%），厚度为 15cm。

项目十一　识读城市道路工程图

绿化带树穴以外部分路面结构由上自下分别是 6cm 厚人行地砖，3cm 厚 M10 水泥砂浆找平，10cm 厚 C15 水泥混凝土，15cm 厚级配碎石。

路缘石的尺寸及安装情况请同学们自己分析。

三、识读路基横断面图

路基横断面图是由标准断面图的顶面轮廓线与实际地面线按纵断面设计的高程关系组合在一起得到的横断面图。

在完成道路纵断面设计之后，各中线上的填挖高度则为已知。沿道路中心线每隔一定距离绘制横断面地面线（若属旧街道的改建，实际上就是横断面的现状图），根据道路纵断面设计里程桩号、设计标高，以与横断面地面线（或横断面现状图）相同的比例，把标准横断面图套上去，就形成路基横断面图。此图反映了各断面上的填、挖和拆迁界线，所以也叫土方断面图。工程上要求在每一中心桩处（包括地形变化显著的加桩），顺次画出每一个路基横断面图，用来计算道路的土石方量，图 11-4 所示为改建工程的路基横断面图，图 11-5 所示为新建工程的路基横断面图，图 11-5 中高度方向的比例大于宽度方向的比例。

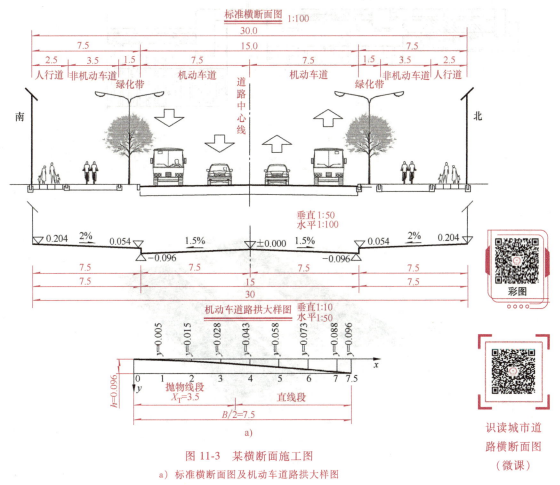

图 11-3　某横断面施工图
a）标准横断面图及机动车道路拱大样图

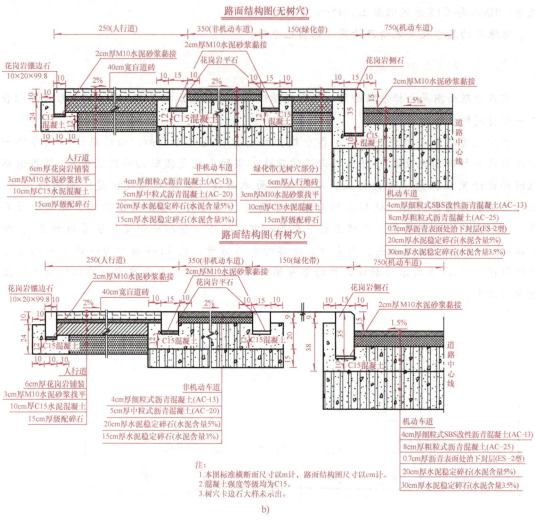

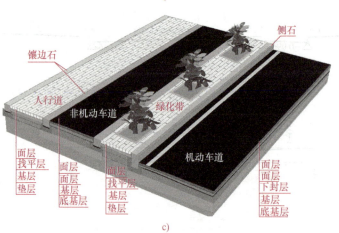

图 11-3 某横断面施工图（续）
b）路面结构图　c）路面结构立体示意图

图 11-4　路基横断面图（改建工程）

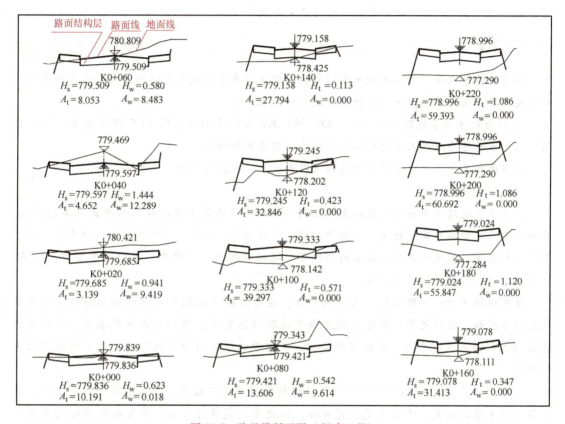

图 11-5　路基横断面图（新建工程）

任务二　识读城市道路平面图

任务提出

识读图 11-6 所示某道路平面图，并回答以下问题。

1) 该城市道路设计起点在该道路中心线与（　　）街道路中心线的交点处，该点的坐标为 $X=$（　　），$Y=$（　　），桩号为（　　），设计终点在该道路中心线与（　　）街道路中心线的交点处，桩号为（　　　），该点的坐标为 X =（　　　），Y =（　　　）。

2）该城市道路施工起点在（　　　）桩号处，施工终点在（　　　）桩号处。该城市道路的大致走向为由（　　　）到（　　　），龙城大街的走向为（　　　）方向。

3）在图示城市道路平面图中，非机动车道宽度为（　　　）m，人行道宽度为（　　　）m、绿化带宽度为（　　　）m。在 K0+080 处机动车道宽度为（　　　）m，在 K0+180 处机动车道宽度为（　　　）m。

4）非机动车道在两端路口处的坡道长（　　　）m，该道路在与龙城北街交叉处路缘石转弯半径为（　　　）m，该道路与龙城大街的交叉角度为（　　　）。

任务实施

城市道路平面图与公路路线平面图相似，它是用来表示城市道路的方向、平面线型和机动车道布置以及沿路两侧一定范围内的地形和地物情况。

图 11-6 所示为某道路 K10+000～K0+361.996 段的平面图，图 11-7 所示为其立体示意图，立体示意图中道路尺寸没有按比例绘出，宽度有所放大。

城市道路平面图的内容可分为道路情况和地形、地物两部分。

（一）道路情况

由于城市道路平面图采用比较大的比例，所以在平面图上可以按比例画出道路的宽度。在平面图中除要画出建筑红线、道路中心线、里程桩号，还要按比例绘制出机动车道、非机动车道的位置、宽度及各车道之间的分隔带、路缘带的位置、宽度，图中还应绘制人行道、人行横道线、交通岛、交叉口等。

城市道路中心线一般采用细点画线表示，道路红线（道路红线是道路用地与城市其他用地的分界线，红线之间的宽度也就是城市道路的总宽度）用粗双点画线表示。行车道边缘线（非机动车道边缘线）由粗实线绘出，绿化带边缘线用中实线绘出，原有道路用细实线绘出。

（1）**机动车道**　图 11-6 所示人行道边缘线为实施道路红线。该道路有一段展宽段，该路段机动车道比较宽，道路总宽度为 40m，机动车道宽度为 25m。其余路段道路总宽度为 30m，机动车道宽度为 15m。在整个路段上非机动车道、人行道、绿化带宽度都一样，非机动车道宽度为 3.5m，人行道宽度为 2.5m、绿化带宽度为 1.5m。

该道路机动车道中间没设置分隔带。机动车道与非机动车道之间有绿化带，所以该道路为"三块板"即三幅路面的断面布置形式。

（2）**里程桩号**　一般在道路中心线上，从起点到终点，沿前进方向注写里程桩号，可向垂直道路中心线方向画细短线，在细短线上方或旁边注写里程桩号。

（3）**方位**　道路的走向，可用坐标网或指北针来确定，图 11-6 同时标有坐标网和指北针表示，"⊕"符号表示指北针，箭头所指为正北方向，从指北针方向可知，该道路的大致走向为由西北到东南，图中龙城大街的走向为东西方向。

该城市道路设计起点在该道路中心线与龙城北街道路中心线的交点处，桩号为 K0+000，

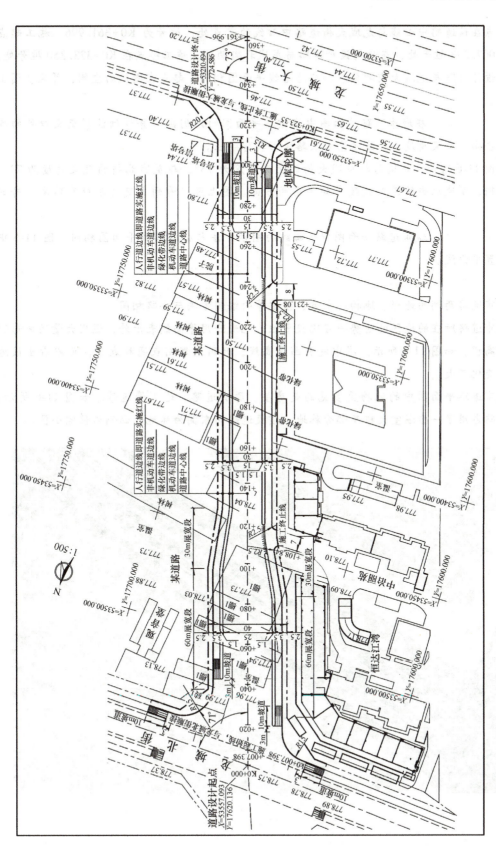

图 11-6 某道路平面图

设计终点在该道路中心线与龙城大街道路中心线的交点处，桩号为 K0+361.996。施工起点在 K0+007.398 桩号处，在此处设计道路与龙城北街顺接。施工终点在 K0+323.350 桩号处，在此处设计道路与龙城大街顺接。和公路路线平面图相同，起点在图纸的左侧，并且在图上有标注。

(4) **交叉口** 在城市道路平面图中应该按平面图的比例画出并详细注明交叉口处的各道路的去向、交叉角度、曲线元素以及路缘石转弯半径。

如图 11-6 所示，该道路与龙城大街的交叉角度为 73°，与龙城北街的交叉角度为 71°。龙城大街、龙城北街的道路大致走向为东西方向。图上可以看到各交叉路口处路缘石转弯半径。

(5) **平曲线** 城市道路平面图中平曲线的图示方法与公路路线平面图相同，图 11-6 中没有设置平曲线。

(二) **地形和地物情况**

城市道路两侧的地形、地物、水系、植被等的绘制方法与公路相同。

城市道路所在的地区的地势一般比较平坦。地形除用等高线表示外，还用大量的地形测点表示高程。如图 11-6 所示，图中没有画等高线，只用地形测点高程表示，可以看出该地区地形变化不大。

城市道路平面图中的地物更多见的是房屋、原有道路、地下管道等。如图 11-6 所示，设计道路占用了一些温室大棚及部分林地，该段道路的东侧为林地，西侧为住宅小区。

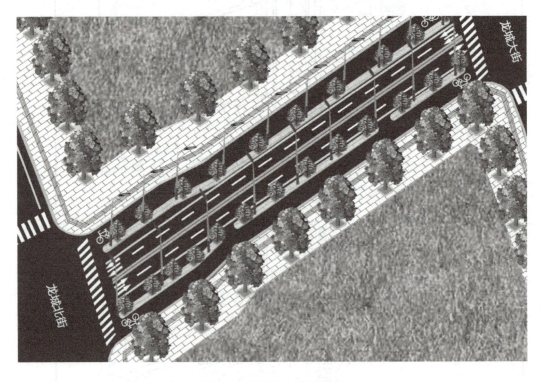

图 11-7 某道路立体示意图

任务三　识读城市道路纵断面图

任务提出

识读图 11-8 所示某道路纵断面图，并回答以下问题。

1）道路全长为（　　　）m。全程有（　　）个变坡点，其桩号分别是（　　　　　）。该道路有（　　）个坡段，每一坡段的坡度分别为（　　　　）。

2）从该断面图上可以看出，该城市道路施工起点在（　　　　）桩号处，施工终点在（　　　　）桩号处。施工起点的设计高程为（　　　　），施工终点的设计高程为（　　　）

3）该道路设计起点的桩号为（　　　　），设计终点的桩号为（　　　　）。

4）全程设有（　　）个竖曲线，是（　　　）形竖曲线。竖曲线半径为（　　　）m，竖曲线长度为（　　　）m。

5）该道路的平面线形是（　　　）线。

任务实施

城市道路纵断面图也是沿道路中心线的展开断面图。其作用与公路路线纵断面图相同，内容也是包括图样和资料表两部分，一般图样画在图纸的上部，资料表布置在图纸的下部。如图 11-8 所示为某道路 K0+000～K0+361.996 段的纵断面图。

（一）图样部分

城市道路纵断面图的图样部分完全与公路路线纵断面图的图示方法相同。如绘图比例竖向较横向放大数倍表示等，如图 11-8 所示。

该城市道路全长 361.996m，全程有 3 个变坡点，其中 K0+007.398 桩号处的变坡点是施工起点，在该点处设计道路与龙城北街顺接，K0+000～K0+007.398 桩号段的坡度为 1.297%；K0+323.350 桩号处的变坡点是施工终点，在该点处设计道路与龙城大街顺接，在 K0+323.350～K0+361.996 段的坡度为 1.478%。该道路全程设置有一个竖曲线，竖曲线半径为 $R=15000$m，竖曲线长度为 110.881m（255.441m-144.560m）。

（二）资料部分

城市道路纵断面图的资料表部分基本上与公路路线纵断面图相同，不仅与图样部分上下对应，还标注有关的设计内容，如图 11-8 所示。

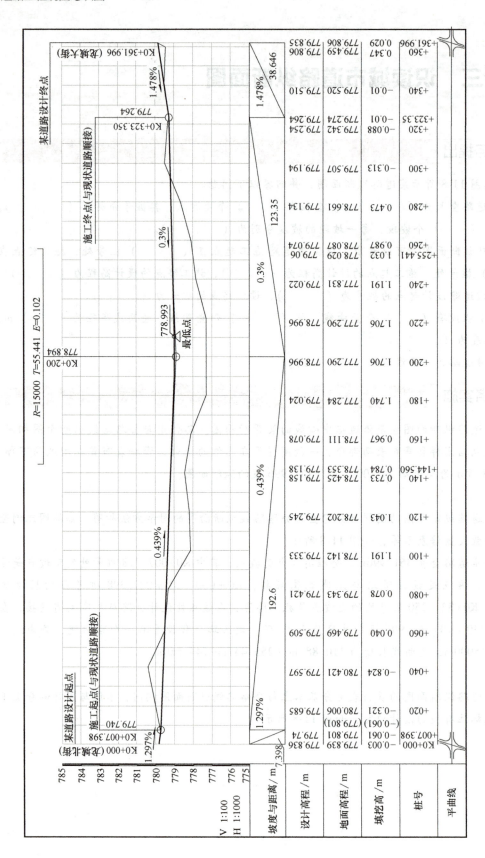

图 11-8 某道路纵断面图

任务四　识读城市道路排水系统施工图

▶ 任务提出

1. 识读图 11-13 所示某道路排水施工平面图，并回答以下问题。

1) 该城市道路排水施工平面图，雨水干管安装在机动车道上，位于道路的（　　）位置。雨水管线设计起点的桩号为（　　），检查井的编号为（　　）。其坐标为 $X=$（　　），$Y=$（　　）。雨水管线设计终点的桩号为（　　），检查井的编号为（　　）。

2) 在 K0+234～K0+274 段，雨水排水管直径为（　　）mm，长度（　　）m，方向由（　　）检查井流向（　　）检查井，纵向坡度为（　　）%。

3) 在编号为 Y7 检查井处有从道路东侧街坊接入的支管，该支管的直径为（　　）mm，长度为（　　）m，方向流向（　　）检查井，纵向坡度为（　　）%。

4) 雨水进水口安装在该雨水管线的两边，紧贴（　　）安装。

5) 在编号为 Y2 雨水检查井上除雨水干管外还接入了（　　）根连接管和（　　）根支管。

6) 在 K0+084、K0+152、K0+272 桩号处道路东侧街坊污水管横穿新建道路及雨水管接入污水干管，分别接入编号为（　　）、（　　）、（　　）的污水检查井。

7) 在 K0+112～K0+272 段，污水管道位于道路的什么位置？

8) 污水管线设计起点的桩号为（　　），检查井的编号为（　　）。管线设计终点的桩号为（　　），检查井的编号为（　　）。

2. 识读图 11-14 所示某道路雨水排水管线纵断面图，并回答以下问题。

1) 该图的横向比例为（　　），竖向比例为（　　），图中水流方向由（　　）窨井流向（　　）窨井。

2) Y3、Y4 号窨井间的距离为（　　）m，Y4 号窨井的桩号为（　　）。

3) Y5 号窨井处管道埋深为（　　）m，管底标高为（　　）m，路面设计标高为（　　）m。

4) K0+034～K0+010 的雨水管管径为（　　）mm，纵向坡度为（　　）%，管长为（　　）m，管道向（　　）方向偏转？

5) 雨水管道设计起点到设计终点之间管道长度为（　　）m。

6) 在（　　）、（　　）、（　　）号窨井处有东侧雨水支管接入。

7) 在 K0+084 桩号处，雨水管道下方有东侧污水支管穿过，该污水支管的直径为（　　）mm，长度为（　　）m，纵向坡度为（　　）%；该污水支管的管底标高为（　　）m。

3. 识读图 11-16 所示某道路污水管线纵断面图，并回答以下问题。

1) 污水管线设计起点的桩号为（　　），设计终点的桩号为（　　）。

2) 在该污水管道纵断面图中可见，有两个西侧雨水支管从污水干管上方穿过，其桩号分别为（　　）、（　　），其管底标高分别为（　　）、（　　）。

▶ 相关知识

城市道路排水系统分为污水排除系统和雨水排除系统。汇集和处理生活污水或工业废水的系统称为污水排除系统；汇集和排泄雨水的系统称为雨水排除系统。

雨水排除系统和污水排除系统工程图的图示方法基本相同，下面以雨水排除系统为例分析城市道路排水系统工程图。

一、城市道路雨水排除系统的组成

城区道路一般采用管道排水，即利用设在地下的相互连通的管道及相应设施，汇集和排除道路的地表水。城市道路雨水排除系统包括街沟、雨水收集口（雨水口）、雨水连接管、干管、雨水检查井、出水口等主要部分。道路上及其相邻地区的地面水依靠道路设计的纵、横坡度，流向道路两侧的街沟，然后顺街沟的纵坡流入沿街沟设置的雨水口，再由地下的连接管通到干管，排入附近河流或其他水体中去，如图11-9所示。

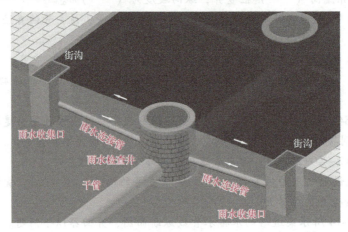

图11-9 雨水排水示意图

二、雨水管的布置

城市道路的雨水管应平行于道路的中心线布置。雨水干管一般宜设在快车道以外的慢车道或人行道一侧。

由于雨水管道施工及检修对道路交通干扰很大，所以，雨水管应尽可能不布置在主要交通干道的行车道下，而宜直接埋设在绿化带或较宽的人行道下，并注意与行道树、杆柱、侧石等保持一定的横向距离。

三、雨水口

雨水口也叫雨水进水口或雨水收集口，是在雨水管道或合流管道上汇集地表水的设施，由进水箅、井身及雨水连接管（雨水连管）组成，如图11-10所示。根据进水箅布置的不同，雨水口可分为平箅式、立式和联合式三种，图11-10所示为平箅式雨水口示意图。

四、检查井（窨井）

设置检查井是为了对地下管道进行检查和疏通，同时检查井还起连接不同方向和高度的

支管或连管的作用，图 11-11 所示为检查井立体示意图。相邻两个检查井之间的管道应在同一直线上，便于检查和疏通操作。检查井一般设置在管道容易沉积污物以及经常需要检查的地方，如管道断面改变处或交汇处，以及直线管段上每隔一定距离，都应布设检查井。

图 11-10　雨水口示意图

所谓雨水支管是指接入干管的与其他雨水井连接的管道，它还有上游管道。而雨水连接管是直接接在雨水收集口上的雨水收集管。

一般情况下，检查井上各管道的连接采用管顶平接，在进、出水管之间砌筑锥形流槽将进、出水管顺畅连接，即接入窨井的各管道的管顶标高是相同的，如图 11-12 所示。

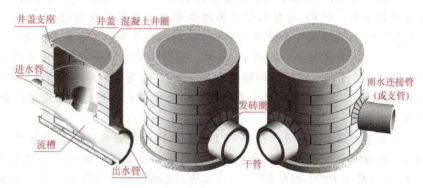

图 11-11　检查井立体示意图

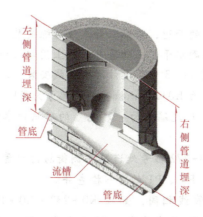

图 11-12　管顶平接示意图

任务实施

排水系统施工图通常包括施工平面图、施工纵断面图。

一、识读城市道路排水系统施工平面图

城市道路排水系统施工平面图是在城市道路平面图的基础上画出排水管线及其构造物的布置图样。在城市道路排水系统施工平面图中,为了突出管线的布置情况,设计管线应采用加粗实线表示,现状管道习惯上用粗虚线表示并在图上加以标注,其余的线可以采用相应的细线表示,如道路中心线用细点画线绘出,行车道边缘线(非机动车道边缘线)、绿化带边缘线用细实线绘出,人行道边缘线为实施道路红线,用细双点画线表示。在城市道路排水系统施工平面图上会注出图例加以说明。

识读城市道路排水施工平面图
(微课)

图 11-13 所示为某道路排水施工平面图。

1. 路况、地形、地物部分

城市道路排水系统施工平面图中的路况、地形、地物部分与城市道路平面图基本相同,只是为了突出管线的布置情况,道路部分的线型采用了相应的细实线。在该道路平面图中已做了详细的分析,这里不再赘述。

2. 管道设计部分

由图例可知,Y_n 表示雨水检查井的编号,和 Y_n 连接的管道为雨水管道;P_n 表示污水检查井的编号,和 P_n 连接的管道为污水管道;加粗实线为设计管道,粗虚线为现状管道(原有管道)。由图例可知图中的雨水口、雨水检查井、污水检查井等。

(1) 雨水排除系统 在图 11-13 中,设计雨水干管安装在机动车道上,位于道路的中心线位置,雨水管线设计起点的桩号为 K0+304,检查井的编号为 Y1。雨水管线设计终点的桩号为 K0+010,在此处设计雨水管线通过编号为"Y现"的现状雨水检查井接入龙城北街的现状雨水管线。

排水平面图上,在每一个窨井(检查井)处用引出线标明其编号、窨井处的桩号及坐标值。在每一管段干管和支管旁均标明其管径、长度、坡度、水流方向。如在 K0+074~K0+114 段标注 $D800$-40-0.2%,表示此段排水管直径为 800mm,长为 40m,水流方向由 K0+114 桩号流向 K0+074 桩号(由 Y6 窨井流向 Y7 窨井),坡度为 0.2%。在 Y2、Y7、Y5、Y8 窨井处都接入了街坊雨水支管。

雨水口安装在该雨水管线的两边,紧贴机动车道边缘安装。道路两侧的雨水口和街坊口的雨水井用连接管和支管接入雨水干管上的窨井,图上用粗实线标明各连接管的位置。

(2) 污水排除系统 在图 11-13 中,设计污水管线安装在道路西侧靠近非机动车道边线处,污水管线设计起点的桩号为 K0+272,检查井的编号为 P1。污水管线设计终点的桩号为 K0+010,在此处设计污水管线通过编号为"P现"的现状污水检查井接入龙城北街的现状污水管线。

在 K0+084、K0+152、K0+272 桩号处道路东侧街坊污水管横穿新建道路及雨水管接入污水主管,分别接入编号 P6、P4、P1 的污水检查井。

污水管线的标注与雨水管线相同,如在 K0+232~K0+192 段,污水排水管直径为 500mm,长度为 40m,方向由 P2 检查井流向 P3 检查井,纵向坡度为 0.4%。

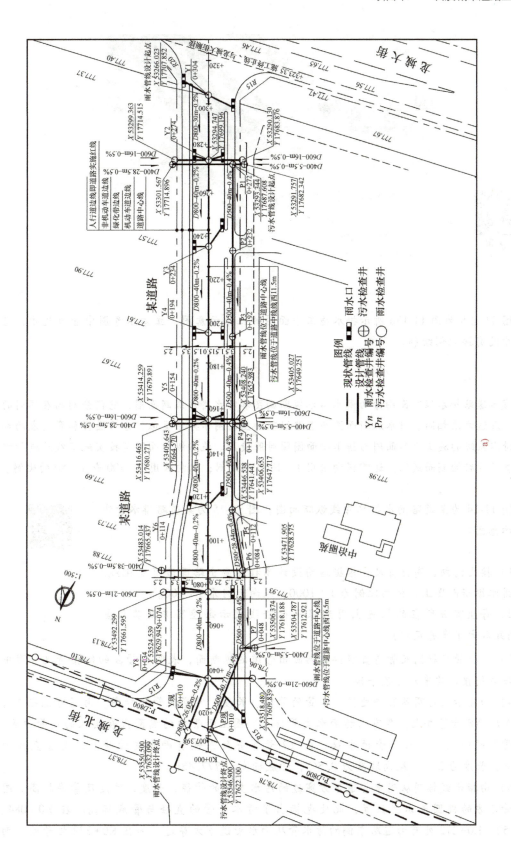

图 11-13 某道路排水施工平面图

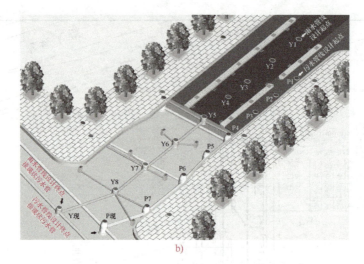

b)

图 11-13　某道路排水施工平面图（续）

图 11-13b 为图 11-13a 所示排水施工平面图的立体示意图，立体示意图中管道尺寸、道路尺寸没有按比例绘制。

二、识读城市道路排水系统施工纵断面图

城市道路排水纵断面图分为雨水排水纵断面图和污水排水纵断面图，它们分别画在不同的图上，表达方法相同。排水纵断面图与道路纵断面图的图示方法类似，分为图样和资料表两部分。排水系统的施工纵断面图与排水平面图须对照使用。施工纵断面图是按实地定线后进行水准测量的资料绘制而成的。通常横向选用 1∶1000 的比例；纵向选用 1∶100 或 1∶50 的比例。

1. 识读雨水排水纵断面图

图 11-14 为某道路雨水排水管线纵断面图，图 11-15 为某道路排水管线立体示意图。

识读城市道路排水管线纵断面图（微课）

（1）图样部分

1）按比例画出高程标尺，根据路面设计高程点画出路面坡度变化线。一般排水纵断面图上，横向比例为 1∶1000；纵向比例为 1∶100。

2）每座窨井所在的位置上用两根平行竖线表示每座窨井及其位置（其间距放大了窨井尺寸）。

3）根据管底标高及管道直径按比例画出管道的纵断面，表明各管段的衔接情况。图中各管段的衔接，均采用管顶平接。

4）由指示线标明各窨井处接入支管的管径、长度、坡度及管底标高。由图可见在 Y2、Y5、Y7、Y8 号窨井上，各有街坊雨水支管接入。图上干管内的椭圆代表接入的支管位置。图中管段的衔接，均采用管顶平接。如 Y7 号窨井处东侧有雨水支管接入，支管直径为 600mm，长度为 21m，纵向坡度为 0.5%，管底标高为 777.48m。

5）由指示线标明从雨水管道下方穿过的污水支管的管径、长度、坡度及管底标高。图上干管下方的椭圆表示其位置，此处也标出了污水支管的直径与管底标高。在 K0+084、K0+152、K0+272 处有由道路东侧的污水管从雨水管道下方穿过。如在 K0+272 桩号处，雨

水管道下方穿过的污水支管的直径为 400mm，长度为 28.5m，纵向坡度为 0.5%，该污水支管的管底标高为 776.37m。

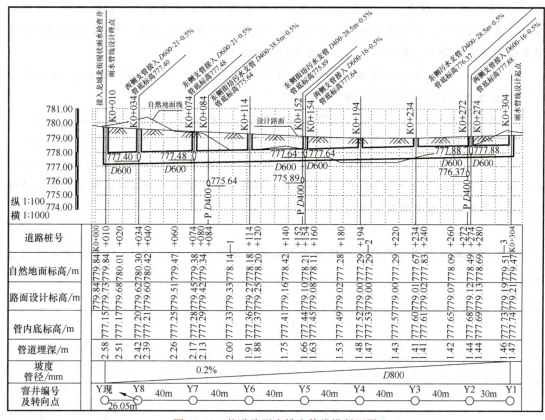

图 11-14　某道路雨水排水管线纵断面图

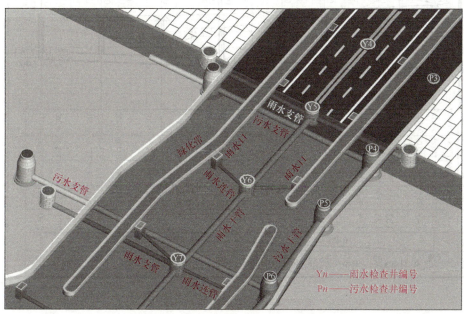

图 11-15　某道路排水管线立体示意图

(2) 资料表部分

1) 道路桩号。

2) 窨井编号、转向点、窨井间距：该项资料是取自排水平面图上标出的资料。管道在窨井位置如果改向，应标明转折方向符号，必要时还须注明转角大小。图 11-14 中的 Y8 号窨井位置画出的箭头，表明管道向水流方向的右侧转折。

3) 各管段的管径、设计纵坡：图 11-14 中各段干管的直径都是 800mm，坡度均为 0.2%，水流方向由 Y1 号窨井流向"Y现"窨井。

4) 各桩号处的自然地面标高、路面设计标高、管内底标高（管底标高）、管道埋深：其中管道埋深等于路面设计标高减去管底标高，管底标高就是管内底标高。如 Y4 号窨井处左侧管底标高 777.52m，管道埋深 1.48m，路面设计标高 779.00m，其桩号为 K0+194。管道埋深为 779.00m-777.52m=1.48m，如果此时窨井两侧干管的直径不同，那左右两侧的管道埋深、管底标高都不相同，如图 11-14 所示。

2. 识读污水排水纵断面图

污水排水纵断面图与雨水排水纵断面图表达方法相同，如图 11-16 所示，请同学们自己分析。

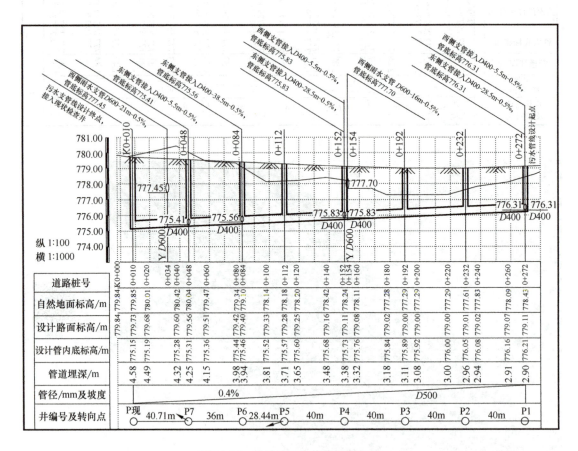

图 11-16 某道路污水管线纵断面图

素质拓展

故宫博物院排水系统——600多年前的智慧

如今的故宫博物院建立在始建于明成祖永乐四年（1406年）紫禁城的基础上。它是一座长方形城池，南北长961m，东西宽753m，四面围有高10m的城墙，城外有宽52m的护城河。

故宫博物院历经无数次暴雨从没有被淹过，原来早在600多年前修建故宫博物院的时候，一套完整庞大的排水系统就完美诞生了，工匠利用北京北高南低的地理特点，大致分为建筑排水、地表排水、地下暗沟等排水系统。

故宫博物院排水系统——600多年前的智慧

雨水降落时建筑屋顶的水通过排水口流到地面进入暗沟，还有一部分水顺着地面的坡度流入四周的石槽明沟，汇集到涵洞中，而地下暗沟将近13km，纵横交错四通八达，进入暗沟的水由支沟回到干沟流入金水河内，最后流入52m宽的护城河。就是这套完美的排水系统让600多年的故宫博物院从来没被雨水淹过。

中华民族自古就是充满智慧的和工匠精神的民族，我们要发扬光大祖先的优良传统，让我们的城市更加美好。

项目十二

识读桥梁工程图

项目目标

知识目标	1. 了解桥梁的组成与分类 2. 掌握桥型布置图的图示内容及各部分的图示特点 3. 掌握必要的钢筋混凝土知识 4. 掌握钢筋混凝土构件图的图示方法与特点 5. 掌握钢筋混凝土构件图的识图方法
能力目标	1. 能识读桥型布置图 2. 能识读桥梁构件的构造图
素质目标	1. 了解我国桥梁建设的辉煌成就，增加民族自豪感 2. 在学习任务的引导下自主完成学习任务，获得成就感，增强责任感和自信心

项目描述

当道路路线在跨越江河湖泊、山谷、低洼地带以及其他路线（公路和铁路）时，需要修筑桥梁以保证车辆的正常行驶和宣泄水流，保证船只的通航和桥下公路或铁路的运行，如图 12-1 所示。

本项目以某公路上的寿阳中桥为载体，以识读桥位平面图、桥位地质断面图、桥型布置图、构件构造图为任务，形成识读桥梁工程图的能力。

图 12-1　跨海大桥

任务一　识读桥梁总体布置图

任务提出

1. 了解桥梁组成与分类。
1）桥梁由哪几部分组成？
2）桥梁按受力体系不同可分为哪几种类型？
3）桥梁按全长和跨径的不同分为哪几种？
4）查询世界最长跨海大桥、最长公铁两用大桥、最长高速铁路桥、跨径最大钢拱桥、世界最高桥、跨度最大双层悬索桥、最大跨径的石拱桥的名称、地理位置及主要特征。

2. 识读图 12-4 所示桥位平面图，并回答以下问题。
1）图中桥梁中心位置的桩号为（　　　　），该桥的跨径为（　　）m，共有（　　）跨。该桥的大致走向为由（　　　）方向到（　　　）方向。
2）图中 1 号钻孔是什么类型的孔？其孔口标高为（　　　）m，孔深为（　　　）m。

3. 识读图 12-5 所示桥位地质断面图，并回答以下问题。
1）桥位地质断面图包括哪些内容？图 12-5 所示的桥位地质断面图中，桥梁中心位置处从上到下的各地质层分别为（　　　）层、（　　　）层、（　　　）层。
2）该桥位地质断面图上垂直方向的比例是（　　　），水平方向的比例是（　　　）。
3）图中 2 号钻孔是什么类型的孔？其孔口标高为（　　　）m，孔深为（　　　）m。

4. 识读图 12-7 所示桥型布置图，并回答以下问题。
1）当桥台、桥墩桩基（桩基础）埋置较深时，为了节省图幅经常采用（　　　）画法。
2）平面图可采用（　　　　　）或（　　　　　）画法来表示。图 12-7 所示桥梁的平面图采用（　　　　　）画法。
3）半剖图是指（　　　　　　　　　　）。
4）分段揭层的画法是指（　　　　　　　　　　）。
5）侧面图可采用（　　　　　）来表示。如图纸空间受到限制，在工程图中侧面图也可采用（　　　　　）合并而成。侧面图可以采用比平面图和立面图（　　　）的比例绘制。
6）画桥梁断面图时，为使图面清晰、突出重点只画剖切平面后离剖切平面（　　　）的可见部分。
7）图 12-7 所示桥梁采用了什么样的结构形式？
8）图 12-7 所示的桥梁，共有（　　）跨，跨径为（　　）m，桥梁长度为（　　　）m，桥梁宽度为（　　）m，上部结构由（　　）块板组成。
9）侧面图采用了两个断面图，断面图采用的比例为（　　　）。在两个断面图中指出桥墩立柱、桥墩桩基的投影，指出桥台立柱、桥台盖梁、桥台桩基的投影。在正面投影中指出耳墙、锥形护坡、桥头搭板的投影。
10）0 号桥台基础底面的标高为（　　　）m，该桥台位于（　　　　）桩号处。

相关知识

建造一座桥梁需用的图样很多,桥梁工程图主要有桥位平面图、桥位地质断面图、桥型布置图、构件一般构造图及构件钢筋构造图等几种。

一、桥梁的组成

桥梁主要由上部结构(主梁或主拱圈和桥面系)、下部结构(桥墩、桥台和基础)及附属构造物(栏杆、灯柱及护岸、导流结构物)等组成,如图12-2所示。上部结构习惯称为桥跨结构,桥墩和桥台是支撑桥跨结构并将荷载通过基础(桥台基础及桥墩基础)传至地基的建筑物,又称为墩台结构。在上部结构与下部结构连接处设置有传力装置支座。在路堤与桥台衔接处,一般还在桥台两侧设置石砌的锥形护坡,以保证迎水部分路堤边坡的稳定。

桥梁全长(桥长 L)是桥梁两端两个桥台的侧墙或八字翼墙后端点之间的距离,对于无桥台的桥梁为桥面系行车道的全长。

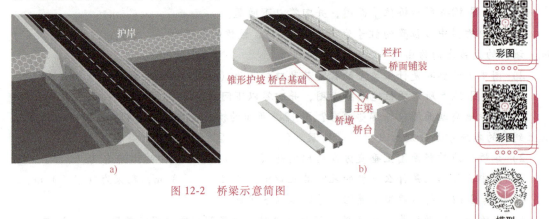

图 12-2 桥梁示意简图

二、桥梁的分类

桥梁按受力体系不同可分为梁式桥、拱式桥、悬索桥、斜拉桥、刚架桥、桁架桥等,如图12-3所示。

图 12-3 桥梁分类
a)梁式桥 b)拱式桥 c)悬索桥 d)斜拉桥 e)刚架桥 f)桁架桥

桥梁按主要承重结构所用的材料不同可分为圬工桥（包括砖、石、混凝土桥）、钢筋混凝土桥、预应力混凝土桥、钢桥和木桥等。

根据《公路桥涵设计通用规范》（JTG D60—2015），桥梁按全长和跨径不同分为特大桥、大桥、中桥和小桥，见表12-1。

表 12-1 桥梁按全长和跨径的不同分类

桥梁分类	多孔桥全长/m	单孔跨径/m
特大桥	$L>1000$	$L>150$
大桥	$100 \leqslant L \leqslant 1000$	$40 \leqslant L \leqslant 150$
中桥	$30<L<100$	$20 \leqslant L<40$
小桥	$8 \leqslant L \leqslant 30$	$5 \leqslant L<20$

桥梁按跨越障碍的性质分为：跨河桥、跨线桥（立交桥）、高架桥和栈桥。

无论其形式和建筑材料如何，图示方法是相同的。下面结合桥梁专业图的图示特点来识读和分析桥梁工程图。

任务实施

一、识读桥位平面图

桥位平面图也称为桥位地形图，是桥梁及其所在位置地形、地物的水平投影，主要表示桥梁与路线的连接情况以及桥梁所在位置地形、地物的情况。桥位平面图与路线平面图画法相同，只是比例比较大。

识读桥位平面图
（微课）

桥位平面图是通过地形测量绘出桥位处的道路、河流、水准点、钻孔及附近的地形和地物的平面图，以便作为桥梁设计、施工定位的根据。桥位平面图中的植被、水准符号等图例与道路路线平面图中的图例一致，一些特殊的图例在图中适当位置标出，读图时注意通过阅读图例来分析桥位平面图中的内容。

图12-4所示为某桥的桥位平面图。除了表示路线平面形状、地形和地物外，还表明桥位中心、钻孔、里程、水准点等的位置和有关数据。图中表示一座六孔跨径为20m的空心板梁桥跨越长源河，桥梁中心位于K5+835处。图中共有四个钻孔，有动探孔、取样孔和综合孔。3号钻孔是一个动探和取样的综合孔，其孔口标高为1001.6m，孔深为20.0m。

二、识读桥位地质断面图

桥位地质断面图是根据水文调查和地质钻探所得的资料，绘制成的桥梁所在河床位置的断面图，它是沿桥梁中心线用假想的铅垂面纵向剖切得到的断面图。桥位地质断面图包括河床断面线、钻孔位置、各地质层的地质情况、最高水位线、常水位线和最低水位线，以便作为设计桥梁上部结构、桥墩、桥台及其基础和计算土石方数量的依据；为了显示地质和河床深度变化情况，桥梁地质断面图上特意把地形高度（标高）的比例较水平方向比例放大数倍画出，图中地形高度（垂直方向）的比例采用1:200，水平方向比例采用1:500。

识读桥位地质断面图
（微课）

和桥位平面图一样，读图时要注意通过阅读图例来分析图中的内容。

图12-5所示为某桥的桥位地质断面图。图中标出了钻孔的位置、孔口标高、钻孔深度及孔与孔之间的间距，桥梁的地质断面图有时以地质柱状图的形式直接绘在桥型布置图的立面图正下方。有些桥可不绘制桥位地质断面图，但应写出地质情况说明。

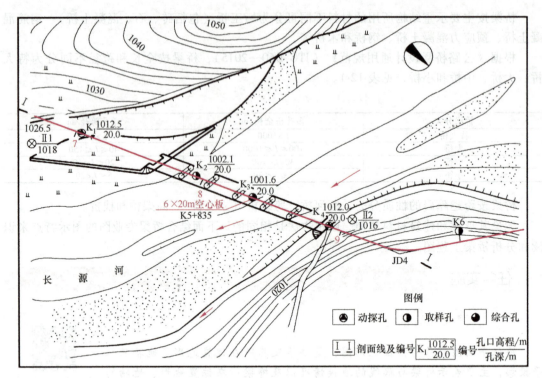

图 12-4 某桥的桥位平面图

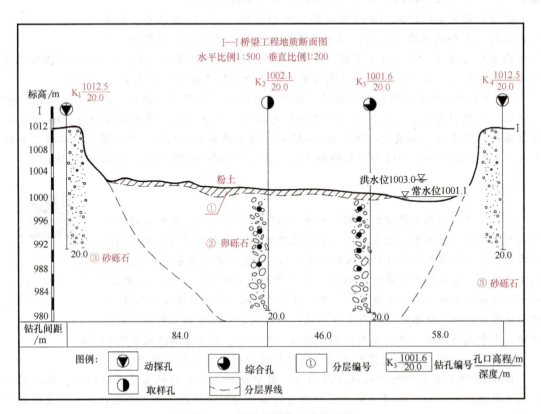

图 12-5 某桥的桥位地质断面图

三、识读桥型布置图

(一) 桥型布置图的图示内容

桥型布置图主要表明桥梁的结构形式、跨径、孔数、总体尺寸及各主要构件的相互位置关系,表明桥梁各部位的标高、总体的施工要求和技术说明等,作为施工时确定墩台位置、安装构件和控制标高的依据。

桥型布置图主要由立面图、平面图、侧面图(断面图)、纵断面高程数据表及附注组成,如图12-7所示。

立面图反映桥梁的总体特征和桥型,主要表达桥梁的总长、跨数、各跨跨径、纵向坡度、施工放样和安装所必需的桥梁墩台顶面、底面等处的标高、河床的形状及水位高度。立面图还应反映桥位起点、终点、桥梁中心处的里程桩号等及立面图方向桥梁各主要构件的相互位置关系。有时也在桥型布置图上表达地质断面的情况。立面图下面,在墩台中心线处标注墩台的编号,起点处的桥台为0号,然后依次编号。

平面图主要表达桥梁在水平方向的线型、桥墩、桥台的布置情况及行车道、人行道、栏杆等位置。

侧面图一般是由2~3个不同位置的断面图组成,主要表达桥梁的横向布置、桥梁宽度、桥跨结构横断面布置及横坡设置情况。

纵断面高程数据表中,应列出各桥台、桥墩及各测点处的地面标高和设计标高,应列出桥梁的纵坡。附注中列出一些施工要求和技术说明等。

(二) 桥型布置图的图示特点

1) 桥梁的立面图以垂直于桥梁轴线的方向作为投影方向,当桥梁对称时立面图可以采用半剖面图,一半画成半立面图,另一半画成半剖面图,剖切平面通过桥梁中心线。由于桥台、桥墩桩基(桩基础)一般埋置较深,为了节省图幅经常采用折断画法。

2) 平面图上一般不画被桥面遮挡部分的投影,目的是使图面清晰,尽量少画虚线。可采用半剖面图或分段揭层的画法来表示,半剖面图是指左半部分为水平投影图,右半部分为剖面图(假想将上部结构揭去后的桥墩、桥台的投影图)。分段揭层的画法是指在不同的墩台处假想揭去不同高度以上部分的结构后画出投影的方法。当桥梁结构较简单时也可采用单纯的水平投影图来表示。

3) 为了更清晰地表达桥跨结构,断面图可以采用比平面图和立面图较大的比例。在道路工程图中,为使图面清晰、突出重点,断面图中,只画剖切平面后离剖切平面较近的可见的部分。如图纸空间受到限制,侧面图也可采用两个不同位置的断面图各画一半合并而成。

4) 根据《国标》规定,可将土体看成透明体,所以埋入土中的基础部分都认为是可见的,可用粗实线表示。

(三) 识读桥型布置图示例

图12-6所示为某空心板简支梁桥的立体图。图12-7所示为该桥的桥型布置。该桥位于K38+390.00处,是四跨钢筋混凝土空心板梁桥。

从立面图上可以看出该桥起点桩号为K38+367.50,终点桩号为K38+412.50,桥跨中心位于K38+390.00桩号处。全桥共四跨,跨径均为10m,

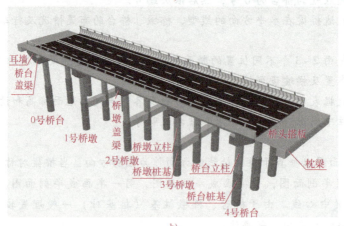

图 12-6 某空心板简支梁桥的立体图

全长为 45m（从耳墙的后边缘算起）。立面图上标注出桥梁中心线上桩基底面、顶面、立柱顶面各部分的标高。根据图中桥梁各部分的标高可以知道立柱的高度及混凝土钻孔灌注桩的埋置深度等，由于桩基础埋置较深，为使节省图幅采用了折断画法。

立面图中还反映出两边桥台为带耳墙的柱式桥台，由立柱和柱下的钻孔灌注桩基础（桩基）组成。河床中间有 3 个柱式桥墩，它由立柱、系梁和钻孔灌注桩基础共同组成。将土体看成透明体，所以埋入土中的桩基础部分画成实线。

立面图上桥台两侧与道路衔接处的虚线是桥头搭板，搭板下的长方形虚线是枕梁，桥头搭板一端支撑在枕梁上，一端支撑在桥台背墙上，连接道路和桥梁。

平面图采用了分段揭层的画法，2 号桥墩中心线左侧为投影图，主要表达锥形护坡以及桥面的布置情况；2 号桥墩中心线右侧是假想揭去桥梁上部结构后画出的，主要表达桥墩盖梁和支座的布置情况；3 号桥墩处是假想揭去了盖梁以上的部分后画出的，主要表达立柱、桩基的分布情况及立柱、桩基与系梁的关系；右侧桥台处是假想揭去桥梁上部结构后得到的，主要表达桥台盖梁、支座、耳墙、桥台立柱、桩基的布置情况。为使图面清晰，平面图中大部分虚线被省略。

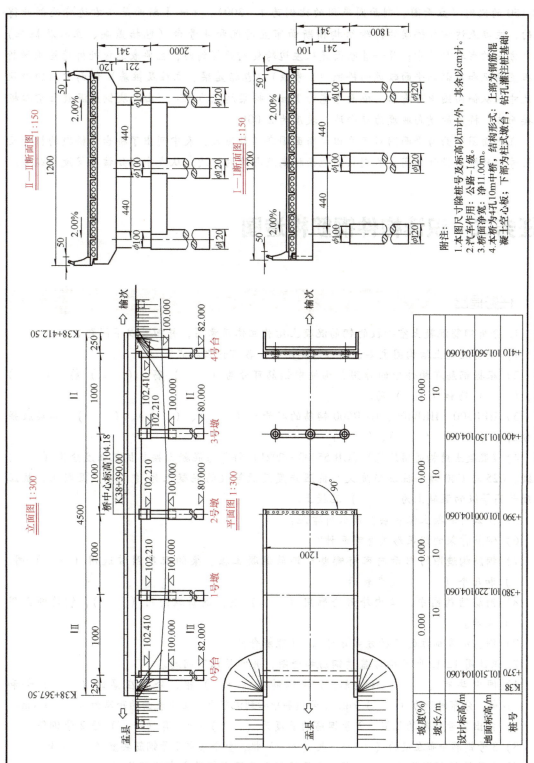

图 12-7 某桥的桥型布置图

侧面图用Ⅰ—Ⅰ和Ⅱ—Ⅱ两个断面图来表达。为了更清楚地表达断面形状,该图采用1∶150的比例(立面图、剖面图采用的比例为1∶300),Ⅰ—Ⅰ断面是在右边跨处剖开得到的,主要表达该处桥梁的桥跨结构横断面布置情况和4号台(包括盖梁、立柱及桩基)侧面方向的形状与尺寸;Ⅱ—Ⅱ断面是从左边跨处剖开得到的,主要表达该处桥跨结构横断面布置情况和离剖切平面较近的桥墩(1号墩)(包括盖梁、立柱及桩基)侧面方向的形状与尺寸。从侧面图中可看出,桥面净宽为11m,桥梁总宽为12m,由九块钢筋混凝土空心板拼接而成,桥面的横向坡度为双向坡,坡度为2.00%。

在平面图下面与平面图对齐画出纵断面图高程数据表,表中列出了桥台、桥墩的桩号及各桩号处的桥面设计标高、各测点的地面标高及各跨的纵坡。从表中可知该桥梁没设纵坡。

任务二　识读构件钢筋构造图

任务提出

1. 分析钢筋混凝土空心板的钢筋混凝土结构立体示意图,并回答以下问题。

1)钢筋混凝土结构图主要包括哪两类图样?各有什么特点?

2)根据钢筋在构件中的作用,构件中钢筋可分为(　　)筋、(　　)筋、(　　)筋、(　　)筋和(　　)筋。

3)HPB300、HRB400、HRB500钢筋的符号为(　　)、(　　)、(　　),其屈服强度分别为(　　)、(　　)、(　　)。

4)《混凝土结构通用规范》(GB 55008—2021)将普通混凝土按其抗压强度分为(　　)等级。C25与C40哪个抗压强度大?抗压强度最低等级的混凝土为(　　)混凝土,抗压强度最高等级的混凝土为(　　)混凝土。

5)什么叫混凝土保护层?什么叫净距?

6)钢筋骨架的组装形式有哪两种?

7)钢筋构造图的图示内容有哪些?钢筋混凝土板、梁的配筋图常选用(　　)图、(　　)和几个(　　)图来表示。

8)钢筋结构图中,结构外形轮廓用(　　)线,钢筋纵向用(　　),钢筋断面用(　　)表示。

9)钢筋编号标注的三种方式是什么?(理解含义)

2. 识读图12-12所示桥台盖梁钢筋构造图,并回答以下问题。

1)图中共有(　　)种钢筋,1号钢筋有(　　)根,分布在梁的(　　)部和(　　)部,分布间距为(　　)cm,1号钢筋中心到混凝土梁上下表面的距离为(　　)cm。

2)指出2号钢筋的位置,2号钢筋的长度为(　　)cm,有(　　)根2号钢筋。

3)3号钢筋分布在梁的(　　),共(　　)根,整个梁中3号钢筋共重(　　)kg。

4)4号箍筋全梁共(　　)根,4号箍筋在盖梁中部的分布间距为(　　)cm。

5)图中桥台盖梁的混凝土强度等级为(　　)。该盖梁需(　　)m³的混凝土。

相关知识

一、了解桥梁构件

图 12-8 所示为桥梁各主要构件的立体示意图。桥梁由上部结构（桥跨结构）、下部结构（墩台结构）及附属构造物等组成。桥梁的上部结构包括主梁和桥面系，空心板、桥面铺装为桥梁的上部结构，桥跨结构是桥梁中的主要受力构件。桥梁的下部结构包括桥墩、桥台和基础。桥跨结构通过支座支撑在桥墩、桥台上。桥跨结构上部的栏杆为桥梁的附属结构。

桥梁构件大部分是钢筋混凝土构件，钢筋混凝土结构图主要包括两类图样：一类称为构件一般构造图（或模板图），只画出构件的形状和大小，不表示内部钢筋的布置情况；另一类称为钢筋构造图（或钢筋结构图或钢筋布置图），主要表示构件内部钢筋的布置情况。当构件比较简单时只画钢筋构造图。

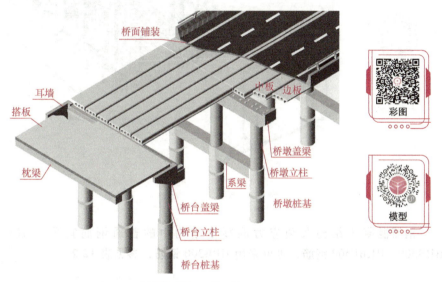

图 12-8 桥梁构件的立体示意图

二、钢筋混凝土知识

钢筋混凝土结构是由钢筋和混凝土两种物理力学性能不同的材料按一定的方式结合成一个整体共同承受外力的结构物，如钢筋混凝土梁、板、柱、桩、拱圈等。

钢筋混凝土知识
（微课）

（一）钢筋的作用与分类

根据钢筋在构件中所起的作用，可分为下列几种：

（1）**受力钢筋（主筋）** 承受构件内力的主要钢筋，如图 12-9 中的 N1。

（2）**箍筋（钢箍）** 主要固定受力钢筋位置，并承受一部分内力，如图 12-9 中的 N7、N8。

（3）**架立钢筋** 用来固定箍筋的位置，并与构件内的受力钢筋、箍筋一起构成钢筋骨架，如图 12-9 中的 N3。

(4) 分布钢筋　一般用于钢筋混凝土板或高梁结构中，用以固定受力钢筋位置，使荷载更好地分布给受力钢筋和防止混凝土收缩或温度变化出现裂缝，如图 12-9 顶部的 N3 是架立钢筋，也是分布钢筋。

(5) 构造筋　因构件的构造要求和施工安装需要配置的钢筋，如图 12-9 中的吊装钢筋、铰缝钢筋等。

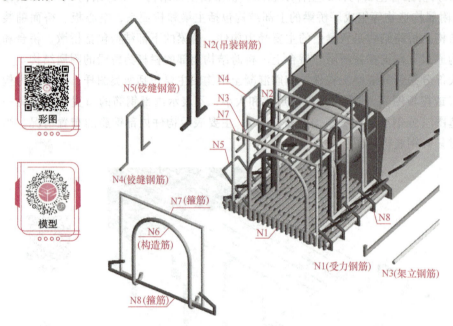

图 12-9　钢筋混凝土空心板中的钢筋

(二) 钢筋的种类与符号

钢筋混凝土结构及预应力混凝土结构中的普通钢筋宜采用 HRB400、HRBF400、HRB500、HRBF500 钢筋，也可采用 HPB300 钢筋，参见表 12-2。

表 12-2　钢筋强度标准值

种类	符号	d/mm	屈服强度标准值/(N/mm^2)	极限强度标准值/(N/mm^2)
HPB300	Φ	6～14	300	420
HRB400 HRBF400 RRB400	Φ Φ^F Φ^R	6～50	400	540
HRB500 HRBF500	Φ Φ^F	8～40	500	630

(三) 钢筋的弯钩

对于受力钢筋，为了增加它与混凝土的黏结力，在钢筋的端部做成弯钩，弯钩的标准形式有半圆、直弯钩和斜弯钩三种，如图 12-10 所示。

(四) 混凝土的等级和混凝土保护层

《混凝土结构通用规范》（GB 55008—2021）规定，混凝土按其抗压强度分为不同的等级，即 C20、C25、C30、C35、C40、C45、C50、C55、C60、C65、C70、C75、C80 十三个等级。数字越大，混凝土的抗压强度越高。

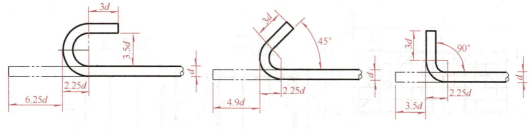

图 12-10　钢筋的弯钩

为了防止钢筋裸露在大气中而锈蚀，结构构件中钢筋外表面到混凝土表面必须有一定的厚度。结构构件中钢筋外缘至混凝土表面的混凝土层称为混凝土保护层。最外层钢筋外缘至混凝土表面的距离为混凝土保护层的厚度。

（五）钢筋骨架

为制作钢筋混凝土构件，先将不同直径的钢筋，按照需要的长度截断，根据设计要求进行弯曲，再将弯曲后的钢筋组装。钢筋组装成型，一般有两种方式：一种是用钢丝绑扎钢筋骨架；另一种是焊接钢筋骨架，先将钢筋焊成平面钢筋骨架，然后用箍筋绑扎或焊接成立体钢筋骨架形式，如图 12-11 所示。

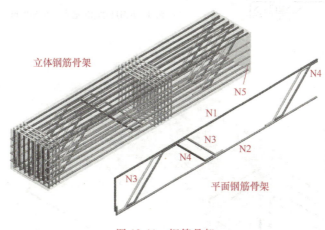

图 12-11　钢筋骨架

三、钢筋混凝土结构图的图示内容与特点

（一）钢筋构造图的图示内容

1. 配筋图

对于梁、板等钢筋混凝土结构，常选用立面图、平面图和几个断面图来表示，如图 12-12 所示；对于柱体类钢筋混凝土结构，则采用一个立面图和几个断面图来表示。配筋图主要表明各钢筋的配置，它是绑扎或焊接钢筋骨架的依据。

2. 成型图（钢筋详图）

钢筋成型图是表示每根钢筋形状和尺寸的图样，是钢筋成型加工的依据。在画钢筋成型图时，主要钢筋应尽可能与配筋图中同类型的钢筋保持对齐关系，如图 12-12a 所示。

钢筋构造图
的图示内容
（微课）

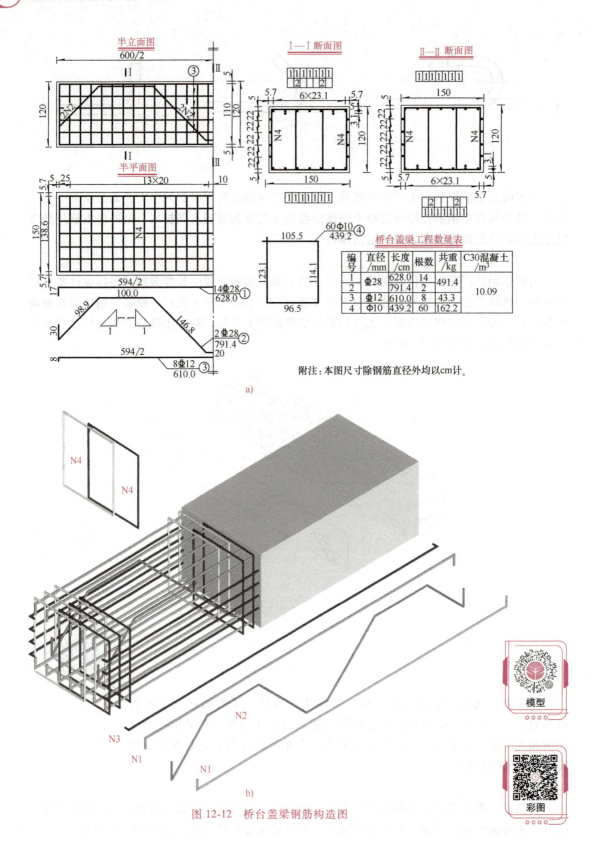

图 12-12 桥台盖梁钢筋构造图

3. 工程数量表（钢筋明细表）

在钢筋构造图中，一般还附有工程数量表，内容包括钢筋的编号、直径、长度、根数、共重等，如图 12-12a 中的工程数量表。

（二）钢筋构造图的图示特点

1) 为突出结构物中钢筋配置情况，把混凝土假设为透明体，结构外形轮廓画成细实线，如图 12-12a 所示。

2) 钢筋纵向画成粗实线（钢箍可为中实线），钢筋断面用黑圆点表示，如图 12-12a 中的断面图。

钢筋构造图的图示特点（微课）

3) 当钢筋密集，难以按比例画出时，钢筋间的间隙允许放大绘制；当钢筋并在一起时，画图应留有空隙，以免线条重叠。

4) 在钢筋构造图中，钢筋直径的尺寸单位采用 mm，其余尺寸单位均采用 cm，图中无须标注单位。

5) 在钢筋构造图中，要用阿拉伯数字对各种钢筋编号。一般主筋的编号在前，箍筋等的编号在后。

钢筋编号的标注方式：

1) 可将编号注在引出线外端的细实线圆圈内。如图 12-12a 中的 $\frac{8 \, \Phi \, 12}{610.0}$③。$\frac{8 \, \Phi \, 12}{610.0}$③ 表示编号为 3 号的钢筋，有 8 根，直径为 12mm，钢筋为 HRB400 钢筋（Φ是钢筋符号，也表示钢筋的种类，不同种类的钢筋符号不同，见表 12-2），每根钢筋的断料长度（总长度）为 610cm。

2) 可将编号标注在与钢筋断面对应的细实线方格内，如图 12-12a 所示的 Ⅰ—Ⅰ 断面图下部是 7 根 1 号钢筋。

3) 可将冠以 N 字的编号，注写在钢筋的侧面，根数标在 N 字之前（有时不注写根数）。如图 12-12a 中的 2N2 表示 2 根编号为 2 的钢筋。

（三）钢筋构造图的识读方法

1) 概括了解图示内容及剖面图、断面图的剖切位置和投影方向。

2) 根据各投影中给出的细实线的轮廓线确定混凝土构件的外部形状。

3) 综合阅读各配筋图（立面图、平面图、断面图）、钢筋详图及工程数量表，分析各种钢筋的形状、尺寸、数量及分布情况。

识读钢筋构造图的方法（微课）

一般可以在断面图中分析主筋、架立钢筋及分布钢筋在构件断面中的分布情况，分析箍筋的组成，分析箍筋与主筋以及架立钢筋之间的关系。而在立面图、平面图中分析箍筋沿构件长度方向的分布情况。各种钢筋的详细尺寸与形状要仔细阅读钢筋详图。

4) 仔细阅读工程数量表确定钢筋的种类及各种钢筋的直径、强度等级、数量。

▶ **任务实施**

识读图 12-12a 所示桥台盖梁钢筋构造图。为了使图面清晰，立体示意图中省略了中间部分的箍筋。

该图的图示内容有半立面图、半平面图、Ⅰ—Ⅰ 断面图、Ⅱ—Ⅱ 断面图、钢筋详图及工程数量表。从细实线的轮廓线可看出盖梁的形状是四棱柱。全梁共有 4 种钢筋，1、2 号钢筋为受力钢筋（主筋），直径均为 28mm。1 号钢筋有 14 根，分布在梁的顶面和底面；2 号钢筋为斜筋，有 2 根，主要承受剪力。3 号钢筋为分布钢筋，钢筋直径为 12mm，共 8 根，布置在梁的两侧面。4 号钢筋是箍筋，钢筋直径为 10mm，分布在整个梁上，共 2×(13+1+1) 道 60 根。1、2、3 号钢筋是 HRB400 钢筋，4 号钢筋是 HPB300 钢筋。

任务三　识读桥跨结构图

任务提出

1. 识读图 12-14 所示钢筋混凝土空心板一般构造图，并回答以下问题。

1）钢筋混凝土板的跨径为（　　）m，实际长度为（　　）m，中板的宽度为（　　）。

2）立面图、平面图上端部的虚线表示什么？混凝土封头的长度为（　　）cm，封头的混凝土等级为（　　）。

3）锚栓孔的直径为（　　）cm。

4）支座中心线到钢筋混凝土端部的距离为（　　）cm。

2. 识读图 12-15 所示钢筋混凝土中板钢筋构造图，并回答以下问题。

1）图中共有（　　）种钢筋，其中 1 号钢筋有（　　）根，分布在板梁的（　　）部，1 号钢筋的中心间距为（　　）cm。

2）2 号钢筋为吊装钢筋，分布在梁的两端，共（　　）根，3 号钢筋为架立钢筋，共（　　）根。6 号钢筋每（　　）cm 设一道，其下端钩在（　　）号钢筋上并与之绑扎，全梁共（　　）根。

3）4、5 号钢筋为横向连接钢筋，分布间隔均为（　　）cm，各（　　）根。7、8 号钢筋均为（　　）根。其中 39×20 代表什么含义？

4）一块钢筋混凝土中板中钢筋总质量为（　　）kg。

3. 识读图 12-17 所示一孔桥面铺装钢筋构造图，并回答以下问题。

1）桥面铺装层由（　　）种钢筋组成，现浇 C30 混凝土（　　）cm，面层为（　　）cm。

2）尺寸数字 2×162+7×124+8×1=1200 表示什么意思？

3）一孔桥面铺装需要沥青混凝土（　　）m³。

4）桥面行车道宽度为（　　）cm，桥梁总宽为（　　）cm。

4. 识读图 12-18 所示一孔桥面连续钢筋构造图，并回答以下问题。

1）2 号钢筋长（　　）cm，其长度方向（　　）于桥梁中心线，在桥墩中心线两侧各 50cm 范围内均匀分布，每（　　）cm 布置一根，共（　　）根。

2）3 号箍筋垂直于 2 号钢筋均匀分布在整个桥宽上，间距为（　　）cm，共（　　）根。

3）1 号钢筋平行于桥面中心线，每隔（　　）cm 一根，共（　　）根，1 号钢筋长度为（　　）cm。1号钢筋中部（伸缩缝两侧）有110 cm长度为失效段，失效段采用什么裹紧的措施，做到钢筋不与混凝土黏结？

4）一孔桥面连续缝需要C30混凝土（　　）m³。

▶ 任务实施

桥跨结构包括主梁和桥面系。常见的钢筋混凝土主梁有钢筋混凝土空心板梁、钢筋混凝土T形梁及钢筋混凝土箱梁等，如图12-13所示。

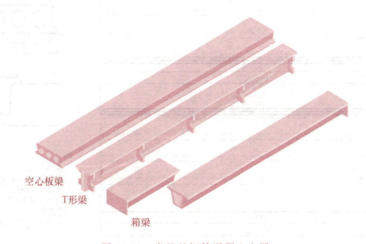

图 12-13　常见的钢筋混凝土主梁

一、识读钢筋混凝土空心板一般构造图

图12-14a所示为图12-6所示桥梁上的钢筋混凝土空心板中板和边板的一般构造图，图12-14b所示为空心板立体示意图。图12-14a主要表达板的外部形状与尺寸，它由半立面图、半平面图、断面图及铰缝钢筋大样图组成。由于边板和中板的立面形状区别不大，所以图中只画了中板立面图；又由于空心板左右对称，图中采用了半立面图、半平面图。该空心板的跨径为1000cm，两端留有接头缝（端缝），板的实际长度为996cm。中板宽度为124cm，板的横向也留有1cm的缝。边板的宽度为162cm。断面图中省略了材料图例。

二、识读钢筋混凝土中板钢筋构造图

图12-15a所示为钢筋混凝土中板钢筋构造图，图12-15b所示为其立体示意图。在钢筋构造图中用细实线表示其外形轮廓线。该图由立面图、平面图、横断面图、钢筋详图及工程数量表及附注组成。由于空心板比较长，而且中间部分的钢筋均匀分布，没有变化，所以立面图、平面图都采用了折断画法。平面图由1/2 Ⅰ—Ⅰ断面图、1/2 Ⅱ—Ⅱ断面图拼接而成，分别表达了板下部与上部钢筋分布情况。Ⅰ—Ⅰ断面图、Ⅱ—Ⅱ断面图分别采用了折断画法。横断面图表达出空心板的三个圆孔位置、钢筋的断面分布情况及主要钢筋的定位尺寸。

识读钢筋混凝土中板钢筋构造图（微课）

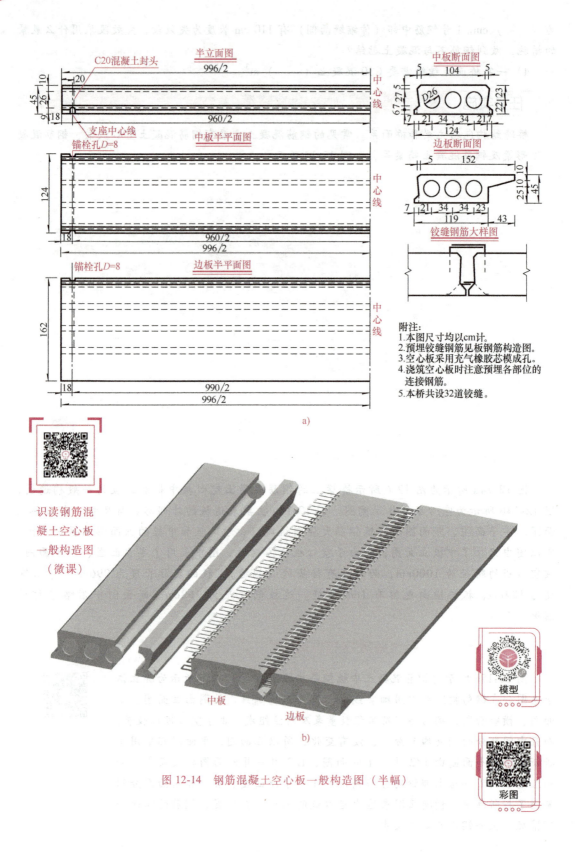

图 12-14 钢筋混凝土空心板一般构造图（半幅）

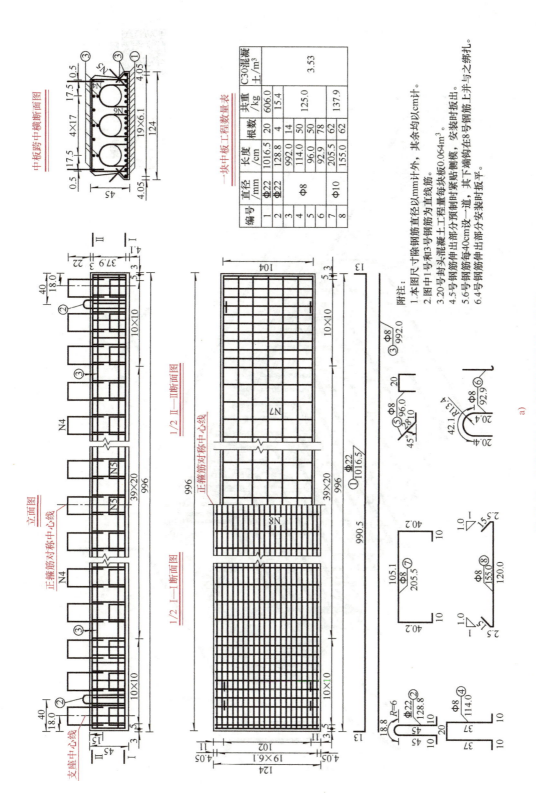

图 12-15 钢筋混凝土中板钢筋构造图（半幅）

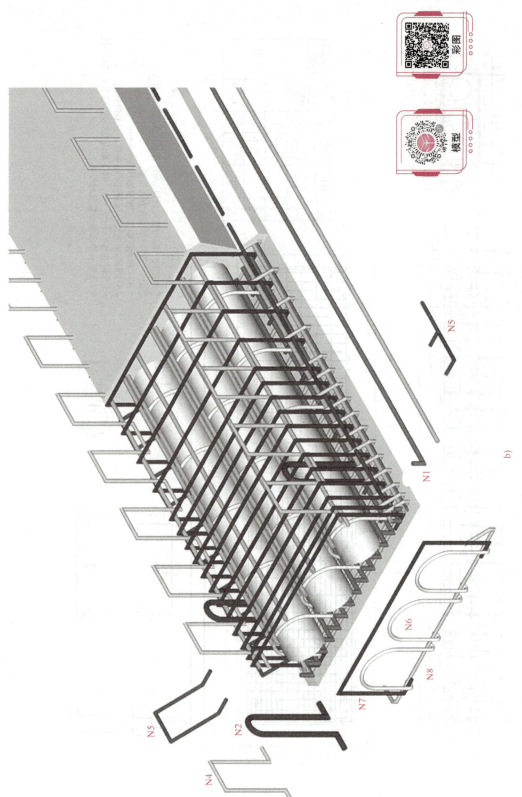

图 12-15 钢筋混凝土中板钢筋构造图（半幅）（续）

图中共有8种钢筋，其中1号钢筋为受拉钢筋，共20根，分布在板梁的底部，从断面图上可以看出其定位尺寸。尺寸19×6.1表示19个间距，每个间距为6.1cm。2号钢筋为吊装钢筋，分布在梁的两端，共4根。3号钢筋为架立钢筋，3号钢筋与箍筋或6号钢筋绑扎，共14根。6号钢筋每40cm设一道，其下端钩在8号钢筋上并与之绑扎，全梁共78根。7、8号钢筋一起组成箍筋，在立面图中重叠在一起。其分布情况与定位尺寸可在立面图与平面图中看出，在板梁端部第一与第二道箍筋的间距为5cm，其余在10×10范围内每隔10cm分布一道，在板梁中部39×20的范围内每隔20cm分布一道，全梁7、8号钢筋形成61（1+10+39+10+1）个间距，即7、8号钢筋各62根。4、5号钢筋为横向连接钢筋（预埋铰缝钢筋），分布间隔均为40cm，各50根。5号钢筋伸出部分预制时紧贴侧模，安装时扳出，4号钢筋伸出部分在浇筑铰缝时扳平。图中除1、2号钢筋为HRB400钢筋外，其余钢筋均为HPB300钢筋。

图12-16所示为边板钢筋构造图，请同学们结合立体图自己分析。

三、识读桥面铺装钢筋构造图

（一）识读桥面铺装钢筋构造图

图12-17a所示为一孔桥面铺装钢筋构造图，图12-17b所示为其立体示意图。图12-17a由立面图、平面图、钢筋详图、一孔桥面铺装工程数量表及附注组成。由钢筋详图和工程数量表可知，桥面铺装共有两种钢筋，垂直于桥梁中心线的1号钢筋和平行于桥梁中心线的2号钢筋。

识读一孔桥面铺装钢筋构造图（微课）

立面图是垂直于桥梁中心线剖切得到的Ⅱ—Ⅱ断面图。由Ⅱ—Ⅱ断面图可知，桥面铺装层与空心板、防撞墙之间的位置关系。桥面铺装的钢筋铺设在空心板之上，在空心板上浇筑C30混凝土8cm，在C30钢筋混凝土之上铺设7cm厚的沥青混凝土面层。两侧是钢筋混凝土防撞墙的轮廓。由于桥面宽度较大，立面图采用了折断画法，中间省略了一些中板。

平面图是在桥面铺装层顶面剖开得到的Ⅰ—Ⅰ断面图。由Ⅰ—Ⅰ断面图可知，横向钢筋1和纵向钢筋2组成钢筋网。由于面积较大，所以平面图在长度方向和宽度方向都采用了折断画法，注意宽度方向折断的情况要和立面图相对应，即保证长对正。

1号钢筋和2号钢筋的数量由标注判断，并且要与工程数量表核对。由图可见一孔桥面铺装的长度是10m，宽度为12m。1号钢筋的间距为10cm，在一孔桥面上沿桥梁长度形成98个间距，也就是有99根钢筋。2号钢筋的间距为10cm，沿桥梁宽度方向形成118个间距，也就是有119根钢筋。立面图中的2×162+7×24+8×1=1200，表示两块162cm的边板和七块124cm的中板及八个1cm的铰缝的总宽度为1200cm，即桥梁总宽度为1200cm。

由工程数量表可知，1号钢筋、2号钢筋均为HPB300钢筋。工程数量表为一孔桥面铺装的用量，全桥共有三跨，全桥用量是表中数值的3倍。

（二）识读桥面连续构造图

图12-18a所示为一孔桥面连续钢筋构造图，图12-18b所示为其立体示意图，即相邻两跨板与板之间端缝处的钢筋构造图，由立面图和平面图来表达。立面图为Ⅰ—Ⅰ断面图，是沿桥面中心线剖切得到的；平面图为

识读一孔桥面连续钢筋构造图（微课）

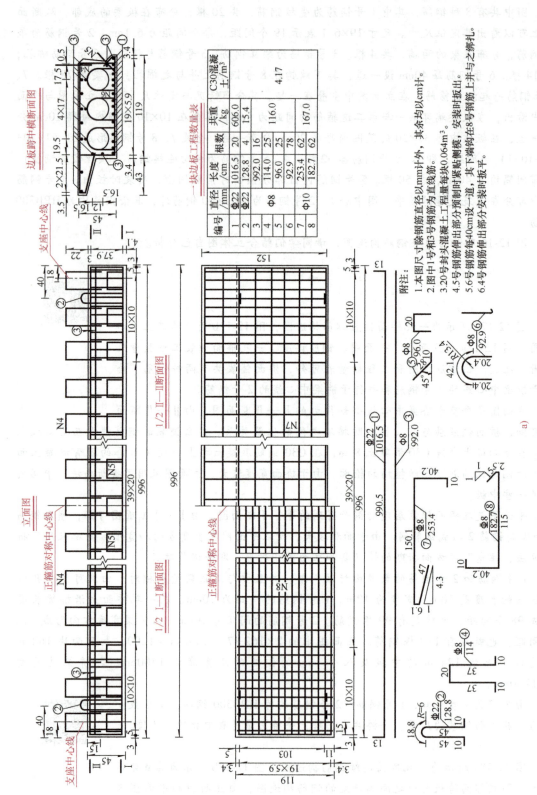

图 12-16 钢筋混凝土边板钢筋构造图（半幅）

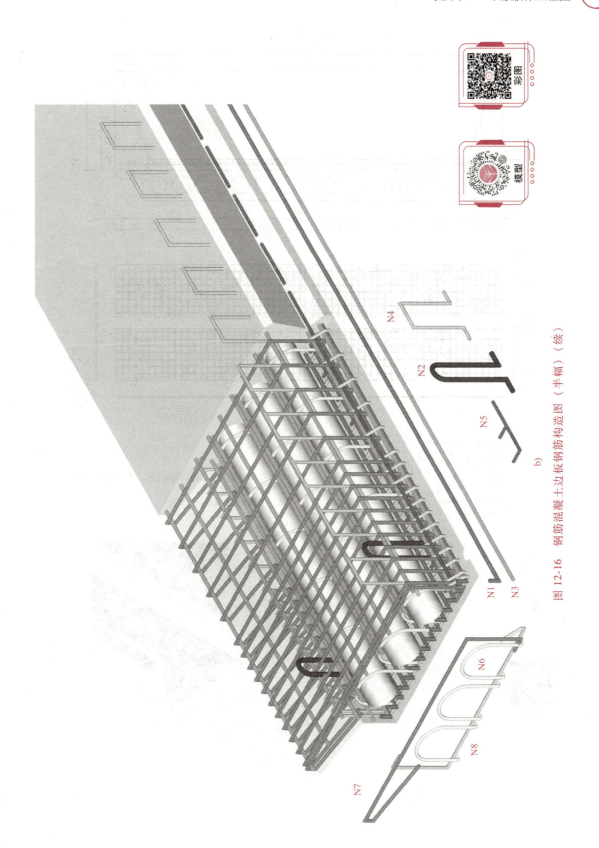

图 12-16 钢筋混凝土边板钢筋构造图(半幅)(续)

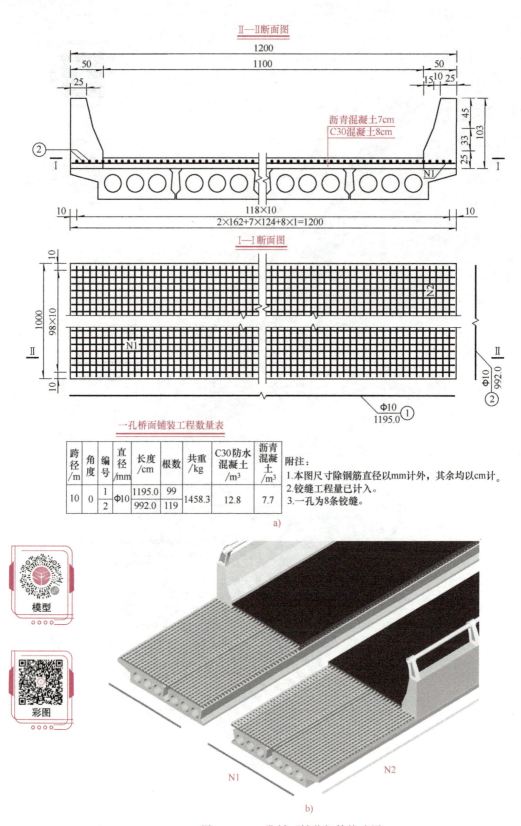

图 12-17 一孔桥面铺装钢筋构造图

项目十二 识读桥梁工程图

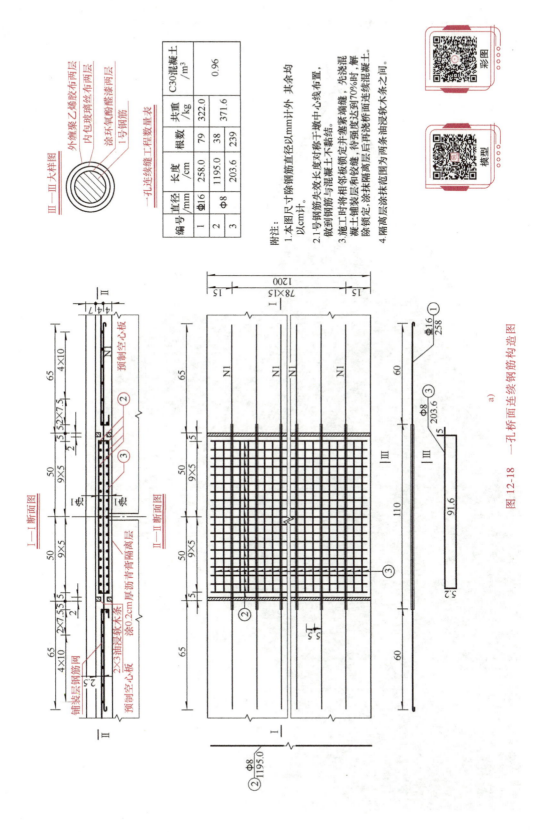

图 12-18 一孔桥面连续钢筋构造图

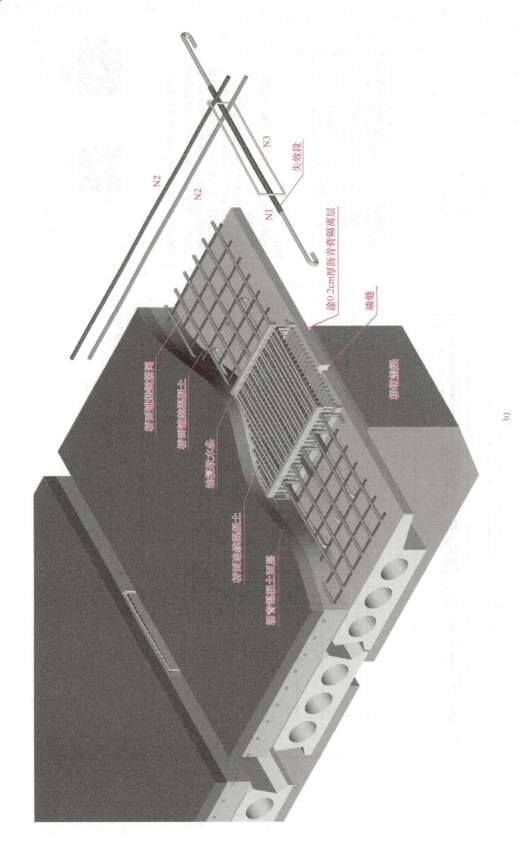

图 12-18 一孔桥面连续钢筋构造图（续）

Ⅱ—Ⅱ断面图。图中共有3种钢筋,1号钢筋与2号钢筋相互垂直,2号钢筋长1195.0cm,其长度方向垂直于桥梁中心线,在桥墩中心线两侧各50cm范围内均匀分布,每5cm布置一根,上下两层,共38根。3号箍筋垂直于2号钢筋均匀分布在整个桥宽上,间距为5cm,共239根。1号钢筋平行于桥面中心线,每隔15cm一根,共79根,1号钢筋长度为258.0cm。1号钢筋伸缩缝两侧50cm以内部分采用涂沥青玻璃丝布等措施,做到钢筋不与混凝土黏结,具体结构见Ⅲ—Ⅲ大样图。

任务四　识读墩台结构图

任务提出

1. 识读图12-23所示桥墩一般构造图,并回答以下问题。
1) 在立面图上指出桥墩盖梁、桥墩立柱、系梁、桥墩桩基及防震挡块的投影。
2) 桥墩桩基顶面的标高为(　　)cm,立柱高度为(　　)cm,桩基高度为(　　)cm。
3) 系梁的横截面尺寸为(　　)cm×(　　)cm。
4) 盖梁上支座中心线与桥墩中心线的距离为(　　)cm。
2. 识读图12-24所示桥墩盖梁钢筋构造图,并回答以下问题。
1) 钢筋骨架A由哪几种钢筋组成?全梁共有(　　)片钢筋骨架A。
2) 1号钢筋分布在梁的(　　)部,共(　　)根,1号钢筋的间距为(　　)cm。2号钢筋共(　　)根,2号钢筋的长度为(　　)cm。
3) 每片钢筋骨架A上有(　　)根3号钢筋、(　　)根4号钢筋、(　　)根5号钢筋和(　　)根6号钢筋。
4) 7、8号钢筋为分布钢筋,各(　　)根,分布在盖梁的什么位置?
5) 9、10号钢筋是箍筋,全梁共有10号钢筋(　　)根,分布在梁的(　　)。10号钢筋的尺寸随截面的变化而变化,10号钢筋的长度变化范围为(　　),平均长度为(　　)cm。
3. 识读图12-25所示桥墩立柱和桩基钢筋构造图,并回答以下问题。
1) 桥墩立柱中有(　　)种钢筋,1号钢筋沿圆周分布,1号钢筋所在圆周的半径为(　　)cm;2号加强箍筋焊接成圆形,其钢筋中心处的半径为(　　)cm,一座桥墩共有2号钢筋(　　)根。1号钢筋焊接在2号加强箍筋的外侧还是内侧?
2) 3号螺旋箍筋高度为(　　)cm,总长(　　)cm,螺旋间距为(　　)cm。3号螺旋箍筋在立柱部分的螺旋半径为(　　)cm。
3) 桥墩桩基中有哪几种钢筋?5号加强箍筋钢筋中心处的半径为(　　)cm,4号钢筋焊接在5号加强箍筋的外侧还是内侧?
4) 6号定位钢筋是如何分布的?一根桩基中共有6号钢筋(　　)根。
4. 识读图12-26所示桥台一般构造图,并回答以下问题。
1) 在侧面图上指出桥台的台前和台后。连接路堤的一面是台前还是台后?

2) 桩基高度为（　　）cm，立柱高度为（　　）cm。

3) 在三面投影图中指出桥台盖梁、耳墙、背墙、牛腿、挡块的对应投影。

5. 识读图12-27所示桥台盖梁钢筋构造图，并回答以下问题。

1) 整个梁上共有（　　）种钢筋，钢筋骨架A由哪几种钢筋组成？全梁共有（　　）片钢筋骨架A，分析钢筋骨架A在盖梁断面中的布置情况。

2) 每片钢筋骨架A上有（　　）根3号钢筋和（　　）根4号钢筋。

3) 箍筋间距为（　　）cm，图中箍筋的强度等级为（　　）。

相关知识

桥台位于桥梁的两端，一方面支撑主梁，另一方面承受桥头路堤的水平推力，并通过基础把荷载传给地基。而桥墩位于桥梁的中部，支撑它两侧的主梁，并通过基础把荷载传给地基。墩台结构如图12-19所示。

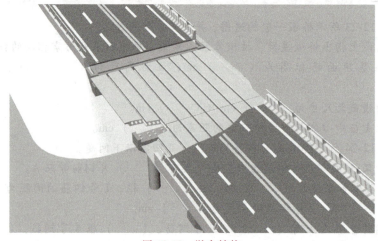

图12-19　墩台结构

1. 常见的桥墩形式

桥墩的形式很多，图12-20所示为几种常见的桥墩，图12-20a为重力式桥墩、图12-20b为桩柱式桥墩。

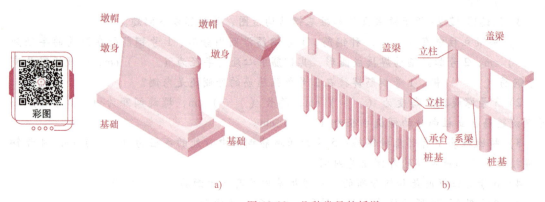

图12-20　几种常见的桥墩

a) 重力式桥墩　　b) 桩柱式桥墩

2. 常见的桥台形式

桥台的形式很多，图 12-21 所示为几种常见的桥台，图 12-21a 为重力式 U 形桥台（又称实体式桥台）、图 12-21b 为肋板式桥台、图 12-21c 为桩柱式桥台。

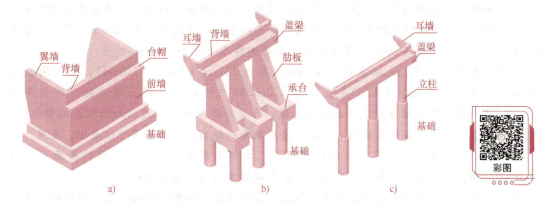

图 12-21　几种常见的桥台
a）重力式 U 形桥台　b）肋板式桥台　c）桩柱式桥台

任务实施

一、识读桥墩工程图

图 12-22 所示为桥台与桥墩的立体示意图。桥墩由盖梁、立柱及桩基组成，桥墩工程图由一般构造图和钢筋构造图两部分组成。

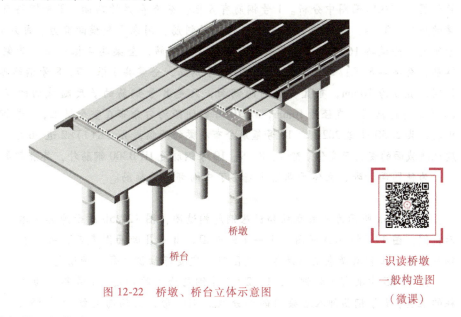

图 12-22　桥墩、桥台立体示意图

（一）识读桥墩一般构造图

图 12-23 为图 12-6 所示桥梁的桥墩一般构造图。该桥墩为钻孔灌注桩三柱式桥墩，由盖梁、立柱、系梁、桩基等几部分组成。用立面图、平面图和侧面图来表达桥墩各部分的形状

和尺寸。

立面图和侧面图反映桥墩的形状和位置特征，读图时要把重点放到立面图和侧面图上，平面图中虚线太多，读图时可作为参考。

由立面图结合侧面图可以看出盖梁形状和尺寸，由立面图可以看出，盖梁全长1185cm，高度为120cm，盖梁两端有防震挡块。从侧面图可以看出，盖梁宽度为120cm。可见盖梁上支座中心线距桥墩中心线20cm，盖梁前后两侧的倒角尺寸为5cm×5cm。

由立面图可以看出，三根直径为100cm，高为221cm（341cm-120cm），中心间距为440cm的立柱支撑盖梁。立柱下是直径为120cm的三根钢筋混凝土灌注桩，其长度为2000cm。在三根混凝土灌注桩之间浇筑有系梁，系梁与桩基相贯，用以加强桩基的整体性。另外立面图上还注出了各桩基底面、顶面、立柱顶面的标高。由立面图可以看出，盖梁、立柱、系梁、桩基在左右、上下方向的位置关系。由侧面图可以看出，系梁的断面尺寸为100cm×100cm，以及盖梁、立柱、系梁、桩基在前后方向的位置关系。

为节省图纸空间及图面美观，桥墩立柱及桩基的立面图和侧面图都采用了折断的画法。

（二）识读桥墩钢筋构造图

1. 识读桥墩盖梁钢筋构造图

图12-24a所示为桥墩盖梁钢筋构造图，图12-24b所示为其立体示意图。图12-24a由半立面图、半平面图、Ⅰ—Ⅰ断面图、Ⅱ—Ⅱ断面图、Ⅲ—Ⅲ断面图、钢筋详图及桥墩盖梁工程数量表组成。从表示外部轮廓的细实线可以看出盖梁的形状。全梁共有10种钢筋，1、2、3、4、5、6号钢筋为受力钢筋，直径均为25mm。由1、2、3、4、5、6号钢筋焊接成钢筋骨架A，骨架A沿盖梁纵向分布，全梁共有4片骨架A，骨架A在断面上的位置，可从断面图中分析。1号钢筋有8根，分布在梁的顶面；2号钢筋有8根，分布在梁的底部；3、4、5、6号钢筋为骨架A中的斜筋，用来承受横向剪力。每片骨架中有4根3号钢筋，全梁共16根；每片骨架中有1根4号钢筋，全梁共4根；每片骨架中有2根5号钢筋，全梁共8根；每片骨架中有2根6号钢筋，全梁共8根。7、8号钢筋各4根，为分布钢筋，直径为10mm，布置在梁的两侧面，只是8号钢筋的长度随截面的变化而变化。9、10号钢筋是箍筋，直径为10mm，以10cm的间距均匀分布在整个梁上，9号钢筋分布在梁的中段，共2×50+1道202根，10号箍筋分布在梁的两端，共(8+1)×2道36根。10号钢筋的长度也随截面的变化而变化。除7、8、9、10号钢筋是HPB300钢筋外，其余都是HRB400钢筋。

识读桥墩盖梁钢筋构造图（微课）

为使图面清晰，立体示意图中省略了中间部分的箍筋。

2. 识读桥墩立柱和桩基钢筋构造图

图12-25a所示为桥墩立柱和桩基钢筋构造图，图12-25b所示为其立体示意图。图12-25a由立面图、Ⅰ—Ⅰ断面图、Ⅱ—Ⅱ断面图表示，并绘有钢筋详图、工程数量表及附注等。读图时一定要仔细识读每一种信息。

识读桥墩立柱和桩基钢筋构造图（微课）

图12-25中共有7种钢筋，1、2、3号钢筋为立柱钢筋，1号钢筋为立柱的主筋，1号钢筋伸入盖梁内的部分做成喇叭形，大约与直线倾斜15°，伸入桩基内的部分做成微喇叭形。从Ⅰ—Ⅰ断面图中可以看出，1号钢筋沿圆周均匀分布，钢筋中心位置的圆周半径为(50-4.7)cm=45.3cm，从工程数量表中可知一根桩基中共有16根1号钢筋；2号加强箍筋焊接成圆形，其钢筋中心

项目十二 识读桥梁工程图

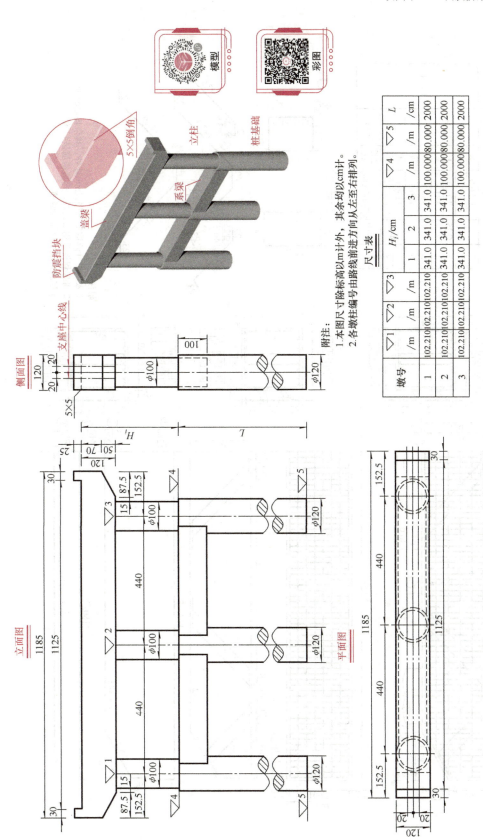

图 12-23 桥墩一般构造图

尺寸表

墩号	▽1 /m	▽2 /m	▽3 /m	H_1/cm 1	H_1/cm 2	H_1/cm 3	▽4 /m	▽5 /m	L /cm
1	102.210	102.210	102.210	341.0	341.0	341.0	100.000	80.000	2000
2	102.210	102.210	102.210	341.0	341.0	341.0	100.000	80.000	2000
3	102.210	102.210	102.210	341.0	341.0	341.0	100.000	80.000	2000

附注：
1. 本图尺寸除标高以m计外，其余均以cm计。
2. 各墩柱编号由路线前进方向从左至右排列。

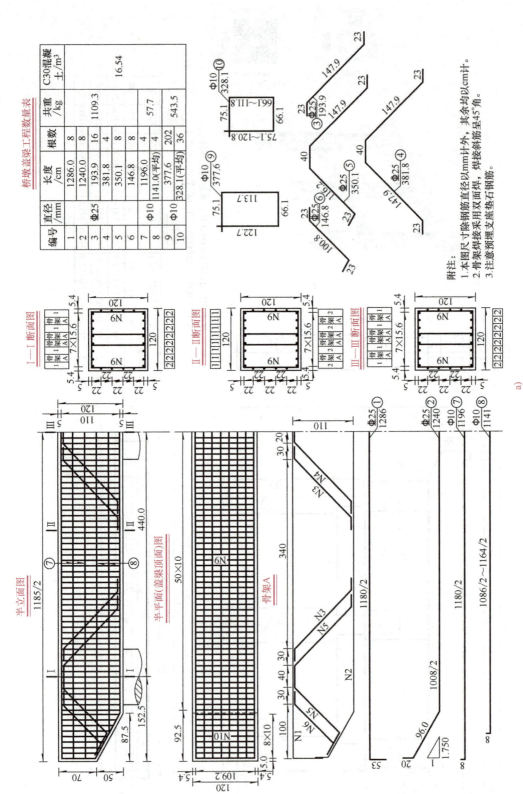

图 12-24 桥墩盖梁钢筋构造图（半幅）

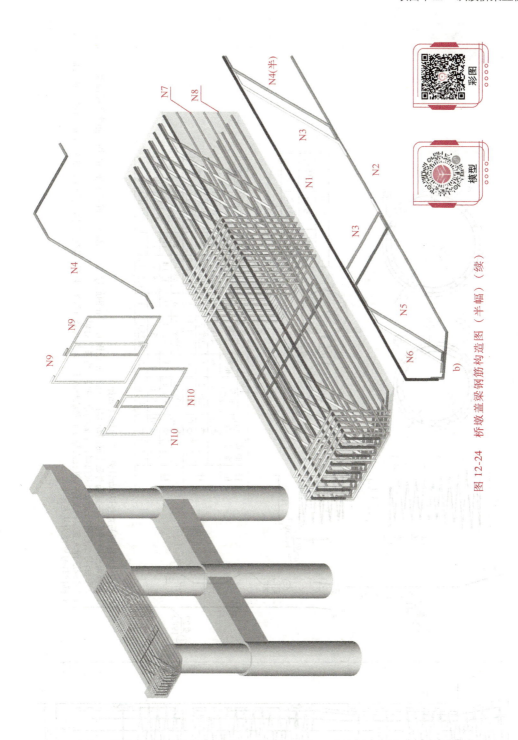

图 12-24 桥墩盖梁钢筋构造图(半幅)(续)

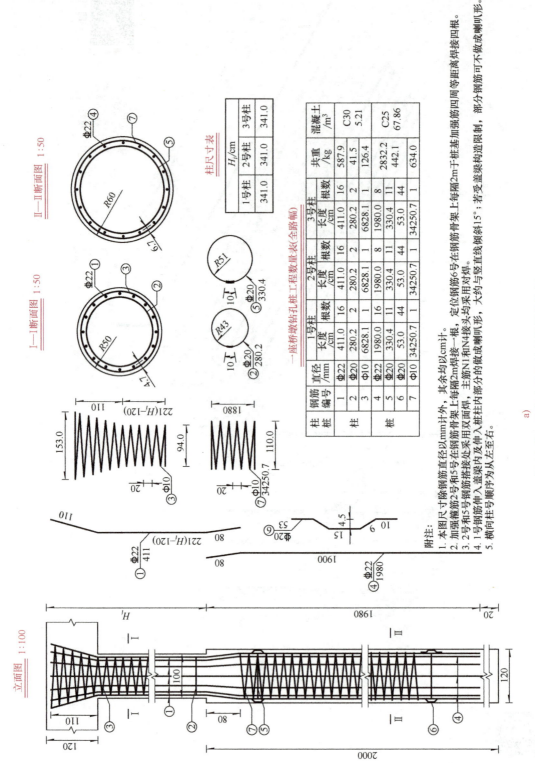

图 12-25 桥墩立柱和桩基钢筋构造图

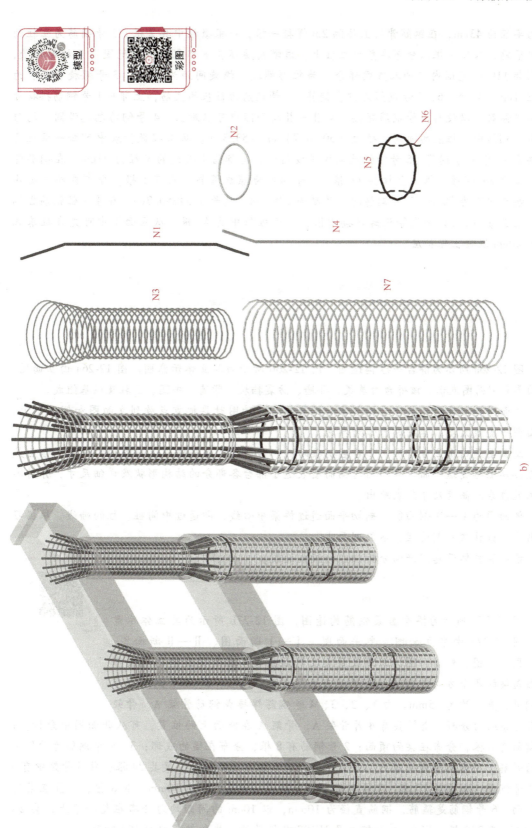

图 12-25 桥墩立柱和桩基钢筋构造图（续）

处的半径为 43cm，在钢筋骨架上每隔 2m 焊接一根，一根墩柱中共 2 根。3 号钢筋为立柱的螺旋箍筋，只有 1 根，分布在整个立柱上，该螺旋箍筋在下部 221cm 的范围内为柱形螺旋，在上部 110cm 范围内（伸入盖梁部分）为锥形螺旋，螺旋间距为 20cm，3 号螺旋筋总长为 6828.1cm。4、5、6、7 号钢筋为桩基钢筋。4 号钢筋为桩基的主筋，上部与 1 号钢筋搭接部分向内倾斜，以便与 1 号钢筋焊接。从Ⅱ—Ⅱ断面图中可以看出，4 号钢筋也是沿圆周均匀分布，钢筋中心位置的圆周半径为（60-6.7）cm=53.3cm。从工程数量表中可知一根桩基中共有 16 根 4 号钢筋。5 号加强箍筋焊接成圆形，其钢筋中心处的半径为 51cm，在钢筋骨架上每隔 2m 焊接一根，全柱共 11 根。7 号钢筋为螺旋箍筋，只有 1 根，分布在整个桩基上，螺旋间距为 20cm，7 号钢筋螺旋高度为 1880cm，总长为 34250.7cm。6 号定位钢筋在钢筋骨架上每隔 2m 沿圆周等距离焊接四根，一根桩基中共 44 根。从立面图中可见在桩基底部有 20cm 混凝土保护层。

3. 识读系梁钢筋构造图（略）

4. 识读桥墩防震挡块钢筋构造图（略）

二、识读桥台工程图

（一）识读桥台一般构造图

图 12-26a 所示为桥台一般构造图，图 12-26b 所示为其立体示意图。图 12-26a 由立面图、平面图和侧面图表示。该桥台由盖梁、耳墙、防震挡块、背墙、牛腿、立柱及桩基组成。

立面图和侧面图反映桥台的形状和位置特征，读图时要把重点放到立面图和侧面图上，平面图中虚线太多，读图时可作为参考。

立面图是由 1/2 台前和 1/2 台后拼接而成。台前是指连接桥梁上部结构的一面，台后是指连接岸上路堤这一面。立面图与侧面图表达了桥台各部分的结构形状及详细尺寸，并对不同位置桥台的高度尺寸列表给出。

侧面图为Ⅰ—Ⅰ剖面图，剖切平面通过桥梁中心线，即通过中间桩、柱的轴线，根据习惯画法，桩柱按不剖处理，不画剖面线。

请参照立体示意图仔细分析桥台一般构造图。

（二）识读桥台钢筋构造图

1. 识读桥台盖梁钢筋构造图

图 12-27a 所示为桥台盖梁钢筋构造图，图 12-27b 所示为其立体示意图。图 12-27a 由半立面图、半平面图、Ⅰ—Ⅰ断面图、Ⅱ—Ⅱ断面图、Ⅲ—Ⅲ断面图、钢筋详图、工程数量表及附注组成。从细实线的轮廓线可看出盖梁的各个方向的形状。全梁共有 6 种钢筋，1、2、3、4 号钢筋为受力钢筋，直径均为 25mm。由 1、2、3、4 号钢筋焊接成钢筋骨架 A，骨架

识读桥台盖梁
钢筋构造图
（微课）

A 沿盖梁纵向分布，全梁共有 4 片骨架 A，骨架 A 在断面上的位置，可从断面图中分析。1 号钢筋有 8 根，分布在梁的顶面；2 号钢筋有 8 根，分布在梁的底部；3、4 号钢筋为骨架 A 中的斜筋，用来承受横向剪力。每片骨架中有 6 根 3 号钢筋，全梁共 24 根；每片骨架中有 3 根 4 号钢筋，全梁共 12 根。5 号钢筋为分布钢筋，钢筋直径为 10mm，共 8 根，布置在梁的两侧面。6 号钢筋是箍筋，钢筋直径为 10mm，以 10cm 的间距均匀分布在整个梁上，共 2×(59+1) 道 240 根。除 5、6 号钢筋是 HPB300 钢筋外，其余都是 HRB400 钢筋。

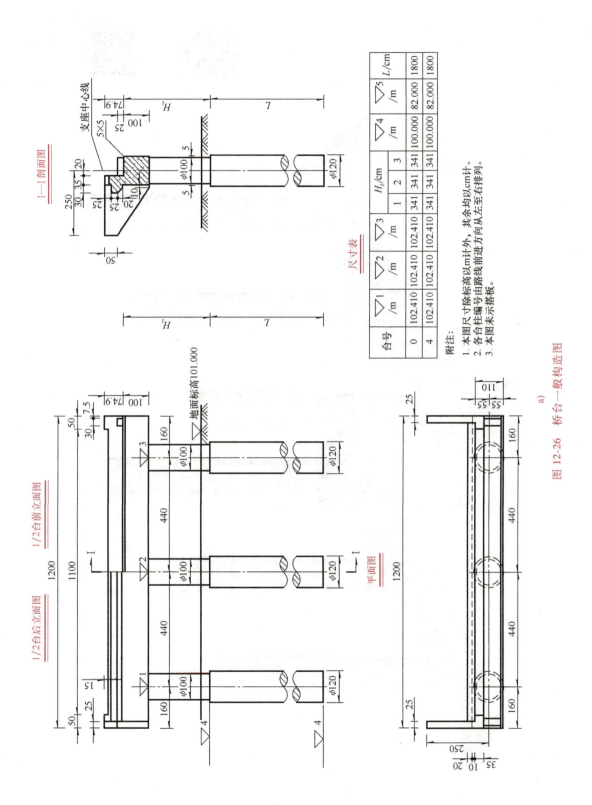

图 12-26 桥台一般构造图

图 12-26 桥台一般构造图（续）

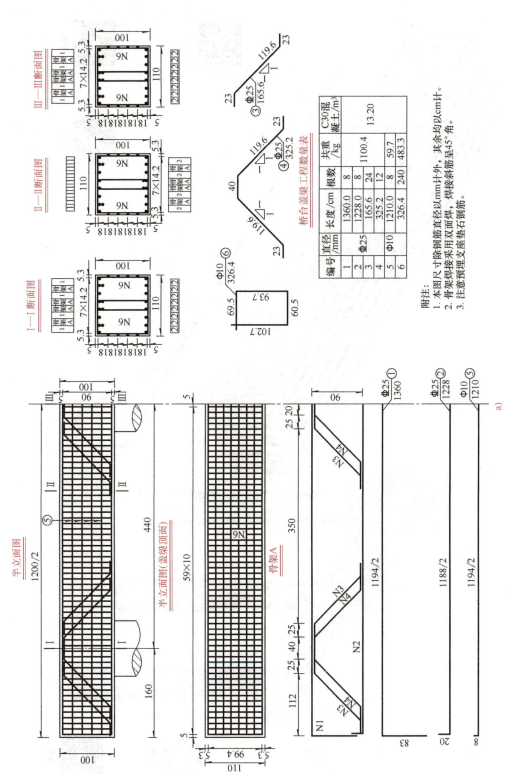

图 12-27 桥台盖梁钢筋构造图（半幅）

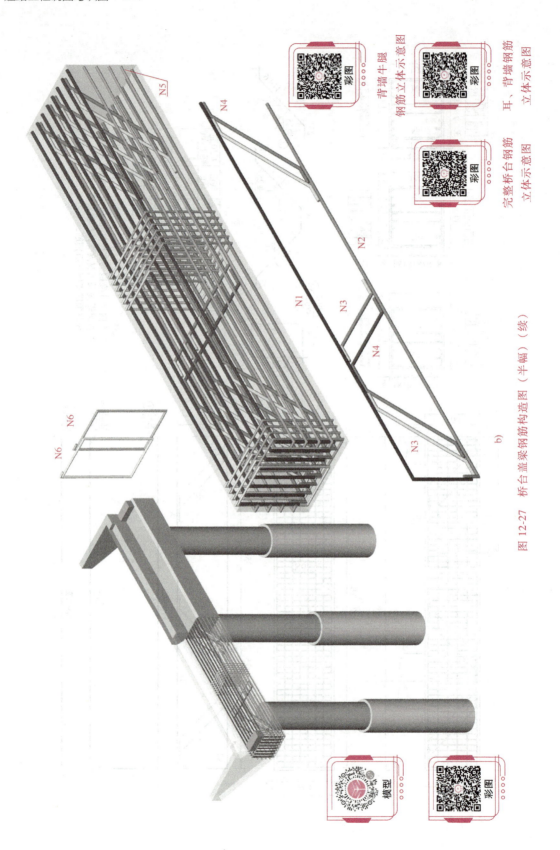

图 12-27 桥台盖梁钢筋构造图（半幅）（续）

为使图面清晰，立体示意图中省略了中间部分的箍筋。

2. 识读耳墙、背墙钢筋构造图（略）

3. 识读背墙牛腿钢筋构造图（略）

4. 识读桥台立柱和桩基钢筋构造图及桥台防震挡块钢筋构造图（略）

素质拓展

港珠澳大桥——桥梁界的"珠穆朗玛峰"

港珠澳大桥于 2018 年 10 月全线开通营运，它全长 55km，能抵抗 16 级台风及 8 级地震，它的使用寿命为 120 年，成为世界上最长、最牢固的超大型跨海大桥，是粤港澳三地紧密联系的象征。港珠澳大桥横空出世，震惊了全世界。业界称它是桥梁界的"珠穆朗玛峰"，外媒更惊呼这是"现代世界七大奇迹"之一。

港珠澳大桥——桥梁界的"珠穆朗玛峰"

港珠澳大桥包括 22.9km 的主体桥梁，四个人工岛以及 6.7km 的世界最长、最深的海底沉管隧道。主体桥梁用钢总量 42 万 t，相当于 60 座埃菲尔铁塔。建设所用材料不仅自主研发，而且标准提升，技术突破。光是桥梁、人工岛、隧道领域就获得专利一千多项，堪称世界之最。

港珠澳大桥在波浪汹涌的伶仃洋上施工，横跨国家级白海豚自然保护区，海面上每天有两千多只船舶往返穿行。施工难度在建桥史上前所未有。港珠澳大桥岛隧工程总工程师林鸣曾感叹："33 节海底沉管，装上去，对接好，比连续 33 次考上清华的难度可能还要更高。"

创造人间奇迹的背后，是无数呕心沥血的科技工作者在默默坚守。他们不愧是"大国工匠"，是我们学习的楷模。

项目十三

识读涵洞工程图

📂 项目目标

知识目标	1. 了解涵洞的组成与分类 2. 掌握涵洞工程图的图示内容及图示特点 3. 掌握识读涵洞工程图的方法
能力目标	能识读各类涵洞的一般构造图
素质目标	变被动为主动，激发学习兴趣，养成爱岗敬业的作风

📂 项目描述

涵洞是用于宣泄路堤下少量水流的工程建筑物，是狭而长的建筑物，它从路面下方横穿过道路，埋置于路基土层中，如图13-1所示。

本项目主要以某道路上的涵洞为载体，以识读该道路上的圆管涵、盖板涵、石拱涵、箱涵的一般构造图为任务，掌握识读涵洞工程图的方法，形成识读各种涵洞工程图的能力。

图13-1 某道路上的箱形涵洞

任务一　识读钢筋混凝土圆管涵一般构造图

任务提出

1. 分析涵洞的分类与组成。
1) 按洞顶有无覆盖土分类，涵洞可分为哪几类？按构造形式分类，涵洞可分为哪几类？
2) 涵洞由哪几部分组成？
3) 涵洞洞身有哪几种形式？
4) 涵洞洞口有哪几种形式？
2. 分析涵洞的图示内容与图示特点。
1) 涵洞工程图的图示内容有哪些？
2) 涵洞工程图以（　　　）方向为纵向。涵洞的纵向剖切平面通过涵洞的（　　　）线。
3) 涵洞平面图中涵洞上方的铺装或覆土如何处理？
4) 侧面图主要表达（　　　）的投影。
3. 识读图13-4所示钢筋混凝土圆管涵一般构造图，并回答以下问题。
1) 该涵洞的洞口形式是哪一种？
2) 从侧面图中可知，端墙长度为（　　　）cm，高度为（　　　）cm。
3) 道路路基宽度为（　　　）cm。圆管直径为（　　　）cm，圆管壁厚为（　　　）cm。
4) 圆管涵涵身长度为（　　　）cm，全涵有（　　　）个2m圆管管节，有（　　　）个0.5m圆管管节。
5) 路基边坡分为两段，各段的坡度分别为（　　　）、（　　　）。两坡面之间的平台宽度为（　　　）m，该平台与路面的高差为（　　　）cm。
6) 洞口铺砌的厚度为（　　　）cm，材料为（　　　），洞口铺砌的水平方向的形状为（　　　）形，洞口铺砌材料用量为（　　　）m³；洞底水稳砂砾垫层厚（　　　）cm，混凝土管基在圆管底部的厚度为（　　　）cm，洞底水稳砂砾垫层的材料用量为（　　　）m³。
7) 洞顶填土高度为（　　　）cm。涵洞中心线处路基边缘的设计标高为（　　　）m。
8) 在三面投影图中用不同颜色的铅笔描出圆管、缘石、端墙基础的投影。

相关知识

一、涵洞的分类与组成

1. 涵洞简介

涵洞是埋在路堤下用以排水的建筑物，拱涵与拱桥、盖板涵和板梁桥结构基本相同，主要区别在于跨径的大小和填土高度。根据《公路桥涵设计通用规范》（JTG D60—2015）中的规定，凡是单孔跨径小于5m，多孔跨径总长小于8m，称为涵洞。圆管涵、箱涵，不论其管径或跨径大小、孔数多少均称为涵洞，涵洞顶上一般都有较厚的填土（洞顶填土大于50cm）。涵洞在道路工程中应用广泛，结构形式比较灵活，图13-1所示为某道路上的箱形涵洞。

涵洞的分类与组成
（微课）

2. 涵洞的分类

（1）**按建筑材料分类**　涵洞按建筑材料分类有钢筋混凝土涵、混凝土涵、砖涵、石涵、木涵、金属涵等。

（2）**按构造形式分类**　涵洞按构造形式分类有圆管涵、拱涵、箱涵、盖板涵等，工程上多用此类分法。

（3）**按孔数分类**　涵洞按孔数分类有单孔、双孔、多孔等。

（4）**按洞顶有无覆盖土分类**　涵洞按洞顶有无覆盖土分类有明涵和暗涵（洞顶填土大于 50cm）等。

3. 涵洞的组成

涵洞由洞口、洞身（涵身）两大部分组成，如图 13-2 所示为钢筋混凝土圆管涵的立体图，从中可以了解涵洞各部分的名称、位置和构造。

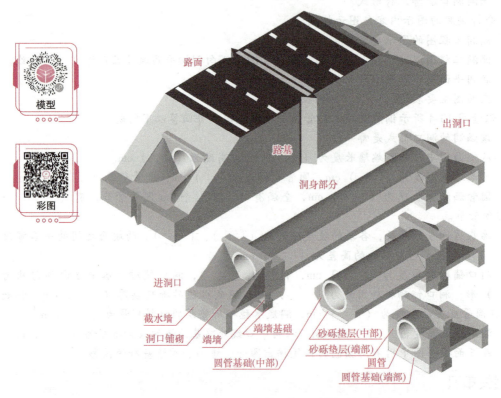

图 13-2　钢筋混凝土圆管涵的立体图

洞身部分是涵洞的主要部分，洞身是形成过水孔道的主体，它应具有保证设计流量通过的必要孔径，同时又要求本身坚固、稳定。洞身的作用：一方面确保水流通过；另一方面也直接承受荷载压力和填土压力，并将其传递给地基。洞身部分包括洞身、洞身基础及垫层等。常见的洞身形式有圆管洞身、拱形洞身、箱形洞身、盖板洞身。

洞口是连接洞身、路基、河道的构造物。洞口的作用：一方面使涵洞与河道顺接，使水流进出顺畅；另一方面确保涵洞基础和路基边坡稳定，免受水流冲刷。洞口包括端墙、翼墙或护坡、洞口铺砌、截水墙和缘石等组成部分。常见的洞口形式有端墙式、八字式、走廊式、平头式（领圈式），如图 13-3 所示。

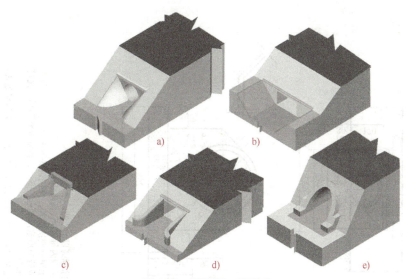

图 13-3　涵洞洞口的形式
a)、b) 端墙式　c) 八字式　d) 走廊式　e) 平头式

二、涵洞工程图的图示内容与特点

涵洞工程图主要有涵洞一般构造图（涵洞总体布置图）、构件详图、构件钢筋混凝土构造图。

涵洞一般构造图的图示内容有立面图（纵剖面图）、平面图、侧面图和必要的构造详图（如涵身断面图、翼墙大样图）、工程数量表、附注等，如图 13-4a 所示为钢筋混凝土圆管涵一般构造图，图 13-4b 所示为其立体示意图。

涵洞工程图的图示内容与特点（微课）

(1) **立面图**　涵洞工程图以水流方向为纵向，立面图是剖切平面通过涵洞轴线的纵向剖面图，同时还表达出路基的横断面情况，如图 13-4a 所示的 I—I 剖面图。

(2) **平面图**　在平面图上，把涵洞上方的涵面铺装或土层看成是透明体，所以认为埋在路基下的涵身是可见的，用粗实线表达。平面图上经常会省略涵身基础的投影。涵身基础在立面图和断面图上表达，如图 13-4a 所示。

(3) **侧面图**　侧面图主要表达洞口正面布置情况，也就是洞口在垂直于道路路线方向的投影。当进洞口、出洞口形状不一样时，则需分别画出其进洞口、出洞口的投影。

在平面图、侧面图上均用粗实线表示出路基边缘线以及边坡的坡脚线的投影。路基边坡以及锥形护坡用示坡线表示，并标注坡度。示坡线是长短相间的细实线，长短线的引出端为边坡和锥坡的高端，坡度用比例标注。

涵身断面图、翼墙断面图等构件详图也可能在另外的图中单独表达。

识读涵洞工程图的方法（微课）

三、识读涵洞工程图的方法

首先，要了解涵洞工程图的图示内容，了解各剖面图、断面图的剖切位置和投影方向，以立面图为主，结合其他投影图对该涵洞的结构有一个概括的了解。

其次，根据涵洞各组成部分的构造特点，可把它沿长度方向分为进洞口、出洞口、洞身三部分，如图 13-2 所示。而每一部分沿宽度或高度方向又可以分为不同的部分。针对每一

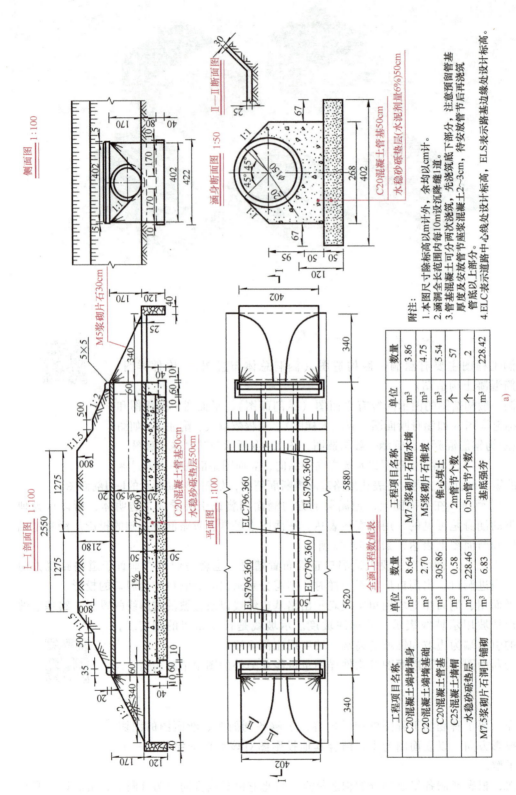

图 13-4 钢筋混凝土圆管涵一般构造图

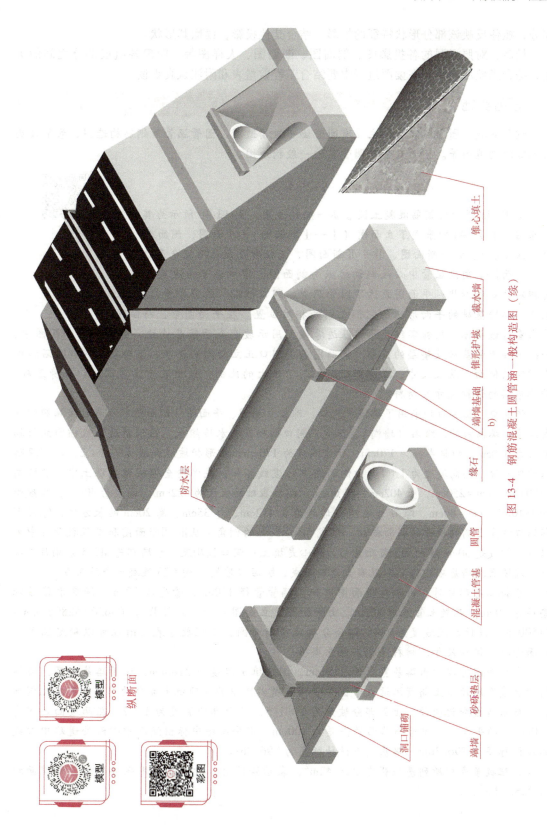

图 13-4 钢筋混凝土圆管涵一般构造图（续）
b)

部分，抓住反映该部分形状特征的投影，结合其他投影，读懂其形状。

最后，对照涵洞的各投影图、剖面图、断面图、大样图等，明确各组成部分之间的关系，综合想象出整体。在读图过程中要结合工程数量表和附注认真识读。

▶ 任务实施

钢筋混凝土圆管涵工程图主要有圆管涵一般构造图、圆管涵管节钢筋构造图、管节接头及沉降缝构造图等。下面只分析圆管涵的一般构造图。

一、识读钢筋混凝土圆管涵一般构造图

识读钢筋混凝土圆管涵一般构造图（微课）

图13-4a所示为钢筋混凝土圆管涵一般构造图，图13-4b所示为其立体示意图。图13-4a中采用了立面图（Ⅰ—Ⅰ剖面图）、平面图、侧面图（洞口正立面图）、涵身断面图、Ⅱ—Ⅱ断面图、工程数量表及附注来表达。

立面图采用沿涵管中心线剖切的纵向剖面图，图中表示出涵洞各部分的相对位置和形状；平面图表达了圆管洞身、洞口铺砌、锥形护坡、缘石、端墙、端墙基础的平面形状及它们之间的相对位置。在平面图中，将涵顶覆土看作透明体，用粗实线表示路基边缘线，用示坡线表示路基边坡。圆管涵的平面图中，一般不画圆管基础及垫层的投影。侧面图采用洞口正立面图来表示，主要表示洞口缘石和锥形护坡的侧面形状及尺寸；涵身断面图采用了较大的比例，图中表示出了圆管、涵身基础、砂砾垫层的详细尺寸及材料。

进洞口、出洞口均采用了端墙式洞口，综合立面图、平面图、侧面图可以看出该涵洞洞口由端墙、端墙基础、缘石（墙帽）、护坡、洞口铺砌及截水墙组成。锥形护坡锥底椭圆的长轴半径为340cm，短轴半径为170cm，护坡高度为170cm。锥形护坡纵向坡度为1∶2，与下段路基坡度一致，横向坡度为1∶1。由侧面图中的虚线可知，截水墙全部被埋置在土中。端墙高（170+80）cm=250cm，长402cm，厚60cm。端墙基础的长度为422cm，高度为40cm，厚度为（60+10×2）cm=80cm。缘石（墙帽）形状为长412cm、厚35cm、高20cm的长方体，缘石上部洞口方向上侧的棱被斜截面截切，形成5cm×5cm的倒角。从Ⅱ—Ⅱ断面图和工程数量表中可以看出护坡是30cm厚的M5浆砌片石，锥心是填土；洞口铺砌及截水墙都是M7.5浆砌片石砌成；端墙及端墙基础均为C20混凝土浇筑而成；缘石（墙帽）由C25混凝土浇筑而成。

分析涵身部分时，由涵身断面图可知，涵管管径150cm，管壁厚20cm，洞底水稳砂砾垫层厚50cm，混凝土管基厚50cm。由平面图、立面图可知，涵管长为（5620+5880）cm=11500cm，设计水流坡度为1%。综合分析涵身断面图、工程数量表及附注可以确定涵身的断面形状、详细尺寸、材料及施工注意事项。

由立面图可以看出路基宽度为2550cm。洞顶填土厚度为2180cm，由于路基太高，使得圆管长度及洞顶填土高度远远大于圆管管径，所以图中的洞顶填土部分的厚度没有按比例画出。路基边坡分为两段，上面部分坡度为1∶1.5，下面部分坡度为1∶2，在两坡面之间有500cm宽的平台，该平台与路面的高差为800cm。在平面图中标出涵洞中心线处道路中心线的设计标高为796.36m，路基边缘设计标高为796.36m。

工程数量表中所列基底强夯228.42m²，表示修筑前，对地基采用强夯处理，处理面积为228.42m²。

二、识读圆管涵管节钢筋构造图、管节接头及沉降缝构造图（略）

任务二　识读钢筋混凝土盖板涵工程图

任务提出

识读图 13-5 所示钢筋混凝土盖板涵一般构造图,并回答以下问题。
1) 该钢筋混凝土盖板涵的洞口形式是哪一种?
2) 该钢筋混凝土盖板涵一般构造图的图示内容有哪些?
3) 立面图采用了什么样的表达方法?
4) 该涵洞是明涵还是暗涵?
5) 从侧面图中的虚线可知,八字翼墙墙身部分被埋置在土中,埋置深度为（　　）cm。
6) 道路路基宽度为（　　）cm。涵洞净跨径为（　　）cm,净高为（　　）cm
7) 道路中心线的设计标高为（　　）m,路基边缘的设计标高为（　　）m。
8) 涵台台帽长度为（　　）cm,材料为（　　）。
9) 洞底铺砌的厚度为（　　）cm,材料为（　　）。洞口铺砌的水平方向的形状为（　　）形。
10) 八字翼墙基础的高度为（　　）cm,材料为（　　）,材料用量为（　　）m³,八字翼墙基础的平面形状为（　　）形,
11) 在三面投影图中用不同颜色的铅笔描出八字翼墙墙身、洞口铺砌的投影。

任务实施

钢筋混凝土盖板涵工程图主要由盖板涵一般构造图、构件钢筋构造图等组成。

一、识读钢筋混凝土盖板涵一般构造图

如图 13-5a 所示的钢筋混凝土盖板涵一般构造图,由立面图(纵向剖面图)、平面图和侧面图(洞口正立图)、八字翼墙大样图、Ⅰ—Ⅰ断面图等来表示。

识读钢筋混凝土盖板涵一般构造图
（微课）

立面图采用了剖面图,由于涵洞较长,采用了折断的画法。平面图上把涵面铺装当成透明处理,用粗实线表示路基边缘线,用示坡线表示路基边坡,并采用了折断的画法。侧面图反映出洞口的正立面形状及有关尺寸;八字翼墙大样图主要表明八字翼墙的形状及各部分的尺寸;Ⅰ—Ⅰ断面图主要表达洞身部分的涵台、涵台基础、台帽、盖板及涵面铺装的断面形状、详细尺寸及材料。

沿长度方向可将该盖板涵分为进洞口、出洞口及洞身三大部分,其中进洞口、出洞口的结构完全相同,只需分析其中之一即可,由立面图中洞底的坡度符号的方向可知左侧为进洞口,右侧为出洞口。

洞口采用了八字翼墙式洞口,综合立面图、平面图、侧面图及八字翼墙大样图可以看出洞口的结构形状及尺寸,翼墙由 M7.5 浆砌片石筑成,翼墙内侧面为铅垂面,与涵洞轴线的夹角为 30°,顶面为正垂面,其纵向坡度为 1∶1.5（与路基边坡坡度一致）,外侧面为坡度

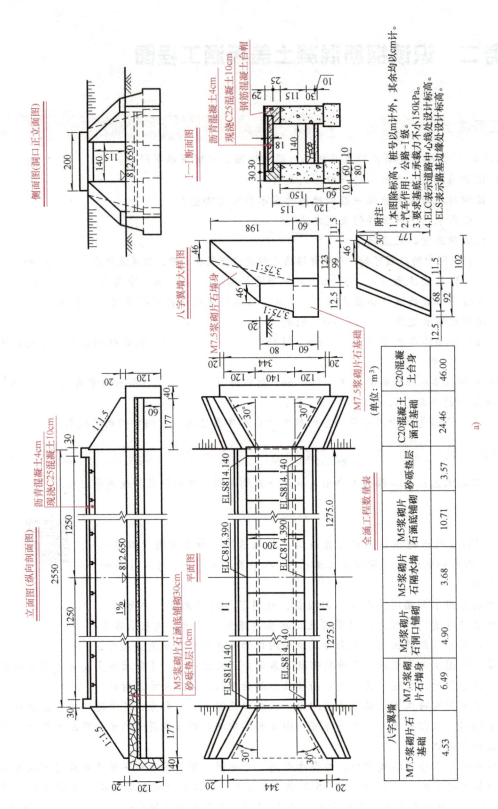

图 13-5 钢筋混凝土盖板涵一般构造图

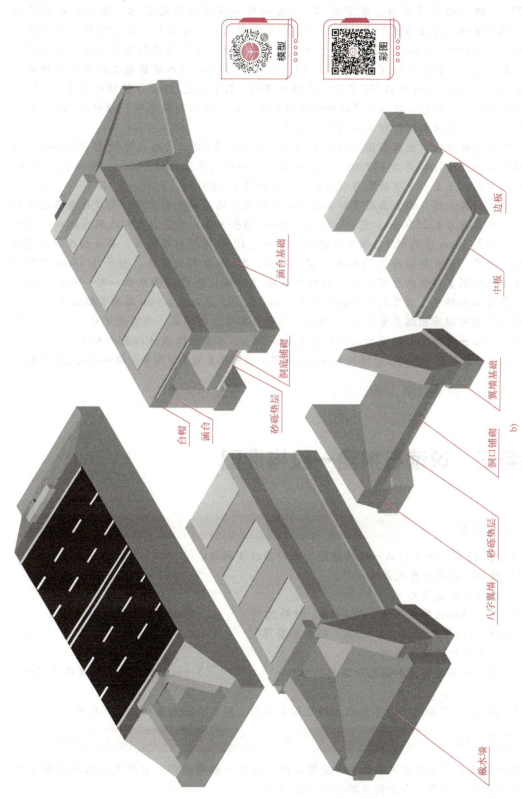

图 13-5 钢筋混凝土盖板涵一般构造图（续）
b)

为3.75:1的一般位置平面。墙下有M7.5浆砌片石筑成的翼墙基础，翼墙基础高度为60cm，长度方向（左右方向）与墙身平齐，宽度方向（前后方向）与墙身比较，外侧超出12.5cm，内侧超出11.5cm。由侧面图可知，墙身基础及部分墙身被埋置在土里，从八字翼墙大样图中可以看出墙身的埋置深度为（80-20）cm=60cm。两八字翼墙之间是洞口铺砌和砂砾垫层，上部是30cm厚的M5浆砌片石洞口铺砌，其下部是10cm厚的砂砾垫层，它们水平方向的形状均为梯形。在八字翼墙和洞口铺砌端部是长方体的截水墙，材料为M5浆砌片石。同学们可以对照构造图和立体图详细识读。

分析涵身部分时，由立面图可以看出洞身部分长为2550cm（路基宽度为2550cm），涵底道路中心线处设计标高为812.65m；由侧面图可知涵洞净跨径为140cm，净高为115cm。通过分析立面图及I—I断面图可以看出涵台基础是长2550cm、宽80cm、高60cm，由C20混凝土筑成的长方体。由立面图可知涵台基础底面与翼墙基础底面平齐，高度也与翼墙基础相同。涵台台身为长2550cm、宽60cm、高150cm的长方体。两涵台之间是洞底铺砌和砂砾垫层，上部是30cm厚的M5浆砌片石铺砌，下部是10cm厚的砂砾垫层，洞底铺砌的高度与洞口铺砌平齐，洞底铺砌为长2550cm、宽140cm、高30cm的长方体。若干块18cm厚钢筋混凝土盖板排列支撑在两台帽之上，两端的盖板（边板）和缘石浇筑在一起。钢筋混凝土盖板之上是涵面铺装，从下到上分别是现浇10cm厚C25混凝土、4cm厚沥青混凝土。

由立面图可以看出路基宽度为2550cm。洞顶无填土，为明涵。路基边坡坡度为1:1.5。平面图还表示出道路中心线处的设计标高为814.39m，路基边缘设计标高为814.14m。

涵洞工程数量表中未列出台帽及盖板工程用量，台帽及盖板工程用量在构件构造图中表示。

二、识读钢筋混凝土盖板涵构件钢筋构造图（略）

任务三　识读石拱涵一般构造图

▶ 任务提出

识读图13-6所示石拱涵一般构造图，并回答以下问题。
1) 该涵洞的洞口形式是哪一种？
2) 道路路基宽度为（　　）cm。
3) 洞口铺砌的厚度为（　　）cm，材料为（　　）；洞底铺砌的平面形状为（　　）形，洞底铺砌的厚度为（　　）cm；砂砾垫层厚（　　）cm，需要砂砾垫层（　　）m³。
4) 路基边坡的坡度为（　　）。
5) 锥坡基础的宽度和高度分别为（　　）cm、（　　）cm。锥坡基础的浆砌片石的用量为（　　）m³。
6) 在A—A断面图中用不同颜色的笔描出拱圈、涵台、涵台基础、护拱的断面。

▶ 任务实施

石拱涵工程图主要有石拱涵的一般构造图、涵台一般构造图、护拱及台后排水构造图、锥坡大样图等，下面主要分析石拱涵的一般构造图。

图13-6a所示为石拱涵一般构造图，图13-6b为其立体示意图。该图采用纵剖面图、平

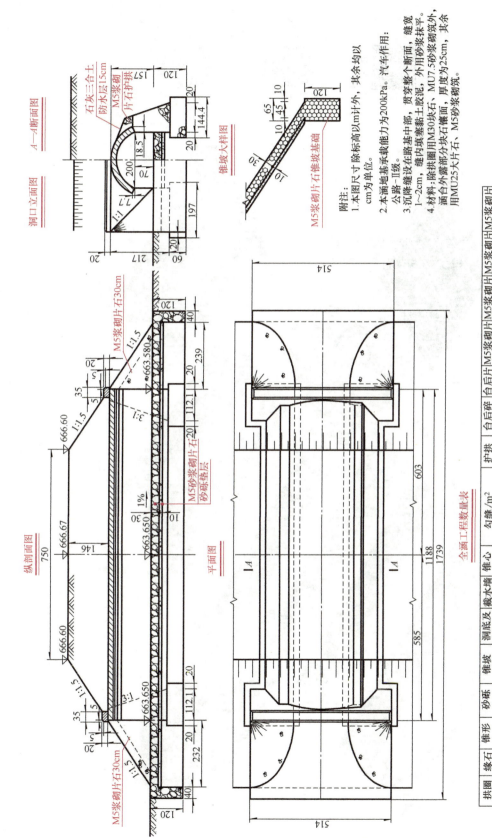

图13-6 石拱涵一般构造图

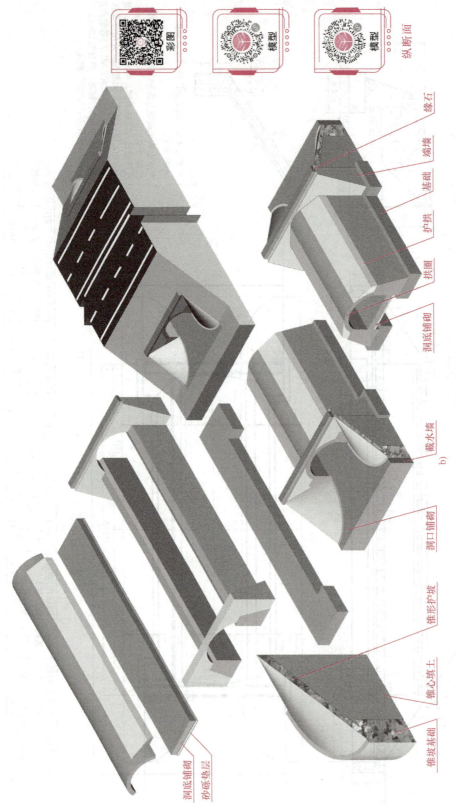

图 13-6 石拱涵一般构造图（续）
b)

面图、侧面图（洞口立面图及 A—A 断面图）、锥坡大样图等来共同表达。

纵剖面图主要表达涵洞的内部构造，纵剖面图是沿涵洞的中心线位置纵向剖切的，凡是剖到的各部分如截水墙、涵底、拱顶、缘石、路基等都应按剖开绘制，并画出相应的材料图例，另外也画出了从投影方向能看到的各部分的投影，如锥坡、锥坡基础、端墙、涵台、涵台基础等；平面图上前半部分是有护拱的投影，后半部分是去掉护拱的投影，平面图上虚线较多，读图时要重点分析立面图、侧面图；侧面图是由半个剖面图和半个投影图拼成的。左半部分为洞口部分的外形投影，主要反映洞口的正面形状和锥坡、端墙、缘石、基础等的相对位置；右半部分为涵身横断面图，主要表达涵身的断面形状。

进洞口、出洞口采用了相同的结构形式，护坡、截水墙、缘石等的结构与图 13-4 所示圆管涵的洞口基本相同。不同的是该涵洞的锥形护坡下有锥坡基础，所以洞口铺砌的形状也随之改变，洞口铺砌只是位于两锥坡基础之间的部分。在立面图中可以看出端墙的纵断面为梯形，端墙被涵台、拱圈贯穿，端墙没有被剖切到，且被拱圈遮挡，所以背面是用虚线画出的，坡度为 3∶1。

由 A—A 断面图可以分析清楚涵身各组成部分（拱圈、护拱、涵台、涵台基础、防水层、洞底铺砌与砂砾垫层）的横断面形状、尺寸及各构件的相互位置关系。它们都是不同形状的柱体。拱圈、洞底铺砌与洞底砂砾垫层的长度相同均为 1188cm。而涵台在施工时与端墙砌在一起，全长也是 1188cm。涵台基础与端墙基础连成一体，长度为 1188cm+2×20cm=1228cm。护拱只在两端墙背面之间砌筑，在护拱之上有 15cm 厚的石灰三合土防水层。洞底的纵向坡度为 1%，由坡度符号的方向可以看出左侧为进洞口。

由锥坡大样图可知，锥形护坡下有锥坡基础，锥坡基础水平方向的内外轮廓为四分之一椭圆，其断面形状为 65cm×120cm 的矩形。

各部分的材料在工程数量表及附注中均已说明，请同学们自己分析。

任务四　识读钢筋混凝土箱涵工程图

任务提出

识读图 13-7 所示钢筋混凝土箱涵一般构造图，并回答以下问题。

1）涵洞轴线与道路中线的夹角为（　　）。

2）洞身端部、中部砂砾垫层的厚度分别为（　　）cm、（　　）cm。混凝土基础的厚度为（　　）cm。

3）锥坡基础的高度为（　　）cm、宽度为（　　）cm，锥坡的材料为（　　），锥坡厚度为（　　）cm。

4）钢筋混凝土洞身顶部、底部的壁厚为（　　）cm，前后侧壁的厚度为（　　）cm。

5）涵身长度应从（　　）图上分析，路基宽度及路基边坡的坡度应从（　　）图上分析，涵身长度为（　　）cm，路基宽度为（　　）cm，路基边坡的坡度为（　　）。

6）侧面图的投影方向（　　）于道路中心线的方向。

7）Ⅰ—Ⅰ断面图的剖切平面与道路中线的夹角为（　　）。

▶ 任务实施

钢筋混凝土箱涵工程图主要有钢筋混凝土箱涵一般构造图、涵身钢筋构造图及翼墙钢筋构造图等。

一、识读钢筋混凝土箱涵一般构造图

图 13-7a 所示为钢筋混凝土箱涵一般构造图，图 13-7b 所示为其立体示意图。

该图采用了立面图（纵剖面图）、平面图、侧面图、Ⅰ—Ⅰ断面图（涵身断面图）、护坡断面图、箱涵变形缝构造等来共同表达。

由平面图可见涵洞轴线与道路中线斜交。立面图是沿涵洞轴线剖切后，沿道路中心线方向的投影，其长度不反映实形；侧面图是洞口在垂直于道路中心线的方向的投影；平面图是斜涵的主要投影图，涵洞长度、宽度尺寸应从平面图上分析，路基宽度尺寸要从立面图上分析。而Ⅰ—Ⅰ断面图的投影方向平行于涵洞轴线。注意侧面图与Ⅰ—Ⅰ断面图上尺寸的关系。

该钢筋混凝土箱涵进洞口、出洞口均采用了翼墙和锥形护坡形式，锥形护坡下有浆砌片石的锥坡基础，从护坡断面图上可分析其尺寸及形状。

洞身、翼墙及缘石由钢筋混凝土浇筑成一体。由Ⅰ—Ⅰ断面图可见涵身断面为长方形薄壁断面，涵身底板、顶板厚度为 36cm，侧墙厚度为 32cm，涵洞跨径为 400cm，净高为 200cm。洞身基础的材料为 C20 混凝土，洞身基础长（$1478+30×2/\cos8°$）cm，宽 504cm，高 30cm。缘石与翼墙的尺寸在该图中没有详细表达，可在翼墙钢筋构造图中分析。

平面图中用粗实线表示出路基边缘线，路基边坡以示坡线表示。平面图中洞身基础未画出，锥坡基础也未画出。其详细结构需要分析立面图、Ⅰ—Ⅰ断面图、护坡断面图。

由立面图看出路基宽度为 1200cm，洞顶填土高度为 99cm。平面图中标出了涵洞中心线处道路路基边缘的设计标高为 777.64m，涵洞中心线处道路中心线的设计标高为 777.75m。

＊二、识读箱涵构件钢筋构造图

（一）涵身钢筋构造图（略）

（二）翼墙钢筋构造图（略）

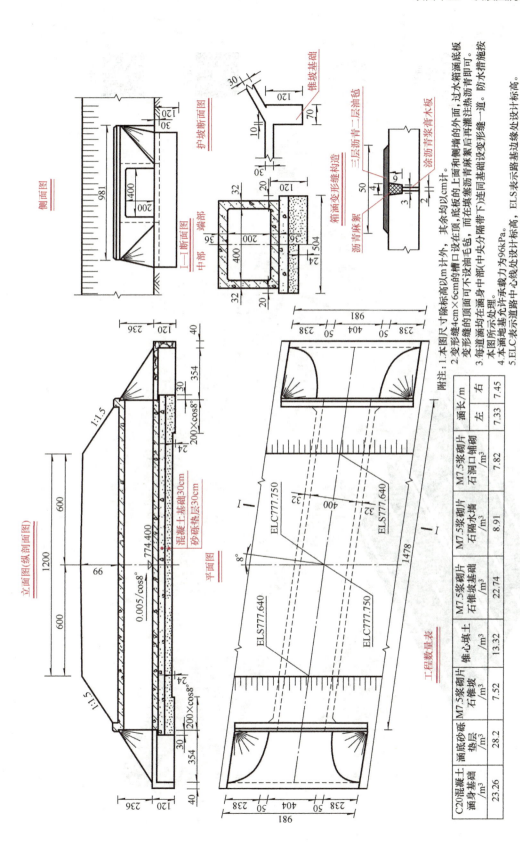

图 13-7 钢筋混凝土箱涵一般构造图
a)

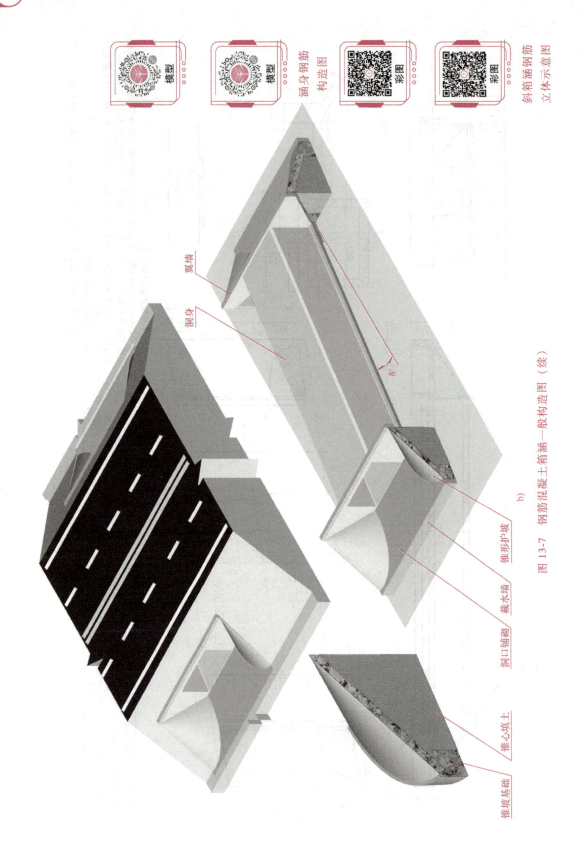

图 13-7 钢筋混凝土箱涵一般构造图（续）
b)

素质拓展

米拉山隧道——世界上海拔最高的特长公路隧道

米拉山隧道起于西藏工布江达县加兴乡 G318 东侧，止于墨竹工卡县日多乡念村，于 2015 年 1 月开工建设，2019 年 4 月 26 日建成通车。路线全长 18.181km。隧道左线长 5727m、右线长 5720m，斜井长 1045m。隧道进口海拔 4752m，出口海拔 4774m，斜井井口海拔 4889.6m，是截至目前已建成的世界上海拔最高的特长公路隧道。

为确保隧道安全优质建成，施工过程中针对西藏特殊地质，加大科技创新，有效解决了米拉山隧道高海拔缺氧，高寒及昼夜温差大等恶劣气候环境；通过技术创新解决了最高达 38590m³/天的持续涌水、凝灰质软岩大变形等不良地质的多个施工难题，取得技术突破 10 余项。4 年零 4 个月，共有 2000 余名人员参与了隧道建设，其中，40 余名管理人员一直坚守在米拉山上 1000 多个日夜。

米拉山隧道的建成通车，使翻越米拉山的 18km 路程缩短至 5.7km，实现了林芝至拉萨的全线高等级化，改善了周边行车条件，提高了运输效率，保障了行车安全，促进了沿线经济社会发展，巩固了国防，具有非常重要的经济、社会意义。

项目十四

识读隧道工程图

项目目标

知识目标	1. 掌握隧道洞门图的图示内容及图示特点 2. 了解隧道洞门各组成部分的名称 3. 了解隧道衬砌的形式 4. 掌握隧道衬砌断面设计图的图示内容及图示特点 5. 理解隧道衬砌断面设计图与各种支护、衬砌的构造图之间的关系
能力目标	1. 能识读隧道洞门图,了解洞门各组成部分的形状、尺寸、材料等,了解洞内外的排水路径 2. 能识读隧道衬砌断面设计图,分析图中支护类型及主要参数 3. 能识读隧道各种支护的构造图
素质目标	养成良好的职业道德,提高技术水平,提高施工质量和安全意识

项目描述

隧道是道路穿山越岭的建筑物,尤其在高速公路、高速铁路上,隧道和桥梁一样起着决定性的作用,是缩短距离、节约耕地、提高时速、增加安全性的重要设施,也是我们必须研究的对象。隧道洞门如图 14-1 所示。

本项目以某隧道为载体,以识读该隧道施工图为任务,掌握识读隧道洞门图、隧道衬砌断面图的方法,提高识读隧道工程图的能力。

图 14-1 隧道洞门

任务一 识读隧道洞门图

任务提出

1. 查询我国长度排名前十的隧道的名称及其长度。
2. 识读图14-3所示某隧道洞门图,并回答以下问题。
1) 隧道洞门的形式有哪几种?
2) 该隧道洞门的侧面图为纵剖面图,剖切平面通过隧道轴线,投影方向为沿路线前进方向从(   )向(   )。
3) 该隧道洞门桩号为(   ),明暗洞交界处的桩号为(   ),洞门衬砌拱顶的厚度为(   )cm。
4) 洞内外排水路径是由洞(   )流向洞(   );洞口边坡的坡度为(   );洞顶排水沟的坡度分为(   )段,每段的坡度为(   )。
5) 明洞底部用浆砌片石回填,高度是(   )cm,之上是夯填碎石土,明洞回填的厚度为(   )cm。
6) 从平面图中可以看出行车道、左侧硬路肩、右侧硬路肩、土路肩、边沟、碎落台的宽度分别为(   )cm、(   )cm、(   )cm、(   )cm、(   )cm、(   )cm。
7) 由侧面图可见明洞处洞顶的仰坡坡度为(   ),暗洞处洞顶的仰坡坡度为(   )。由立面图可见洞口边坡的坡度为(   )cm。

相关知识

隧道虽然形体很长,但中间断面形状很少变化。隧道构造物由主体构造物和附属造物两大类组成。主体构造物通常指洞身衬砌和洞门构造物。附属构造物是主体构造物以外的其他建筑物,如维修养护、给水排水、供蓄发电、通风、照明、通信、安全等构造物。

隧道工程图主要有隧道地质平面图、隧道地质纵断面图、隧道洞门图、隧道衬砌横断面图等。

一、隧道洞门

隧道洞门位于隧道的两端,是隧道的外露部分,俗称出入口。它一方面起着稳定洞口仰坡坡脚的作用,另一方面也有装饰美化洞口的效果。根据地形和地质条件的不同,隧道洞门的形式主要有端墙式、翼墙式和环框式等形式,如图14-1所示为环框式洞门,图14-2为翼墙式和端墙式洞门。

二、隧道洞门图的图示内容及图示特点

隧道洞门图一般是用立面图、平面图和洞口纵剖面图来表达它的具体构造的,一般可采用1∶200~1∶100的比例,如图14-3所示。

(1) 立面图 以洞门口的正立面投影作为立面图,其投影方向平行于

隧道洞门图的图示
内容与图示特点
(微课)

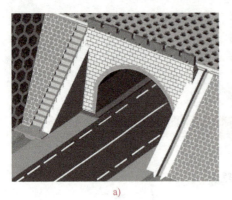
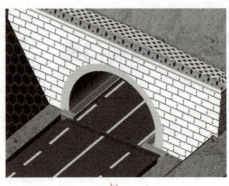

了解隧道洞门结构
（微课）

图 14-2　隧道洞门的形式
a）翼墙式　b）端墙式

道路中心线。不论洞门是否左右对称，都必须把洞门全部画出。主要表达洞门墙的形式、尺寸、洞口衬砌的类型、主要尺寸、洞顶排水沟的位置、排水坡度等，同时也表达洞门口路堑边坡的坡度等。

(2) 平面图　主要是表达洞门排水系统的组成及洞内外水的汇集和排水路径。另外，还应表达洞顶仰坡与边坡的过渡关系。为使图面清晰，常略去端墙、翼墙等的不可见轮廓线。

(3) 侧面图（纵剖面图）　一般以沿隧道中心线剖切的纵剖面图取代侧面图。主要表达洞门墙、洞顶帽石、洞顶排水沟的断面尺寸，仰坡的坡度，洞内路面结构、隧道净高等。

三、识读隧道洞门图的方法

识读隧道洞门图时，首先要概括了解该隧道洞门图采用了哪些投影图及各投影图要重点表达的内容。了解剖面图、断面图的剖切位置和投影方向。

其次可根据隧道洞门的构造特点，把隧道洞门图沿隧道轴线方向分成几段，而每一段沿高度方向又可以分为不同的部分，对每一部分进行分析识读。识读时一定要抓住反映这部分形状、位置特征的投影图进行分析。

识读隧道洞门图的方法
（微课）

最后对照隧道洞门的各投影图（立面图、平面图、剖面图）全面分析，明确各组成部分之间的关系，综合起来想象出整体形状。

▶▶ **任务实施**

图 14-3 所示为某隧道（隧道右线出口）洞门图，图 14-4 为该隧道洞门立体示意图。

该洞门图由立面图、平面图、侧面图来共同表达隧道洞门的结构。立面图是垂直于路线中心线的剖面图，剖切平面在洞门前，请参考立体图（图 14-4a、b）。侧面图为纵剖面图，剖切平面通过隧道轴线，由路线前进方向的右侧向左侧投影，请参考立体图（图 14-4c）。

识读隧道洞门图
（微课）

项目十四 识读隧道工程图

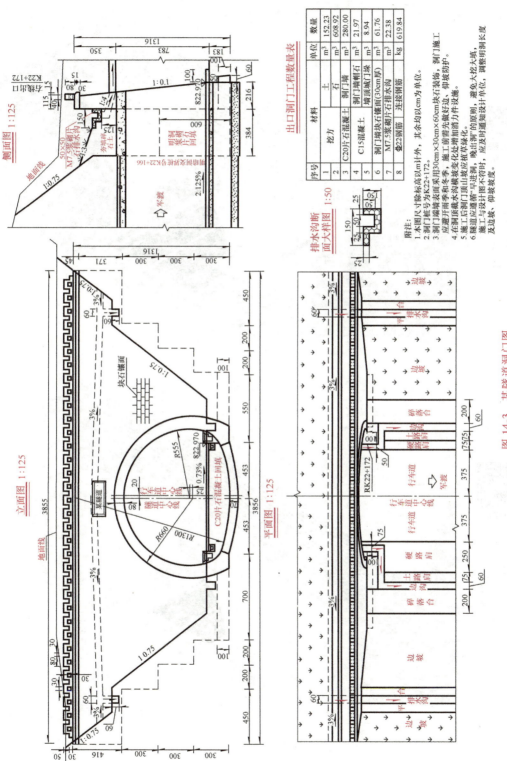

图 14-3 某隧道洞门图

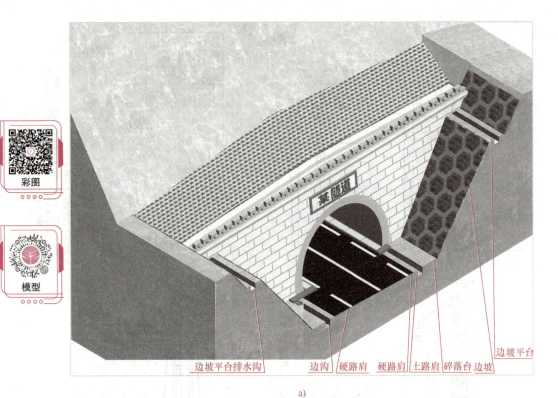

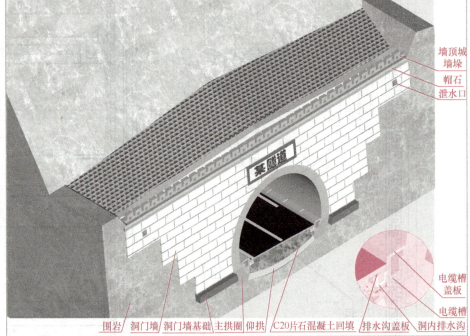

图 14-4　某隧道洞门立体示意图

a）隧道洞门外观图　b）洞门前横断面立体示意图

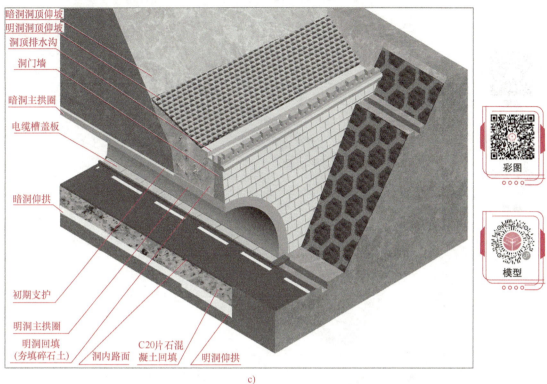

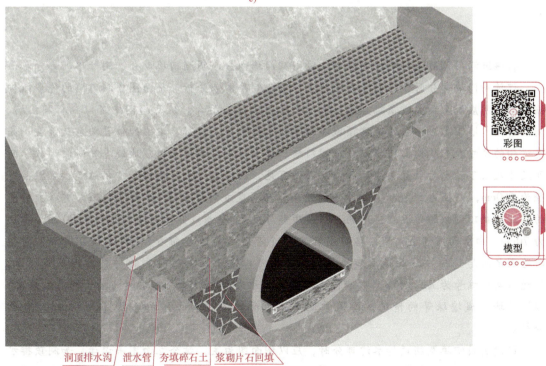

图 14-4 某隧道洞门立体示意图（续）

c）纵断面立体示意图　d）洞门后横断面立体示意图

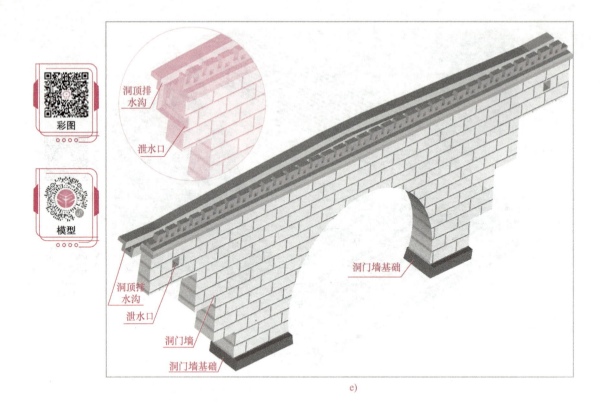

图 14-4 某隧道洞门立体示意图（续）
e）洞门墙立体示意图

  将隧道洞门沿隧道轴线方向分为三段即洞门墙部分、明洞回填部分、洞外路况部分。
  识读洞门墙部分时，应以立面图为主，结合侧面图来分析。平面图中洞门墙的许多结构被遮挡，用虚线表示，或省略虚线，所以平面图只作为参考。从立面图中可以分析洞门墙、洞门衬砌、墙下基础、墙帽及墙顶城墙垛等的正面形状，上下、左右的位置关系及长度、高度方向的尺寸。而从侧面图可以分析洞门墙、墙下基础、墙帽及墙顶城墙垛的断面形状、断面尺寸及上下、前后位置关系。如由立面图可见，洞门衬砌由主拱圈和仰拱组成，主拱圈外径为 660cm，内径为 555cm，由于内外圈圆心在高度方向存在 25cm 的偏心距，所以主拱圈的厚度从拱顶到拱脚是逐渐变厚的，拱圈顶部厚度为 80cm。仰拱内圈直径为 1300cm，厚度为 70cm。由立面图可见，洞内路面左低右高（沿道路前进方向看），坡度为 0.73%，仰拱与路面之间是 C20 片石混凝土回填。从侧面图可以看出，洞门衬砌的材料为钢筋混凝土，该隧道洞门桩号为 K22+172，明暗洞分界处的桩号为 K22+166。对于洞门墙、洞门墙基础、墙帽及墙顶城墙垛等的情况，请同学们参照上面的方法和立体示意图（图 14-4b）自己分析。
  识读明洞回填及洞顶排水沟部分时，应以侧面图为主，结合立面图来识读。如洞顶排水沟，可从侧面图中分析排水沟断面尺寸、形状及材料，其中 50cm×50cm 表示排水沟水槽的截面尺寸，从立面图中可以看出排水沟的走向为从洞顶排向两侧边坡平台上设置的排水沟，排水坡度为 3%。从侧面图中可以看出明洞回填在底部是 600cm 高的浆砌片石回填，之上是夯填碎石土；由侧面图中可见明洞与暗洞的分界线，可以看出明洞、暗洞拱圈（衬砌）厚度是不相同的；可以看出明洞处洞顶的仰坡（隧道洞口上方顺着隧道线路方向的坡面称为仰坡）坡度为1∶3，暗洞处洞顶的仰坡坡度为1∶0.75，请同学们参照立体示意图（图14-4c、d）仔细分析。

识读洞口两侧的边坡、洞外排水系统及洞外路况部分时，应以平面图为主，结合立面图来识读。如从平面图中可见洞内排水沟与洞外边沟的汇集情况及排水路径，可以看出洞内的水由洞内排水沟排向洞外边沟。由三面投影图可以看出，洞顶排水沟的汇集情况及排水路径，洞顶仰坡的汇集水流入洞顶排水沟，并通过两侧穿过洞门墙的泄水口流入边坡平台排水沟。

在立面图可以看到边沟、平台排水沟的横断面形状及边坡的坡度。在平面图上可见行车道、左侧硬路肩、右侧硬路肩、土路肩、边沟、碎落台的宽度尺寸，请同学们参照立体示意图（图14-4a）自己分析。

硬路肩是车道线以外铺有路面结构层的部分，土路肩是硬路肩外侧没有铺路面结构层的部分。碎落台是指在路堑边坡坡脚与边沟外侧边缘之间，为防止碎落物落入边沟而设置的有一定宽度的纵向平台。边沟是指路基边缘的排水沟。

任务二　识读隧道衬砌断面图

任务提出

识读某隧道Ⅴ级围岩浅埋段衬砌断面图（隧道衬砌断面设计图、超前支护设计图、钢拱架支撑构造图、二次衬砌钢筋构造图、防排水设计图）。

1. 识读图14-5所示某隧道Ⅴ级围岩浅埋段衬砌断面设计图，并回答以下问题。

1）什么叫隧道衬砌？

2）复合衬砌分为（　　）支护和（　　）支护。

3）什么叫一次支护？什么叫二次衬砌？

4）一次支护、二次衬砌、超前支护施工顺序是什么？

5）隧道衬砌图除用（　　）图来表达该围岩段隧道衬砌总体设计外，还有针对每一种支护的具体构造图，如（　　）、（　　）、（　　）、（　　）、（　　）等。

6）该隧道Ⅴ级围岩浅埋段在洞口采用（　　）的超前支护，在Ⅴ级围岩浅埋段其他位置采用直径为50mm（　　）超前支护。

7）该隧道Ⅴ级围岩浅埋段采用了哪几种初期支护？

8）径向锚杆支护在土质围岩中采用φ22mm的（　　）锚杆，在石质围岩中采用φ25mm的（　　）锚杆；钢拱架支撑的工字钢型号为（　　）；钢筋网片支护，其钢筋直径为（　　）mm，在锚杆、钢筋网片和钢拱架之间喷射C25混凝土的厚度为（　　）cm。

9）在主拱圈拱顶及仰拱底部，二次衬砌现浇C25混凝土的厚度分别为（　　）cm、（　　）cm。二次衬砌主拱部分的外圈直径为（　　）cm，内圈直径为（　　）cm。

2. 识读图 14-7 所示某隧道Ⅴ级围岩浅埋段超前支护设计图，并回答以下问题。

1) 该围岩段一次支护喷射混凝土的厚度为（　　）cm。主拱圈拱顶二次衬砌的厚度为（　　）cm，仰拱底部二次衬砌的厚度为（　　）cm。

2) 该围岩段超前小导管的外径为（　　）mm、长度为（　　）m、壁厚为（　　）mm 热轧无缝钢管。施工时超前小导管的外倾角为（　　）。

3) 小导管管壁四周钻有压浆孔，其直径为（　　）mm，小导管环向间距（圆周方向的间距）为（　　）cm，小导管分布在隧道顶部，每圈（　　）根。

4) 两排小导管之间的纵向间距为（　　）cm。

3. 识读图 14-9 所示某隧道Ⅴ级围岩浅埋段钢拱架支撑构造图，并回答以下问题

1) 主拱圈一次支护的内圈直径为（　　）cm，外圈直径为（　　）cm。

2) 两榀钢拱架之间的纵向间距为（　　）cm，两榀钢拱架之间焊接有纵向连接钢筋，纵向连接钢筋的环向距离为（　　）cm。一榀钢拱架有纵向连接钢筋共（　　）根。

3) 钢拱架采用工字钢的型号为（　　），工字钢高度为（　　）cm。

4) 接点 A 处经螺栓拼接，每个接点处有（　　）个螺栓连接，每一榀钢拱架上共有（　　）个螺栓连接，连接钢板的尺寸为（　　）mm×（　　）mm×（　　）mm。

4. 识读图 14-11 所示某隧道Ⅴ级围岩浅埋段二次衬砌钢筋构造图，并回答以下问题。

1) 仰拱位置二次衬砌的厚度为（　　）cm。

2) 主筋的纵向（隧道轴向）间距为（　　）cm，每延米有（　　）圈主筋。

3) 箍筋环向间距为（　　）cm，主拱部分箍筋每圈有（　　）根，仰拱部分箍筋每圈有（　　）根，每延米有箍筋（　　）圈，每延米共有箍筋（　　）根。

5. 识读图 14-13 所示某隧道一般围岩段防排水设计图，并回答以下问题。

1) 隧道上部的渗水通过（　　）的缝隙进入环向弹簧波纹排水管后流入（　　）管，最后通过（　　）管流入洞内排水沟。电缆槽的渗水通过电缆槽泄水管流入洞内（　　），洞内路面上的积水通过（　　）流入洞内排水沟。

2) 电缆槽泄水管每（　　）m 设置一道。在Ⅳ级、Ⅴ级围岩段环向排水管每（　　）m 设置一道。在Ⅲ级围岩段按（　　）m 一道设计。

3) 连接纵向排水管与横向引水管的三通接头的尺寸为（　　）mm×（　　）mm×（　　）mm，连接纵向排水管与环向排水管的三通接头的尺寸为（　　）mm×（　　）mm×（　　）mm。

相关知识

一、了解隧道衬砌

隧道衬砌是指为防止围岩变形或坍塌，沿隧道洞身周边用钢筋混凝土等材料修建的永久性支护结构。

在不同的围岩中可采用不同的衬砌形式，常用的衬砌形式有喷射混凝土衬砌、喷锚衬砌及复合式衬砌，目前工程上常采用复合式衬砌。

复合式衬砌常分为初期支护（一次支护）和二次支护（二次衬砌）。一次支护是为了保证施工的安全，在开挖后的洞室周边设置的加固岩体和

了解隧道衬砌的结构（微课）

阻止围岩变形的支撑体系,指喷混凝土、锚杆或钢拱架支撑的一种或几种组合对围岩进行加固。二次支护(二次衬砌)是一次支护内侧浇筑的钢筋混凝土结构,待初期支护的变形基本稳定后,再进行现浇钢筋混凝土二次衬砌。

在隧道开挖之前,要做一些安全措施,也就是超前支护。超前支护是指为保证隧道工程开挖工作面稳定,在开挖之前采取的一种辅助措施,指超前小导管及长管棚超前支护。

隧道衬砌断面可采用直墙拱、曲墙拱、圆形及矩形断面。图 14-2a 所示的隧道断面为直墙拱,图 14-2b 所示的隧道断面为曲墙拱。

二、围岩等级划分

根据围岩的坚硬程度和完整性将围岩划分成六个级别,Ⅰ级围岩等级最高,Ⅵ围岩等级最低,表 14-1 列出各级围岩或土体的主要定性特征。

施工时,应根据围岩的等级的不同设计不同的隧道支护形式。

表 14-1　公路隧道围岩等级划分

等级	围岩或土体的主要定性特征
Ⅰ	坚硬岩,岩体完整,巨整体状或巨厚层状结构
Ⅱ	坚硬岩,岩体较完整,块状或厚层状结构 较坚硬岩,岩体完整,块状整体结构
Ⅲ	坚硬岩,岩体较破碎,巨块(石)碎(石)镶嵌结构 较坚硬岩或者较软硬岩层,岩体较完整,块状体或中厚层结构
Ⅳ	坚硬岩,岩体较破碎至破碎,镶嵌碎裂结构 较软岩或软硬岩互层,且以软岩为主,岩体较完整至较破碎,中薄层状结构
Ⅴ	较软岩,岩体破碎 软岩,岩体较破碎至破碎 极破碎各类岩体,碎、裂状、松散结构
Ⅵ	软塑状黏性土及潮湿、饱和粉细砂层、软土等

三、隧道衬砌断面图的图示内容及图示特点

隧道衬砌图采用在不同围岩段用一组垂直于隧道中心线的横断面图来表示隧道衬砌的结构形式。除用隧道衬砌断面设计图来表达该围岩段隧道衬砌总体设计外,还有针对每一种支护、衬砌的具体构造图。

(1) 隧道衬砌断面设计图　主要表达该围岩段内衬砌的总体设计情况,表明有哪一种或哪几种类型的支护及每种支护的主要参数、防排水设施类型和二次衬砌结构情况。图 14-5 所示为某隧道Ⅴ级围岩浅埋段衬砌断面设计图。

(2) 各种支护、衬砌的构造图(如超前支护设计图、钢拱架支撑构造图、二次衬砌钢筋构造图、防排水设计图等)　具体地表达每一种支护各构件的详细尺寸、分布情况、施工方法等。图 14-9 所示为某隧道Ⅴ级围岩浅埋段钢拱架支撑构造图,图 14-11 所示为某隧道Ⅴ级围岩浅埋段二次衬砌钢筋构造图。

四、隧道衬砌断面图的识读方法

识读隧道衬砌断面图时,首先要认真识读隧道衬砌断面设计图,全面了解该围岩段所有的支护种类及相互关系。同时注意识读材料数量表(或其他表)和附注,了解注意事项和施工方法等。然后再识读每一种支护、衬砌的具体构造图,分析每一种支护的具体结构、详细尺寸、材料及施工方法。

任务实施

一、识读隧道衬砌断面设计图

图 14-5 所示为某隧道 V 级围岩浅埋段衬砌断面设计图。由图可见该围岩段采用了曲墙式复合衬砌,包括超前支护、初期支护和二次衬砌。图中给出了初期支护和二次衬砌的断面轮廓。

在一次支护之前要做超前支护,从图 14-5 可以看出该隧道 V 级围岩浅埋段在洞口采用直径为 108mm 的长管棚超前支护;在 V 级围岩浅埋段其他位置采用直径为 50mm 超前小导管支护,即沿开挖外轮廓线向前以一定外倾角打入管壁带有小孔的导管,且以一定压力向管内压注起胶结作用的浆液,待其硬化后岩体得到预加固。

识读隧道衬砌断面设计图
(微课)

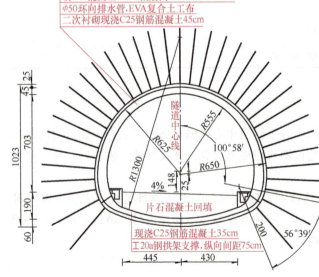

a)

图 14-5 某隧道 V 级围岩浅埋段衬砌断面设计图

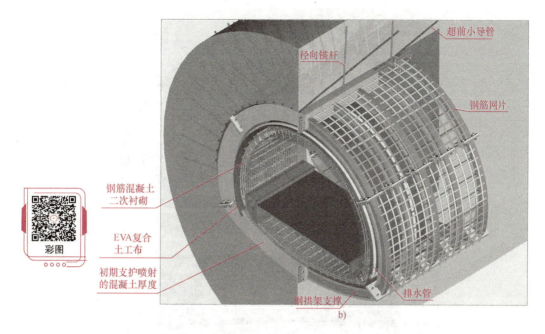

图 14-5 某隧道 V 级围岩浅埋段衬砌断面设计图（续）

该隧道 V 级围岩浅埋段主拱圈部分的初期支护有：径向锚杆（系统锚杆）支护（在土质围岩中采用 φ22mm 砂浆径向锚杆，锚杆长度为 4m，间距为 75mm×75mm，在石质围岩中采用 φ25mm 自钻式径向锚杆，锚杆长度为 4m，间距为 75cm×75cm）；型号为 I20a 工字钢钢拱架支撑，相邻钢拱架的纵向间距为 75cm；挂设钢筋网片支护（挂设在钢拱架外侧即靠近围岩的一侧，与锚杆、钢拱架等其他装置焊接或绑扎在一起），钢筋直径为 8mm，钢筋网格为 15cm×15cm（冷轧焊接钢筋网）；在锚杆、钢筋网片和钢拱架之间喷射 C25 混凝土，喷射厚度为 25cm，使锚杆、钢拱架支撑、钢筋网片、喷射的混凝土共同组成一个大半径的初期支护结构。

一般情况下超前小导管尾部、锚杆尾部与钢拱架支撑、钢筋网片等都焊接在一起形成一个整体的初期支护，以保证钢拱架、钢筋网片、喷射混凝土、锚杆和围岩形成联合受力结构。

在初期支护和二次衬砌之间先布置直径为 50mm 的环向排水管，然后铺设 EVA 复合土工布防水板。

主拱圈部分的二次衬砌是现浇 C25 钢筋混凝土，厚度为 45cm。

仰拱的初期支护采用 I20a 钢拱架支护，纵向间距为 75cm，二次衬砌是现浇 C25 钢筋混凝土，厚度为 35cm。

图 14-5b 所示为隧道衬砌立体示意图，图 14-6 所示为该隧道的一次支护施工过程中的照片。

二、识读隧道超前支护设计图

图 14-7 所示为某隧道 V 级围岩浅埋段超前支护设计图，图 14-8 所示为其立体示意图。

图 14-7 主要由立面图（横断面图）、I—I 断面图、φ50 超前小导管大样图、材料数量表及附注组成。

图 14-6 某隧道的一次支护

每延米超前支护材料数量表

名称	规格	单位	数量	备注
注浆	水泥水玻璃浆	m^3	4.25	
注浆导管	φ50	kg	279.2	壁厚4mm

附注：
1.本图尺寸除钢筋直径小导管直径、注浆孔直径以mm计外，其余均以cm计。
2.超前小导管采用外径50mm、壁厚4mm热轧无缝钢管，钢管前端呈尖锥状，管壁四周钻8mm的压浆孔，尾部1.2m不设压浆孔，详见小导管大样图。
3.超前小导管施工时，钢管以10°外倾角打入围岩，钢管环向间距30cm，尾部尽可能焊接于钢拱架上，每孔注浆量达到设计注浆量时方可结束注浆。
4.施工时可根据施工方法，施工机具适当修正一次注浆深度和导管长度。
5.注浆材料为水泥水玻璃浆，注浆压力为0.5~1.0MPa，必要时可在孔口处设置止浆塞。
6.边墙部可视坑道稳定情况，适当加设导管注浆。
7.本图适用于V级围岩段超前支护。

图 14-7 某隧道V级围岩浅埋段超前支护设计图

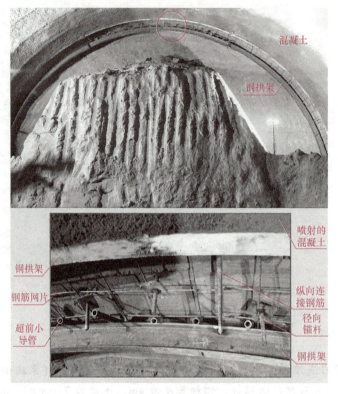

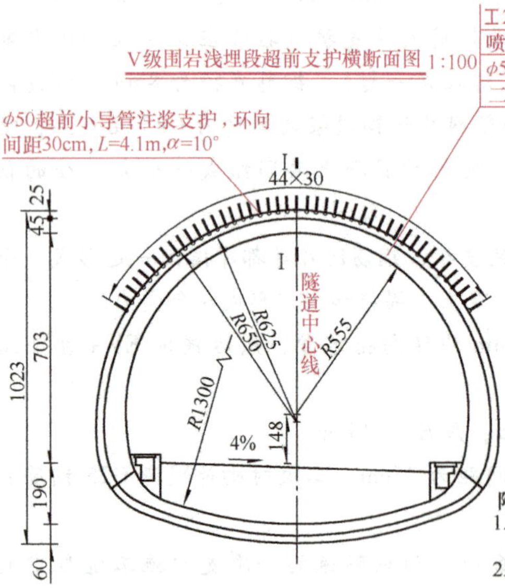

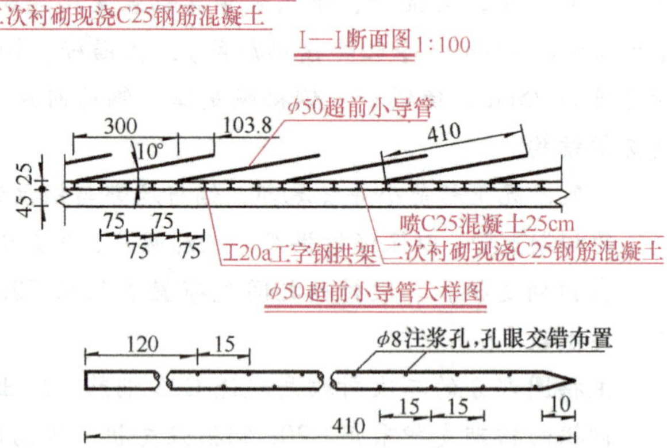

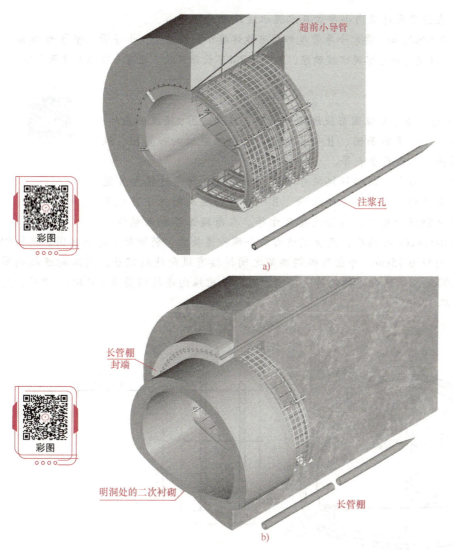

图 14-8 超前支护立体示意图
a) 超前小导管支护 b) 洞口超前长管棚支护

横断面图主要表达超前支护的类型及主要参数，表达超前支护环向的布置情况，以及超前支护内侧的初期支护，二次衬砌等的断面尺寸及主要参数。由图可见，该围岩段采用了 $\phi50mm$ 超前小导管注浆支护，超前小导管的外径为 50mm、长度为 4.1m，外倾角为 10°，导管环向间距（圆周方向的间距）为 30cm，导管分布在隧道顶部，每环 45 根。由引出标注可知，超前支护与一次支护、二次衬砌等的施工顺序、材料及主要尺寸参数。

Ⅰ—Ⅰ断面图主要表达超前支护纵向（沿隧道轴线方向）的布置情况，以及超前支护在径向与初期支护、二次衬砌等的相对位置关系。由Ⅰ—Ⅰ断面图可以看出，两排导管之间的纵向间距为 300cm，外倾角为 10°，两排导管纵向搭接距离为 103.8cm。同时也可以看出钢拱架之间的间距为 75cm。

$\phi50$ 超前小导管大样图主要表达小导管的详细尺寸，由图可见小导管前端呈尖锥状，管壁四周钻有直径为 8mm 的压浆孔，尾部 1.2m 不设压浆孔，孔眼交错布置，纵向间距为 15cm。

材料数量表表达了每延米内小导管及水泥水玻璃浆的用量。

阅读附注中的内容可知，要求小导管尾部尽可能焊接于钢拱架上，小导管的壁厚为4mm厚的热轧无缝钢管，注浆材料为水泥水玻璃浆，尾部1.2m不设压浆孔。还有一些施工注意事项。

三、识读隧道钢拱架支撑构造图

图14-9所示为某隧道V级围岩浅埋段钢拱架支撑构造图，除立面图外，还有A部大样图、Ⅰ—Ⅰ断面图、Ⅱ—Ⅱ断面图、钢拱架纵向布置图、纵向连接钢筋大样图、工程数量表等。

识读钢拱架支撑构造图（微课）

从立面图中可以看出，每榀钢拱架分6段，段与段之间通过接点A连接在一起。由A部大样图、Ⅰ—Ⅰ断面图、Ⅱ—Ⅱ断面图及附注中可以了解连接情况、工字钢断面尺寸、螺栓连接尺寸等。在每段工字钢两端焊接一块300mm×250mm×20mm钢板，两块钢板由四个螺栓连接后，骑缝处要焊接牢固。两榀钢拱架之间的纵向间距为75cm，并在两榀钢拱架之间焊接有纵向连接钢筋，两纵向连接钢筋的环向距离为100cm。从纵向连接钢筋大样图上可以看出纵向连接钢筋为HRB400钢筋，直径为25mm，每环37根。

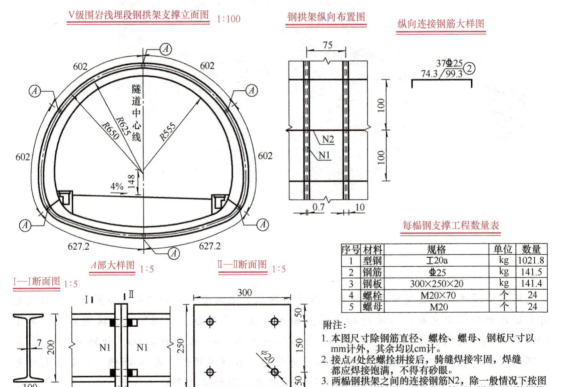

图14-9 某隧道V级围岩浅埋段钢拱架支撑构造图

图14-10所示为钢拱架支撑立体示意图（为了较清楚地表达钢拱架及其连接情况，立体示意图中钢拱架等的尺寸都有所放大）。请同学们对照立体示意图详细识读图14-9所示的钢拱架支撑构造图。

项目十四　识读隧道工程图

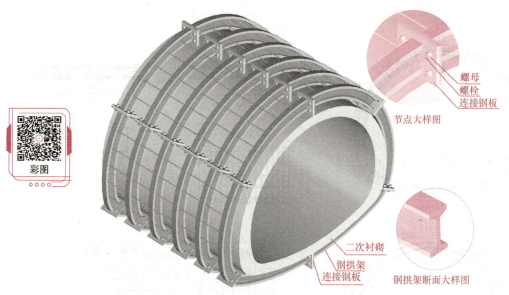

图 14-10　钢拱架支撑立体示意图

四、识读隧道二次衬砌钢筋构造图

识读隧道二次衬砌横断面图（微课）

图 14-11 所示为某隧道 V 级围岩浅埋段二次衬砌钢筋构造图。该图由二次衬砌钢筋构造横断面图、Ⅰ—Ⅰ 断面图、Ⅱ—Ⅱ 断面图、Ⅲ—Ⅲ 断面图及 1、2、3、4、5、6 号钢筋的详图来共同表达二次衬砌钢筋的结构情况，另外还有钢筋数量表及附注。读图时应该综合起来分析。

由立面图可以看出，该隧道二次衬砌的断面轮廓及断面内钢筋布置情况，主要由六种钢筋组成，有拱圈部分的外圈主筋 1 和内圈主筋 2 及箍筋 5；有仰拱部分内圈主筋 3 和外圈主筋 4 及箍筋 6。各箍筋间距均为 40cm，每圈共有箍筋（29+29+32）根=90 根。58 根 5 号箍筋，32 根 6 号箍筋，不同位置的箍筋尺寸有所不同。

Ⅰ—Ⅰ 断面图是在拱顶处沿隧道轴线剖切开，从左向右投影得到的断面图，由 Ⅰ—Ⅰ 断面图可以看出，在拱圈顶部外圈主筋 1 和内圈主筋 2 之间的中心距为 35cm，1、2 号钢筋中心到混凝土表面距离即混凝土保护层厚度为 5cm。Ⅱ—Ⅱ 断面图是在拱底处沿隧道轴线剖切开，从左向右投影得到的断面图，由 Ⅱ—Ⅱ 断面图可以看出，在仰拱底部外圈主筋 4 和内圈主筋 3 之间的中心距为 25cm，3、4 号钢筋中心到混凝土表面距离即混凝土保护层厚度为 5cm。Ⅲ—Ⅲ 断面图是在拱顶处用水平剖切面剖开，从上向下投影得到的断面图，相当于面向右侧站在拱顶处向下看到的情况。结合 Ⅰ—Ⅰ 断面图、Ⅱ—Ⅱ 断面图、Ⅲ—Ⅲ 断面图还可以看出，箍筋沿纵向（道路中心线方向）的分布情况，每一圈箍筋绑扎三排主筋，即第一圈箍筋与第一、二、三排主筋绑扎在一起，第二圈箍筋与第三、四、五排主筋绑扎在一起，依次类推。每延米有箍筋 2.5 圈，每延米共 225 根箍筋。

钢筋数量表给出了钢筋的种类、等级、长度及每延米用量。主筋都是直径为 22mm 的 HRB400 钢筋，箍筋是直径为 8mm 的 HPB300 钢筋。可以对照配筋图核对钢筋数量表中钢筋的根数，由钢筋详图核对各种钢筋的长度。

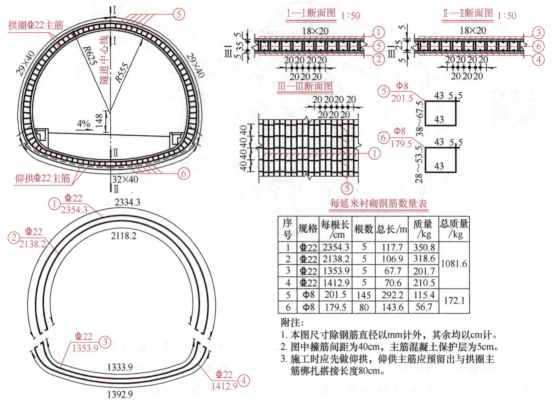

图 14-11 某隧道 V 级围岩浅埋段二次衬砌钢筋构造图

附注中提出了施工中的注意事项及对钢筋布置的进一步说明。

图 14-12 所示为二次衬砌钢筋构造立体示意图，请同学们参照立体示意图仔细识读二次衬砌钢筋构造图（为了较清楚地表达主筋的分布情况，立体示意图中箍筋的数量比实际要少）。

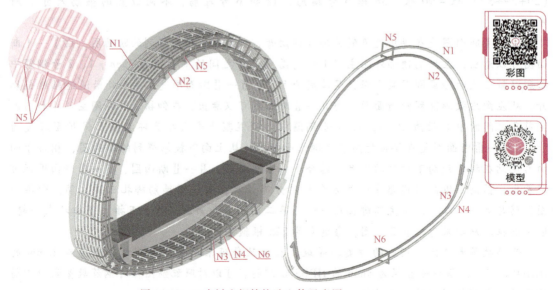

图 14-12 二次衬砌钢筋构造立体示意图

五、识读隧道防排水设计图

图 14-13 所示为某隧道一般围岩段防排水设计图,由一般围岩段防排水设计断面图、A 部大样图、工程数量表及附注组成。

识读防排水
设计图
(微课)

防排水设计断面图结合 A 部大样图表达了排水管排水路径及排水管、防水层与初期支护、二次衬砌之间的位置关系。

由断面图及 A 部大样图的引出标注可知在一次支护完成之后,安装环向排水管、纵向排水管等排水系统,然后铺设 EVA 复合土工布防水板,之后进行二次衬砌的施工。隧道上部的渗水通过环向弹簧波纹排水管的缝隙进入环向弹簧波纹排水管后流入纵向排水管,最后通过横向引水管流入洞内排水沟。电缆槽的渗水通过电缆槽泄水管流入洞内排水沟,洞内路面上的积水通过泄水孔流入洞内排水沟。

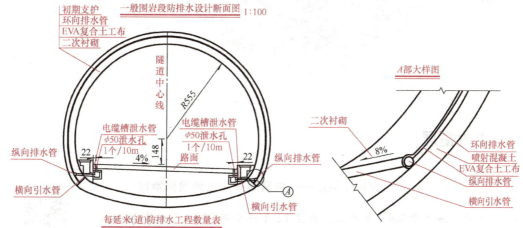

图 14-13 某隧道一般围岩段防排水设计图

由工程数量表可知排水管等构件的材料、尺寸及每延米用量,如连接纵向排水管与横向引水管的三通接头的尺寸为 φ100mm×φ100mm×φ100mm,每道用量为 2 个。连接纵向排水管与环向排水管的三通接头的尺寸为 φ100mm×φ100mm×φ50mm,每道用量为 2 个。

由附注可知,环向排水管每道一根,在涌水、突水段贴岩面设置;在Ⅳ级、Ⅴ级围岩中环向排水管每 10m 设置一道,局部水量大时可酌情增加;在Ⅲ级围岩中按 15m 一道设计,局部水量大时可酌情增加;横向引水管设置间距与环向排水管设置间距相对应;而双侧排水沟则是全隧道埋设;电缆槽泄水管每 25m 设置一道;并要求在施工缝、明暗洞接缝、伸缩缝、沉降缝处设置橡胶止水带,施工缝之间的距离按 10m 计。

图 14-14 为该隧道防排水立体示意图,请同学们参照立体示意图仔细识读隧道一般围岩段防排水设计图(在立体图中为较清晰地表达排水管的分布情况,排水管的直径有所放大)。

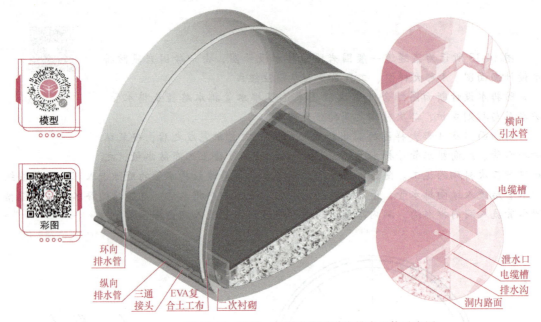

图 14-14　隧道一般围岩段隧道防排水立体示意图

素质拓展

大柱山隧道——中国隧道施工地质博物馆

大柱山隧道——中国隧道施工地质博物馆

大柱山隧道于 2008 年开工，历经 12 年终于在 2020 年 4 月 28 日全隧贯通。

大柱山隧道位于大瑞（大理至瑞丽）铁路上。大瑞铁路在全世界最为复杂险峻的横断山脉中开掘。在大理至保山段，全线 133km 的铺轨长度，隧道就占了 103km。更引人注目的是大柱山隧道，它有着"世界最难掘进隧道""中国隧道施工地质博物馆"之称。

大柱山隧道位于横断山脉的中南段，在不到 15km 的隧道中，要穿越 6 条断裂带、5 段岩溶发育地段和 3 条褶皱构造；且地层中含有丰富的瓦斯、地热甚至放射性物质；此外，还有许多溶洞和暗河，施工过程中涌水量曾创下单日最高 22 万 m^3，隧道涌水总量达 2 亿多 m^3，相当于 15 个西湖。真是既有瓦斯、毒气，又有"水深""火热"。

大柱山隧道建设者们发扬愚公移山的精神，最终用 12 年的时间攻克了这一世界级难题，大柱山隧道终于贯通。在该项目的施工中，科技人员获得了国家级专利 5 项，国家级 QC 成果 3 项，省部级 QC 成果 3 项。

大瑞铁路的建成，对促进沿线地区经济社会发展，推动云南省"精准扶贫"工作实施，对"一带一路"的建设，推动我国与东南亚、南亚国家的交流与合作，将产生重大而深远的影响。

艰难困苦，玉汝于成。中华民族伟大复兴道路注定不平坦，有你们在，天堑亦变通途！

参 考 文 献

[1] 杨波，宋卫卫. 工程制图［M］. 北京：机械工业出版社，2018.
[2] 谢步瀛，袁果. 道路工程制图［M］. 5版. 北京：人民交通出版社股份有限公司，2017.
[3] 杜廷娜，蔡建平. 土木工程制图［M］. 3版. 北京：机械工业出版社，2021.